湛庐CHEERS

与最聪明的人共同进化

HERE COMES EVERYBODY

超级连接者

REWIRE

DIGITAL COSMOPOLITANS IN THE AGE OF CONNECTION

[美] 伊桑·祖克曼 (Ethan Zuckerman) 著
林玮 张晨 译

我们每个人都有自己需要承担的责任，但不管你是否愿意，我们还必须承受他人的负担。我们应当保持乐观的心态，利用互联网，发现潜在威胁，抓住机遇，迎接挑战。我们需要辩证地看待某些事件，发现隐藏在背后的真相。着眼当下，看清彼此之间的联系，而非凭空幻想未来世界联系之紧密。数字世界主义要求我们承担起责任，让隐藏的联系变成现实。

打破同质性，做出真正结构性的改变

信息的全球流通预示着世界主义的未来，人们心目中信息化、国际化且紧密联系的世界，建立在互联网体系的个体和公司对未来阐释的基础之上。同质性的作用提醒人们，我们对世界的看法仍是局限的、不完整的、带有偏见的。如果我们想要改变从这个广阔的世界所获取的信息，我们需要做出结构性的改变。

做自己的传播“守门人”

传媒领域的每一项变革都使我们对世界的看法有了微妙的改变。过去，我们被动地接受经过媒体编辑处理的信息，编辑和出版商是新闻报道的“守门人”；而现在，我们能够主动搜索信息并运用社交媒体，做自己的“守门人”。我们需要改变媒体的运作方式，拓宽我们的朋友圈，认真审视自己建立起来的媒体系统，重新建立与世界的联系。

高水平且自愿的翻译是可遇不可求的，他们不仅是语言转换的桥梁，更要承担筛选新闻的使命，他们要根据自己的判断，挑选能够吸引更多读者的报道。尽管自动化系统和翻译志愿者都能完成语言转化的工作，但并不能保证人们能看到这些译文。要跨越语言障碍，单靠翻译是远远不够的，我们要让语言变得一目了然。

互联网发展的未来在于，不仅要把人和信息联系起来，还要把普通公众和掌握专业知识的群体联系起来，要把牵线搭桥、情境解读、背景阐释推向网络互动活动的中心。互联网的独到之处在于，它让世界各地的信息流通和人际交流变得极其容易，在考虑重新连接互联网以增进联系时，必须建立起对超级连接者和崇外者有帮助的平台和机构。

我们希望城市能够催生意外收获。把各式各样的人和事物凑到一起，意外收获的可能性就会更大，城市里的基础设施则为意外收获创造了条件。意外收获是开放、有准备的头脑和有利环境合力作用的产物。如果我们想增加意外收获在网络空间出现的可能性，就要从城市中学点儿门道。

建立联系是一种新的力量。无论是在国家层面、企业层面还是个人层面，想要成为超级连接者都有章可循、有法可依。我们要重视多样化的观点，乐于倾听各种各样的声音。只要我们改变自己的行为，改变我们用以接触世界的工具，我们就能把握新的机会，重新连接世界。

关于“超级连接者”，你想知道更多吗？

扫码获取“湛庐阅读”APP，
搜索“超级连接者”
让作者伊桑·祖克曼亲自讲给你听。

REWIRE

揭秘与解谜

75 岁的阿亚图拉・鲁霍拉・霍梅尼（Ayatollah Ruhollah Khomeini）被驱逐出伊朗已长达 14 年之久。对伊朗独裁领袖穆罕默德・礼萨・巴列维（Shah Reza Pahlavi）毫不留情的指责，为霍梅尼招来了一纸驱逐令。然而，这位年迈的老人，并未因此而保持缄默。1977 年，身处邻国伊拉克的霍梅尼，找到了一种新方式来宣扬自己的主张。通常是在深夜 10 点左右，那时候大批前来伊拉克伊玛目阿里（Imam Ali）圣祠参拜的朝圣者刚刚离开，霍梅尼就开始向所有愿意听他说话的人发表长篇演讲。霍梅尼对巴列维政权展开强烈的抨击，将巴列维的这场西化改革与犹太人和基督教信徒联系在一起，认为他们都是在羞辱伊朗，并企图征服这个国家。

每月，受准前往伊拉克朝拜圣祠的伊朗民众不足 1 200 人，他们中有一小部分人会带一个特别的纪念品回国，即录有霍梅尼讲道的磁带。这些磁带经过拷贝，在德黑兰和伊朗其他城市的大街上免费发放。当时，由于对美国总统吉米·卡特（Jimmy Carter）有所承诺，巴列维必须继续推行改革，于是，他不得不指示秘密警察组织萨瓦克（SAVAK）放弃没收或销毁这些磁带。这些磁带上标有宗教演讲的名称，同流行歌手的磁带放在一起销售。据萨瓦克"反颠覆小组"负责人帕尔维兹·萨贝蒂（Parviz Sabeti）预测，1978年售出了超过10万盘霍梅尼讲道的磁带，数百万伊朗民众都听过这位老人抨击巴列维政权的言论。

伊朗《世界报》是巴列维政府的喉舌。阿米尔·塔赫里（Amir Taheri）时任该报主编。他让手下的两名记者从市场上买来一盘磁带，与他们一同收听。三人很快就断定磁带中的声音并非来自霍梅尼本人，而是由萨瓦克雇用演员模仿霍梅尼的声音，借此败坏霍梅尼的名声。霍梅尼虽然在政治上较为激进，但他毕竟是受人尊重的学者，怎么可能屈服于"阴谋论"，告诉人们巴列维派人画了一幅金发碧眼的什叶派领袖伊玛目阿里的画像，以此来说明巴列维想要让美国基督教势力来统治伊朗的愿望？如果这不是一场恶作剧，那便是对宗教领袖的故意诬陷和诋毁。

几个月后，伊朗信息部部长达流希·胡马云（Daryoush Homayoun）在该国历史最悠久的报纸《消息报》上发表了一篇社论，该社论对霍梅尼恶意中伤，不但指控霍梅尼与苏联关系密切，还将他描述成英国间谍和同性恋者。然而，胡马云低估了霍梅尼这位流亡学者的声望。1978年1月9日，4 000余名学生走上街头抗议，要求《消息报》撤回这篇诋毁霍梅尼的文章。伊朗军方迅速派兵镇压抗议活动，在镇压过程中，数名学生死亡，众多学生受伤。

这场冲突造成的学生伤亡引发了民众抗议示威和政府强行镇压之间

的恶性循环，使整个伊朗迅速陷入动乱之中。根据什叶派名为阿巴因节（Arbaeen）的习俗，死者去世 40 天后，要为其举行追悼仪式。于是，抗议示威与追悼仪式同时展开，伊朗军方为镇压动乱，又击毙了更多的示威者，从而引发了又一轮追悼仪式及抗议示威，最终引发全国性的罢工。有学者估计，约有 11% 的伊朗民众直接参与了抗议示威，超过俄国革命和法国革命的民众参与比例。1979 年 1 月，巴列维被迫逃离伊朗，霍梅尼以胜利者的姿态返回伊朗，超过 300 万伊朗民众夹道欢迎。4 个月后，伊斯兰共和国取代君主政体的公投以压倒性优势获得通过。

霍梅尼的迅速崛起使巴列维政权的支持者感到震惊，他们曾见证了伊朗从伊斯兰国家向世俗国家的转变，从此女性获得了选举权，伊朗与西方国家的联系更加紧密。随后，霍梅尼为巩固政权采取强硬措施，又使过去支持他的学生们感到震惊。

对于这些转变，大概没有人会比卡特总统更意外。1977 年的新年前夜，就在学生们走上库姆街头抗议的前几天，他还举杯向巴列维表示祝贺。卡特说："正是巴列维的杰出领导，才使伊朗在动荡的中东地区维持稳定。"这一分析随后得到美国中央情报局的响应。中央情报局无视 1978 年 8 月发生的一系列抗议示威，仍然断言称，"伊朗尚未发生政变，甚至没有出现任何政变的征兆"。

作为美国这样一个强国的中央情报机构，中央情报局对伊朗形势的判断，为何会出现如此重大的失误呢？

在"冷战"接近尾声时，美国情报分析员的职责变得更为复杂。早前几十年，这些情报分析员们十分清楚美国的主要对手是谁，知道哪些信息是他们需要掌握的，如莫斯科能够部署多少枚 SS-9 洲际导弹，一枚导弹能够携带几个弹头等问题。他们专注于揭露各国政府刻意隐瞒的真相和秘密，即“揭秘”。然而，1991 年苏联解体，情况发生了变化，正如布鲁斯·伯克维茨（Bruce Berkowitz）和艾伦·古德曼（Allan Goodman）在《最好的事实：信息时代的情报工作》（*Best Truth: Intelligence in the Information Age*）一书中所述，情报界被迫承担起的新职责是“解谜”。

计算机安全专家苏珊·兰多（Susan Landau）指出，情报界亟须将注意力从“揭露秘密”转移到“解开谜团”上来，1979 年爆发的伊朗伊斯兰革命则较早地预示了这一点。表面上，伊朗是美国在冲突不断的中东地区强大而可靠的盟友。然而，巴列维政权突然倒台，同时，经过公投，伊朗的君权政体迅速被霍梅尼领导的政体所取代。这种种转变，让世界各国政府大为震惊且普遍感到不解。

1979 年的伊朗政变之所以让情报机构措手不及，是因为它孕育于清真寺和寻常百姓家中，而非皇宫或军营。虽然美国中央情报局密切注意着伊朗的动向，但他们关注的主要是伊朗的兵力和武器装备，根本不会注意到那些在市场上销售的盒式磁带。情报分析员们忽视了伊朗社会所发生的微妙变化：随着通信技术的发展，这个国家不但内部联系更加紧密，与世界其他地区的接触也更为频繁。

安娜贝拉·斯雷伯尼（Annabelle Sreberny）和阿里·穆罕默迪（Ali Mohammadi）都亲身参与了这次伊朗政变。他们共同出版了《小媒体，大革命》（*Small Media, Big Revolution*），对 1979 年发生的事件做了分析。他们认为，有两类科技在这次事件中发挥了至关重要的作用：一类科技让伊朗民众接触到了世界其他地方的信息，另一类科技则让这些信息得以在伊朗本国范围内扩散和传播。前者建立起了伊朗与外界的联系（如长途直拨电话、通过邮寄获得的讲道磁带、英国广播公司的国际服务等），后者则将这些联系进一步扩大（如家用盒式录音机、复印机等）。两类科技共同催生的这场运动，其威力远远超过了政府和军队的预测。

2011 年爆发的“阿拉伯之春”运动，使突尼斯、埃及和利比里亚的政权纷纷倒台。科技对社会变革的推动作用重新进入人们的视野。众所周知，埃及前总统穆巴拉克的被迫辞职，Facebook 的作用不可小觑。那么，回过头来看，录音机是否是推翻巴列维政权的致命一击呢？伊朗和埃及的情况并不完全相同，但都说明了随着科技的发展、政治的演变以及社会结构的转型，以往预测社会变革的方法已经不再适用。过去，我们是在熟悉的体系中寻找隐藏的信息，即寻找所谓的“秘密”；如今，这个体系已经发生变化，如果我们依旧墨守成规，便会对新体系下隐藏着的社会现象熟视无睹。

我们所处的时代，国际联系空前紧密，人们交流、决策以及自我规划的方式都正在发生巨大又微妙的变化。我们能够跨越地理界限，与五湖四海乃至全球各地的人们交谈、争论，说服或被说服。各国的经济联系日益紧密，无论是身为个体还是国家，我们的任何举动都会产生蝴蝶效应，牵一发而动全身，影响彼此的气候、健康以及财富。因此，我们之间有了很多共同话题。而随着彼此的联系越来越紧密，我们所遇到的困惑和难题无疑也会增多。

在这个相互连接的时代，那些难以解释的现象显得尤为突出，其影响力远远超出了政治的范畴。美国的不良次贷引发了某投资银行的破产，同行拆借变得异常困难，从而导致冰岛的高举债经济不堪重负而崩溃，英国的储户们于是只能眼睁睁地看着自己在冰岛银行的高收益储蓄账户付之东流。一场致命的流行疾病，让世界卫生组织焦头烂额。从多伦多到马尼拉，它的传播速度就跟人们乘坐飞机一样快，然而这一切竟然源于一场在香港举行的婚礼。但是，并非所有难以解释的现象都会带来不幸的结局。以突尼斯的政治革命为例，正是因为有了现场直播，才会使加蓬的学生受到鼓舞，走上街头，为争取降低学费而抗争；才会使美国威斯康星州的工人们团结一致，为争取权益而将议会大楼围得水泄不通。韩国流行歌手朴载相的《江南 Style》原本是为了讽刺首尔江南区奢靡的生活方式，但出人意料的是，歌中的舞蹈在全球一炮而红，这可视为事物之间错综复杂且始料不及的联系的典型。

要揭露被刻意隐瞒的秘密，我们可能需要通过卫星图像清点导弹发射井的数量，或是利用双面间谍获取情报。然而，若想要抗击“非典”或避免次贷危机，可就没这么简单了。兰多认为，“解开谜团，需要我们深入且以非常规的方式进行思考，同时，要对谜团所处的世界有全面的认知”。

互联网的普及为我们探索发生在世界各地的事件提供了众多新渠道。我们只要点点鼠标，就可以轻松访问大洋彼岸某份报刊的头版，那片土地就像隔壁小镇一般近在咫尺。事实上，互联网的便捷之处还不止于此。免费的在线百科为我们提供了相关事件的背景知识和来龙去脉，而在 10 年前，如果不找个像样的图书馆，要获取这些信息是难以想象的。谷歌承诺，将致力于组织全世界的信息，实现人人皆可访问。渐渐地，我们已经习惯于利用谷歌及其他搜索引擎来获取我们想要知道的秘密：只须键入“苏联拥有多少颗 SS-9 导弹”，再点击“手气不错”按钮，便可大功告成。

然而，搜索引擎能够帮助我们搜索到想要知道的事情，却很难帮助我们发现需要知道的事情。人们想要知道什么，取决于何人何事在他们看来是重要的。简单来说，我们往往倾向于关注发生在家乡的新闻，而不是关注大洋彼岸的新闻；我们会对朋友的生活刨根问底，却不会对陌生人多加过问。无论是纸质报刊还是社交网络，所有的传媒工具都有共同的缺陷。传媒工具只能提供人们所要，但通常不是人们所需。

我们需要具备哪些能力，才能对这个错综复杂且互联互通的世界有一个全面的认识呢？这个问题困扰的不仅仅是情报人员。流行病学家、首席执行官、环保人士、银行家、政治领袖，甚至激进分子，都面临着全球化的挑战。我们都需要尝试着站在他人的角度来思考问题。即使意见相左，也要乐于倾听；同时，对陌生或难以预测的事物要多加留心。

我们从“揭露秘密”过渡到“解开谜团”，靠的不仅仅是信念。我们认识这个世界，需要借助多样的工具。这些工具，有的已有数百年的历史，有的问世才不过短短几年。但是，只要善加利用，它们都能帮助我们更好地认识世界、探索世界。

我们可以创造新的工具，帮助我们辨别听到了什么，又忽略了什么。我们可以化繁为简，让使用不同语言的人彼此交流，让不同国家的人开展合作。我们可以突破成见，邂逅“网际奇遇”，从意外之事中积累洞察事物的能力，并为我所用。人类既然具备创造互联网的能力，那么也能搭建起新的网络，进而发现、理解和拥抱更为广阔的世界。

建立新的联系——势在必行，刻不容缓。

01

数字世界主义，让隐藏的联系变成现实

我们每个人都有自己需要承担的责任，但不管你是否愿意，我们还必须承受他人的负担。我们应当保持乐观的心态，利用互联网，发现潜在威胁，抓住机遇，迎接挑战。我们需要辩证地看待某些事件，发现隐藏在背后的真相。着眼当下，看清彼此之间的联系，而非凭空幻想未来世界联系之紧密。数字世界主义要求我们承担起责任，让隐藏的联系变成现实。

REWIRE

Digital Cosmopolitans in the Age of Connection

联系的两面性

入住香港京华国际酒店 911 号房间时，刘剑伦教授感到微微有些不适。2003 年 2 月 21 日，这位 64 岁的医学教授抵达香港，出席亲属的婚礼。但他并没有沾到婚礼的喜气，而是感到精疲力竭。刘教授是广州孙逸仙纪念医院的医生。抵达香港之前的 3 个星期，他都在医院坐班诊治病患。数百名病人感染了“非典型性肺炎”（简称“非典”）。

2 月 21 日当天，刘教授由妹夫陪同游览香港，但他早早就返回了酒店。第二天上午，刘教授沿窝打老道直奔香港广华医院就诊。当时，刘教授呼吸困难，他告知医护人员，自己携带某种高度传染性病毒，需要在高压氧舱内接受治疗。

10 天后，刘教授死于严重急性呼吸综合征，也就是“非典”。很快，刘教授的妹夫也去世了。刘教授并非首个因“非典”丧生的患者，但他的案例率先揭示了该疾病的潜在危害，即可以实现远距离的快速传播。最终，“非典”这场流行病还是在全球蔓延，夺去了916条生命；而如果不加以控制，“非典”最终可能会导致几十亿人受到感染。

在刘教授接受医院隔离之前，12名同期入住京华国际酒店9层的住客已经被感染。除了一些香港本地住客，其他住客则来自新加坡、澳大利亚、菲律宾、加拿大以及中国内地。其中一位受到感染的住客陈强尼（Johnny Chan）是常驻上海的美国商人。他在刘教授入住两天后离开酒店，飞往河内。几天后，陈强尼感到不适，前往越法国际医院就诊，随后，陈先生死亡。

越南当地医生无法确诊陈先生的病因，就向世界卫生组织西太平洋区域传染病监测控制中心主任卡尔罗·武尔班尼（Carlo Urbani）求助。武尔班尼博士是医疗诊断专家，他很快断定导致陈先生死亡的那种疾病具有高度传染性。他立即约见越南政府相关机构，要求确保当地医院采取积极的预防措施。然而，不幸的是，在武尔班尼博士接手之前，已有80多名病人及医护人员被感染。

3月11日，越南政府宣布对越法国际医院实行隔离。此时，武尔班尼正由河内飞往曼谷，准备出席医学会议。在飞机上，他出现高烧症状，这是“非典”的早期症状之一。一下飞机，武尔班尼就将自己隔离起来，并叫来自己在美国疾病控制与预防中心的同事斯科特·道威尔（Scott Dowell）博士，约道威尔在曼谷机场会面。他们相隔两米开外而坐，交流了近两个小时。随后，泰国政府派来了全副武装的救护车和医疗技术人员，将武尔班尼博士送往医院。此前，武尔班尼博士健康状况良好，因此，医生认为，他在救治病人的过程中，多次接触病毒，从而导致自身病毒载量超出负荷，身体机能不堪重负。3月29日，武尔班尼博士去世。

“非典”爆发时，身处美国或欧洲各国的人，可能对旅游禁令和外国游客突然佩戴医用口罩的举动印象不深。在此期间，有27名美国公民感染上“非典”病毒，而在亚洲，这个数字超过了7 000。在世界其他地方，“非典”也给人们带来了极大的心理冲击。全球卫生学者劳里·加勒特（Laurie Garrett）指出：“尽管大多数美国人很快将‘非典’抛之脑后，但对于很多亚洲人和加拿大人来说，2002年11月到2003年6月这段时间的记忆是刻骨铭心的，正如华盛顿和纽约的居民永远不会忘了‘9·11’那天一样。”

大家的担忧并非空穴来风。“非典”是一种极其可怕的疾病，其传播不需要身体接触：一段时间内，与被感染者处于同一空气环境下，就有可能被感染。同时，病毒在人体内的潜伏期可以长达10天，其间无明显症状，但具有传染性。因此，那些尚处于潜伏期的感染者在不知情的情况下，就有可能将病毒扩散至其所到之处。一名感染者可以传染几十，甚至几百人；而在与病毒携带者接触的人群中，大约每10个人中就有一人难逃此劫。因此，“非典”是十分致命的。

在2002年到2003年爆发期间，“非典”的传播速度极为惊人，而阴谋论则趁虚而入。一位俄罗斯科学家称，一切致命且快速传播的疾病，都是人为造成的。这一度成为部分亚洲人茶余饭后的谈资。这种传闻在一定程度上引起了更大的社会恐慌。2003年4月，世界卫生组织的科学家们发现“非典”病毒来自一种叫作果子狸的食肉动物。它外形似猫，在中国南方地区比较常见。与埃博拉、炭疽和汉坦病毒一样，“非典”也属于动物传染病。携带此种病毒的动物本身并不患病，但会将其传播给人类。“非典”病毒很可能突破了物种屏障，先是通过果子狸的血液，传播给市场上果子狸肉的食用者们，再通过他们，把病毒传染给刘教授和武尔班尼等人。

“非典”具有潜伏期长、易于传播的特点，而当今世界联系紧密，无疑又使危害进一步加剧。像刘教授和陈强尼这样携带病毒、频繁乘坐飞机往来于全球主要城市的人群，一般被称为“超级传播者”。例如 3 月 15 日，在中华航空公司从香港飞往北京的 112 号航班上，一名乘客就将病毒传染给了同机的 22 名乘客——该趟航班共有 126 名乘客。随着恐惧的蔓延，人们对搭乘飞机等公共交通工具，以及前往国际大都市的公共场合，都充满了担忧。过去，对生活在现代都市的人来说，与几千个陌生人共处一室是再平常不过的了，但转眼间，这一举动变得十分危险。正如美国气象学家爱德华·洛伦茨（Edward Lorenz）在他的蝴蝶效应中所阐述的那样，一只巴西的蝴蝶扇动几下翅膀，就可以引起美国堪萨斯州的龙卷风；同样，一顿在中国的晚餐，可能会把好几个人送进加拿大的医院。

最终，全球共有 32 个国家和地区受到“非典”的影响；除南极洲外，其余大陆均未能幸免。不过，全球范围内只有 8 422 人受到感染。尽管从 2002 年 11 月至 2003 年 3 月，“非典”病毒的传播态势迅猛，但截至 2003 年 7 月，世界卫生组织已经完全控制住了疫情。再后来，关于“非典”，人们关注更多的是其防控效率，而并非其传播速度了。

从患者的数量上看，1918—1920 年爆发的西班牙流感与“非典”形成了鲜明对比。当时，全球约有 5 亿人感染了这种致命的流感病毒，占当时世界人口的 1/3，其中大约 5 000 万人因此丧命。事实上，西班牙流感的死亡率约为 2.5%，远不及“非典”，但很多人都是多次感染该病毒。而“非典”的死亡率高达 9.6%，其中，老年人群的死亡率更是超过了 50%。与“非典”一样，西班牙流感也有很强的流动性，从北极圈内到遥远的太平洋岛屿，都有感染者分布。但当时，感染者只是通过搭乘轮船和火车，将病毒扩散到世界的各个角落，而非乘坐越洋飞机。既然“非典”如此致命，其蔓延为何能在全球范围内得到有效控制，进而大大减少死亡人数呢？

有效防控“非典”，互联网功不可没。世界各地的医生，通过在线合作各尽所能，互联网由此成为抗击“非典”的前线。正是这种全球互通与合作，使“非典”疫情变得可控。

2003 年 3 月，经意大利诊断专家武尔班尼博士提议，越南政府进入戒备状态；而与此同时，世界卫生组织也开始调动全球力量，展开鉴定、诊断工作，从而确保控制住“非典”疫情。武尔班尼博士抵达曼谷后的第 6 天，世界卫生组织即发布了安全网站，用于召开视频会议，协调各国研究人员开展工作。他们通过该网站，共享受感染者的肺部 X 光照片，并据此制定治疗方案。随后，该治疗方案以及感染者隔离指导方针，被发往全球各大医院。事实证明，这项举措是极为有效的——90% 的“非典”病例均发生于世界卫生组织发出警报以前。为掌握“非典”疫情的发展态势，防止新一轮疫情的爆发，世界卫生组织还启用了全球公共卫生情报网（GPHIN）。这是由加拿大国家卫生部开发的一个网站，用于利用新闻专线及网络资源，搜索有关潜在“非典”疫情及其他突发公共卫生事件的信息。该情报网站帮助世界卫生组织排除了超过 1/3 的虚假信息，从而快速识别和锁定“非典”病例。

即使相隔万里，也能实现信息共享，这大大降低了“非典”疫情以及隔离所带来的危害。新加坡是最早受到“非典”影响的国家之一。起初，新加坡的“非典”患者均被隔离在单独的病房内。经过治疗，患者可以回到家中接受隔离，政府在他们的住处安装了视频设备，以便监控病情。另外，疫情爆发时正值中国传统节日清明节。这一天，中国人素有举家外出、扫墓祭祖的传统。为了防止城市公墓人群聚集，新加坡政府倡导当地华裔居民暂停扫墓，并别出心裁地为民众提供在线购买祭品的服务，再由着统一制服的工作人员代为扫墓和献祭。

尾身茂（Shigeru Omi）是世界卫生组织西太平洋区域总监。谈及世界卫生组织抗击“非典”的成果时，他表示，若不是飞机出行使得国家间往来如此便利，“非典”只可能在小范围的区域内传播；同时，若没有互联网的帮助，世界卫生组织也很难如此顺利地击退“非典”。如果说由航空旅行所构建的国与国之间的联系导致疫情加速蔓延，那么，数字化的联系手段（无论是地方性的还是全球化的）则促进了信息共享，为抗击“非典”创造了有利条件。面对“非典”，身处不同大陆的医生一起分析患者肺部 X 光照片，多伦多和新加坡的政府官员共同探讨隔离措施……这些现象都说明，“联系”既可以是促成合作的关键，也可以成为导致疫情蔓延的罪魁祸首。

流行性疾病的爆发通常无迹可寻。我们无从得知它们会出现在世界的哪个角落，又或者哪些不经意的举动会导致它们在一天之内传遍全球。为了查清病因和控制疫情，尾身茂等科学家不仅需要着眼本国，还要放眼全球，寻找关于流行病的蛛丝马迹。科学家们的任务是发现潜在威胁，并找到有效的对策，因此，国际视野至关重要。世界卫生组织的研究人员利用全球公共卫生情报网搜索来自各家报纸和网络媒体关于“非典”

的信息，准确性极高。这是因为该网络覆盖了世界的各个角落，而不仅仅局限在某些国家和地区。

“非典”为当今社会人们所面对的全球性挑战提供了范例。当然，挑战远不止于此，如急剧变化的气候、相互依存却摇摇欲坠的金融体系，以及对耕地和其他稀缺自然资源的争夺等都是例子。我们应当保持乐观的心态，相信会有众多类似全球公共卫生情报网的网络平台持续涌现，帮助我们拓宽视野，发现潜在威胁，抓住机遇，更快地找到应对策略。但是，我们仍需清醒地认识到，人类所需要的全球视野不可能手到擒来。全球化的前景尚不明朗。

互联网上的一举一动

要是你在 2010 年咨询那些研究中东问题的专家，未来一年中东地区可能发生何种变革，想必没有人能预测到“阿拉伯之春”运动。如果可以选择，更不会有人将突尼斯作为运动的发源地。自 1987 年以来，扎因－阿比丁·本·阿里（Zine el-Abidine Ben Ali）一直牢牢掌握着突尼斯这个北非国家的政权，凡有意挑战其权威者，或被拉拢，或被监禁、流放。2010 年 12 月，蔬菜小贩穆罕默德·布瓦吉吉（Mohamed Bouazizi）走投无路，自焚抗议。当时，没有人能想到，布瓦吉吉家人对政府的抗议，最终会远远超出西迪布济德省的范围。要知道，在当时的突尼斯，军事封锁线、对示威者的暴力镇压、趋炎附势的国内报刊以及对国际媒体的管制，都是为反对呼声的传播而设置的重重障碍。

布瓦吉吉事件是个例外。西迪布济德省的抗议行动被人们用手机拍摄了下来，并上传到 Facebook 上，这引起了欧洲突尼斯政权反对者的关注。他们对该片段进行翻译并制作字幕，然后打包上传给了那些对抗议行动表示支持的新闻媒体，著名的半岛电视台就是其一。半岛电视台在突尼斯拥有很高的收视率，于是，突尼斯民众很快意识到，全国各地都在举行抗议示威活动。通过收听广播及收看电视，越来越多的人参与其中。本·阿里也随即利用广播电视，一边试图呼吁示威者自行解散，一边向示威者施加压力并发出威胁。可是，摇摇欲坠的阿里政权最后还是倒了台。与此同时，这些抗议示威的影像则传遍了整个中东地区，十几个国家的民众纷纷效法，抗议运动呈星火燎原之势，最终促使埃及总统穆巴拉克和利比里亚领导人卡扎菲下台。

虽然在今天看来，突尼斯革命所带来的巨大影响是公认的，但在当时，许多地区对抗议示威导致本·阿里政权颠覆的事实却浑然不知。《纽约时报》首次在报道中提及布瓦吉吉和西迪布济德省是在 2011 年 1 月 15 日，即本·阿里逃往沙特的第二天。美籍黎巴嫩裔记者奥克塔维亚·纳瑟（Octavia Nasr）是较早着手报道此次事件的记者。在接受美国公共电视网的采访时，纳瑟失望地表示："在过去的 4 周时间里，突尼斯完全被媒体遗忘了。在事件激化之前，媒体竟然对此毫无察觉。这样的失误不容再有。"

一些分析人士认为，美国和欧洲各国媒体对突尼斯革命保持缄默，暗示了对阿里政权的支持：美国将阿里视为有利可图的同盟，美国媒体自然不愿意报道此次事件。然而，这种设想很难站得住脚，因为它无法解释为何美国媒体会对推翻穆巴拉克政权的运动大肆报道，却对突尼斯革命表现得后知后觉。要知道，穆巴拉克是美国的亲密盟友，其政权兴衰直接关系到美国在中东地区的核心利益。

当然，我们也可以把问题看得简单一些：美国和欧洲各国对突尼斯事件的漠视并非有意为之，而确实只是因为缺乏关注。运动愈演愈烈之时，正值圣诞节和新年期间，人们都在忙着和亲友团聚，无暇顾及他国的新闻报道。另外，突尼斯国内主流媒体对抗议示威只字不提，而独立媒体网站的影响力又十分有限，确实很难期望事件能在突尼斯以外的地方掀起波澜。

事实证明，美国情报界早前并未对此次事件给予充分重视。时任总统奥巴马随后约见了美国国家情报总监詹姆斯·克拉珀（James Clapper），并对美国情报界的失职表示失望。奥巴马认为，对于本·阿里和穆巴拉克政权的倒台，情报机构应当提供充分的预警。美国参议院情报委员会主席戴安娜·费因斯坦（Dianne Feinstein）对此表达了她的疑惑：为何抗议示威活动能在社交媒体的帮助下大肆蔓延，却顺利避开了军事情报部门的严格审查？是否有人在关注着互联网上的一举一动？

无论是抗击“非典”等传染性疾病，还是应对地缘政治格局的变化，我们都需要放宽视野，综观全球，从而对潜在威胁做出预判，抓住机遇，构建新的联系。移动通信、卫星电视以及互联网的发展，预示着全球信息共享将达到空前的高峰。**矛盾的中心在于，虽然当今世界联系紧密，信息和观点的交流与共享要比以往容易得多，但与此同时，人们对世界的认知却受到了越来越多的限制。**

40 多年前，越南战争时期，要想从前线发回报道，需要将曝光胶卷从东南亚空运到美国，进行编辑处理之后才能播出。这个过程往往要花费几天的时间。如今，但凡某地出现紧急状况，无论是自然灾害还是军事政变，都能通过卫星进行实时转播。可是，尽管新闻传输的难度降低了，美国电视新闻对于国际事件的报道与20世纪70年代相比，却减少了一半以上。

目前，互联网拥有20亿用户，手机用户更是突破了60亿。无论是来自马里乡村的消息，还是有关比哈尔地方政治的报道，都能轻而易举地被搜索到，这比以往任何时候都要便捷。因此，我们所面临的挑战，并非信息的获取，而是对事件的关注。人们总是对发生在自己身边，会直接影响到自己、家人或朋友的现象给予过度关注。这种习惯是根深蒂固的，它使得我们所面临的挑战更加艰巨。

数学家邓肯·瓦茨（Duncan Watts）在他的《六度分隔》（*Six Degrees*）一书中，对流行性疾病、时尚和金融危机等网络化现象进行了探索。他指出，人们的生活往往会被一些看似与我们相隔万里的现象所影响。“某些事情看似发生在遥远的异国他乡，你可能无法听懂当地的语言，但这并不能说明它对你来说无关紧要，”瓦茨说，“如果不明白这一点，就很难理解这个相互连接的时代所教给我们的第一课：**我们每个人都有自己需要承担的责任，但不管你是否愿意，我们还必须承受他人的负担。**”

为了承受起彼此的负担，我们不得不重新衡量我们对这个世界的认识。如何制定战略，做出决策；如何建立商业往来；如何治理国家；如何教育年轻一代……这些问题都不简单，可它们都基于一个简单的前提，那就是：我们必须从现在开始，把自己当成世界公民，而不仅仅是某个国家的公民。当然，这个论点并非首创。据考证，一位生于公元前4世纪的希腊先人，是最早提出类似观点并被记录在案的人物之一。

世界主义和世界公民

尽管只能徒步或乘船出行，第欧根尼（Diogenes）还是走遍了当时人们认知范围内的大半个世界。他离开家乡锡诺普（位于黑海海岸，现属土耳其），流落雅典街头，身无分文，随后又去了科林斯。在苏格拉底的徒弟安提西尼（Antisthenes）的引导下，第欧根尼开始践行苦行主义，再加上他很早就摆脱了世俗财富的牵绊，便成就了其哲学生涯中极为重要的转变。第欧根尼的真实生平难以考据，但关于他的传闻逸事却有不少。多数古典学者认为，第欧根尼居无定所，常常露宿于雅典庙宇的雨棚之下，并在一个木桶里睡觉。

第欧根尼在他的著作《名哲言行录》（*Lives and Opinions of the Eminent Philosophers*）中，集伍迪·艾伦（Woody Allen）和“肮脏坏家伙”（Old Dirty Bastard）的形象于一体，妙语连珠却行为不端。有一次，第欧根尼被发现在广场上手淫，他不但没有为自己的行为道歉，还强词夺理地说，要是搓搓肚子也能解饿就好了。第欧根尼被同时代的人称为“犬儒”，意为“像狗一样的人”，因为面对别人施舍的残羹冷炙，第欧根尼的表现与狗一样——朝施舍他的“好心人”撒尿。不少历史学家将第欧根尼视为哲学界的革新者、柏拉图学派的重要批判者，但也有部分学者认为他只是个行为怪异的疯子。

第欧根尼最离谱的举动是，他既不承认自己是雅典人，也不承认自己是锡诺普人。他宣称自己是宇宙的公民，是世界公民。在第欧根尼所处的社会，几乎人人都对自己生长的城邦有着很强的认同感，在当时，第欧根尼关于世界主义的主张被认为是相当激进的，难以融入古希腊的主流思想。因此，与其说第欧根尼想要获得世界公民的身份，倒不如说他只是拒绝接受那个时代传统意义上的社会标识，即“出身决定一切”。

在当时，想让人们接受第欧根尼的主张已属不易。而事实上，真要在这个广阔的“世界”中作为“世界公民”而生存，远比提出这一主张要难得多。

我们与第欧根尼相隔约 2500 年，但直到现在，我们中的大多数人才有机会与世界各地的人交流互动。在公元 1800 年，世界上 97% 的人口都生活在乡村。尽管部分人通过与商旅的接触，对异域文化略有涉猎，但大多数人对使用不同语言或信奉不同神灵的同胞仍是闻所未闻。而在那之前，即使另外 3% 生活于诸如雅典这样城市中的人也鲜有机会与不同出身、使用不同语言、拥有不同信仰的人交谈、通商或一起敬奉神灵。这些早期城市无疑是世界主义的发祥地，然而，其文化交融的程度可能远没有我们想象的那么高。

美国加州大学洛杉矶分校历史学教授玛格丽特·雅各布（Margaret Jacob）做了一项研究。她选取 18 世纪欧洲最为国际化的几座城市为研究对象，就其证券交易所的布局展开分析。雅各布发现，虽然在当代，整个欧洲乃至世界其他地方的操盘手、金融集团中的各部门之间都有依据地域的明确界定，但是，据一份 18 世纪 80 年代伦敦证券交易所的楼层手绘草图显示，当时划定区域的依据却不仅有国籍，还有职业和宗教信仰。这份草图是由一位造访交易所的法国工程师绘制的，图上的楼层布局中既有“荷兰区”“东印度区”“法国区”等常规区块，也有“贵格会区”“犹太区”等特殊区块。这里的操盘手们生活在伦敦，供职于当时最大的国际化市场，但更重要的是，其身份是由他们的出身和信仰决定的。

说来也怪，18 世纪的伦敦证券市场与今天的多元文化城市竟如此相似。以纽约为例，众所周知，布莱顿海滩是俄罗斯移民的避风港，法拉盛是华人的大本营，市镇公园则是正统派犹太教徒和哈西德派犹太教徒的聚居地。当代城市的美好愿景在于，和近邻偶然相遇，或是搭个地铁前往城市另一端，都有可能让我们邂逅不同的食物、风俗以及理念。可是，这样的邂逅真的很频繁吗？对此，雅各布的回答是："现实中的世界主义，远不是仅仅划出一块区域来，让不同文化背景的人前来相聚那样简单。"

2006 年，哈佛大学公共政策学教授、著名社会理论家罗伯特·帕特南（Robert Putnam）公布了他关于社会资本基准的调查结果。他说，当下要想把美国建设成像纽约一样的文化大熔炉，人们还要花费相当大的力气。帕特南的研究显示，生活在多元民族背景下的人通常表现得比较"顽固"。与生活在民族背景较为单一的城市里的美国人相比，生活在多元民族背景下的人不太愿意参与选举、从事社区项目或是捐款给慈善机构。他们也不太相信政府处理问题的能力，朋友少得可怜，对生活品质也不太讲究。

早前的社会学理论曾指出，不同民族之间的接触既有可能改善彼此的社会关系，也有可能激化矛盾。这就是"接触理论"和"冲突理论"的对立。但帕特南从对美国城市的调查数据中总结出了第三种可能性——"约束理论"，即人们在多元化环境的约束下刻意避免与他人接触的倾向。如果帕特南的理论站得住脚，并且同样适用于人们在网络上的行为，那么，互联网将会给我们带来很多现实的或潜在的困扰。也就是说，要让出身背景不同的人相互交流并不容易，即使他们生活在同一座城市，甚至互为邻里也无济于事；要让他们对其他国家的种种问题和困境给予关注，更是难上加难。

身为一名美籍加纳裔哲学家，纽约大学教授奎迈·安东尼·阿皮亚（Kwame Anthony Appiah）充分体会到了世界主义内在的可能性与挑战，并对此进行了深入思考。阿皮亚在库玛西和伦敦长大，他的父母分别是英国艺术历史学家和加纳政治家。阿皮亚向西方的哲学家们阐述了错综复杂的阿散蒂信仰体系，也向他在库玛西的亲友们解释了自己的性取向。阿皮亚指出，我们要学会包容持有不同信仰和价值观念的人，然而世界主义对于我们的要求还远不止于此。宽容异己者的行为并不困难，我们只需不予理会或避而远之就可以了。可是，这样一来，所有人都还是会坚持自己的立场不肯让步。正如帕特南所说的那样，这将会导致人们作茧自缚，不愿与外界接触。而阿皮亚对世界主义持肯定态度，他认为从另一角度看，世界主义促使我们欣然接受这种差异所带来的财富、高效以及创造力。

在阿皮亚看来，世界主义者应具备两种基本品质。首先，世界主义者要对他人的信仰和习俗感兴趣。也许无法接受或践行他人的处世之道，但至少应该努力去理解。用阿皮亚的话说，“值得我们去探索的人类生活方式不计其数，我们不能也不应该希望每个人或每个社会都以一种同样的模式生活”。其次，世界主义者坚信他们有义务承担起对他人的责任，即使这些人与他们非亲非故，甚至有着全然不同的信仰。我们有责任勇敢面对他人所受到的伤害，并给予力所能及的帮助，无论我们遇到的人与自己有多大的差异，都应该将他们视为人类大家庭中的一员。

根据上述两条解释，光凭对寿司和非洲流行乐的喜爱，我不够格成为一个世界主义者。阿皮亚把那些一本正经地将传扬各民族食物和音乐视为己任的人排除在世界主义者的行列之外。当然，世界主义也不仅仅指对人类的博爱，尤其不能等同于借宗教之名“救赎”他人的行为，以及任何试图劝服他人改变宗教或者政治信仰的举动。摆在我们面前的挑战是，如何克服成见，认真审视各种潜在的价值，而不是不假思索地回绝。对此，我们多少会感到些许不安和别扭，但与此同时，它将给我们带来全新的视角和意想不到的收获。

生活在网络乌托邦

1907 年春天，毕加索到访格特鲁德·斯坦因（Gertrude Stein）位于巴黎的寓所。亨利·马蒂斯（Henri Matisse）正好路过，带来了他从巴黎商人埃米尔·海曼（Emile Heymenn）那里买来的非洲雕刻——一个由科特迪瓦西部但族人制作的面具。毕加索被这件作品迷住了，随后拉着好友安德烈·德兰（André Derain）前往巴黎第一座致力于人类学研究的博物馆——特罗卡德罗民族志学博物馆（Trocadero Museum of Ethoology）参观。起先，毕加索对这座博物馆很反感：“面具散发出来的那股味道简直扼住了我的喉咙，我特别失望，恨不得马上离开。”30 年后，毕加索再次提到这座“令人讨厌的博物馆”，称自己仍然常常回想起当时的景象和气味。

毕加索能够克服对面具气味的反感，对绘画艺术来说，实为一大幸事。毕加索回忆说：“我强迫自己待在里边，仔细观察这些面具。人们怀着神圣的、敬畏的心情创造了这些物件，把它们当作人类与一切不利的、未知的自然力之间的媒介，赋予它们形式和色彩，希望借此来克服内心的恐惧。于是，我明白了绘画的真谛。”

特罗卡德罗之行标志着毕加索进入了艺术创作的非洲时期，毕加索将其称为“黑色时期”。同年晚些时候，毕加索创作了杰作《亚威农的少女》，这幅画粗暴地展示了五个少女的裸体形象，其中右边两个裸女面容狰狞，与西非面具的脸庞十分相似。毕加索是名副其实的非洲艺术品收藏家，他工作室的墙壁上挂满了各种非洲面具和小雕像。晚年，在《音乐家和吉他》等画作中，毕加索对他的非洲创作主题进行了总结。在探究毕加索运用反向凹凸线条处理人物面部的技巧，以及使平面图形具有立体几何图形效果的技巧（即立体主义）的基本手法时，学者们发现，这一切都源自非洲艺术品带给他的灵感。毕加索对非洲艺术品的独特鉴赏力还让他有机会与部分非洲最杰出的知识分子对话，这其中就包括塞内加尔独立后的首位总统利奥波德·桑戈尔（Léopold Senghor）。桑戈尔向毕加索关于非洲主题的创作以及对非洲独立的支持表示感谢，并将自己的首部诗集《阴影之歌》中的一首诗作《黑色面具》献给了这位画家。

毕加索因为一次不期而遇和非洲艺术品结缘，随后，又因一次博物馆之行而对非洲艺术着迷。当然，只有全力克服了对非洲面具的抗拒，他才得以与诸如桑戈尔这样的非洲领导人进行对话。

要是马蒂斯生活在当今社会，我们不由会产生这样的联想：马蒂斯刚刚入手了一个但族面具，把照片上传到了 Facebook 上；毕加索看到后，疯狂地在谷歌上搜索相关图片。实体世界里，我们很难发现自己与陌生事物的联系，很难受到感染和启发；通过电脑屏幕，这一切就容易得多了。

加州大学圣地亚哥分校的学者罗杰·鲍恩（Roger Bohn）和詹姆

斯·肖特（James Short）计算出，美国民众平均每天接收信息的时间为11.8小时，获得信息的渠道有广播、视频、印刷刊物、电话、计算机、电子游戏以及录制音乐等；当然，我们也用很小的一部分时间来亲身经历以获取信息。而越来越多的时间，被我们用来花在社交媒体上，持续关注着朋友和家人生活中的细枝末节。据统计，目前，仅Facebook一个网站，平均每天就要占用每个用户13分钟的时间。而剩下的时间，人们则用来自我消遣，听音乐、看电视或是观看YouTube网站上可爱小猫的视频。

新闻、社交媒体、文化传媒是我们获取信息、形成认知和价值观的三种渠道。当持续听到有关某个人、某个地点或者某次事件的消息时，我们就会下意识地认为这是重要的，并对其投以更多的关注。**然而，尽管互联网的强大之处正是让信息的传播不受时空限制，事实上我们获取的大多数信息还是来自自己所处的生活环境。**

从某种程度上看，人们设计的信息传播工具恰恰体现了这种偏向，即我们往往对发生在周遭或者亲友身上的事情投以更多的关注。报纸上和广播中对当地新闻的报道要远多于对国际事件的报道；国语电视和电影更受人们青睐；我们总是在Facebook上与高中时期的伙伴互动，却不常通过社交网络结交陌生人。虽然通过谷歌等强大的搜索引擎，想要观看尼日利亚的电影或者获取印度尼西亚的新闻并不困难，然而这些工具还有另外一个弊端：它们通常提供我们感兴趣的信息，而不是我们真正需要获得的信息。

这些偏向意味着，若想和毕加索一样，因某一时刻与陌生事物的邂逅而激发灵感，我们需要加倍努力。同样，面对联系的潜在危险，我们也需要尽力设计出具有警示作用的信息工具，将流行性疾病、金融危机或煽动性视频等扼杀在摇篮里。互联网不是魔术师，不可能凭空将我们转变成世界主义者；因此，想要将联系的好处最大化，把伤害降到最低，我们就必须承担起应有的责任，建立连接世界的有效信息工具。

1993 年，霍华德·莱茵戈德（Howard Rheingold）出版了《虚拟社区》（*The Virtual Community*）一书，总结了他对包括互联网中继聊天（Internet Relay Chat）等早期电子论坛的思考。互联网中继聊天创立于 1988 年，是一个以文本为基础的实时聊天系统，至今仍然活跃于科技领域。《虚拟社区》把“实时部落”和“日本与网络”等作为章节标题，指出网络对话与传统对话相比，将会更加包容、公正且具有全球性。“来自澳大利亚、奥地利、加拿大、丹麦、芬兰、法国、德国、以色列、意大利、日本、韩国、墨西哥、荷兰、新西兰、挪威、西班牙、瑞典、瑞士、英国以及美国的万千用户，同时汇集于一个跨文化书面交际平台——互联网中继聊天。”而莱茵戈德的疑惑是：“要是让一切文化产品都不再发声，只以书面形式进行交流，那我们将会迎来什么样的文化？”

利用新兴科技改变陌生人交往方式的设想并非莱茵戈德首创。《经济学人》的编辑汤姆·斯丹迪奇（Tom Standage）在他的著作《维多利亚时代的互联网》（*The Victorian Internet*）中，对一位当代评论家所称的“思想高速公路”（即电报通信）做出了概括性的积极预测。书中，斯丹迪奇引用了大量例证，其中提到了连接美英两国的海底电缆，这项工程的收官让历史学家查尔斯·布里格斯（Charles Briggs）和奥古斯都·马弗里克（Augustus Maverick）不禁断言：“现在，地球上的所有民族都能通过它交换意见，那么过去的成见和敌对应该都不复存在了。”

飞机的问世也引发了类似的言论。伦敦《独立报》在评论路易斯·布莱里奥特（Louis Blériot）飞越英吉利海峡的壮举时称，这次飞行象征着和平时代的到来，因为飞机“使人们变得亲近，亲近是友爱之源，而非仇恨之本”。相似的还有，霍华德·塔夫脱（Howard Taft）总统时期的美国国务卿菲兰德·诺克斯（Philander Knox）也曾预言，飞机将“拉近各民族之间的距离，从而消除战争”。

无线电先驱伽利尔摩·马可尼（Guglielmo Marconi）于1912年接受采访时称：“无线通信时代的到来预示着战争将不复存在，战争将成为荒谬之举。”虽然第一次世界大战的爆发让马可尼的言论不攻自破，但实际上，发明家尼古拉·特斯拉（Nikola Tesla）对于无线电的前景更为看好。特斯拉曾说：“一旦人们完全掌握了无线电技术，整个地球将成为一个巨大的大脑……无论相隔多远，人们都能够瞬间实现彼此交流。”

特斯拉是一位天才预言家，他在1926年提出的设想竟然准确得令人惊讶。他说：“通过电视和电话技术，即使相隔万里，我们也能够清楚地看到和听到对方，就像面对面一样；并且，这类通信工具与我们现在使用的电话相比，将会便捷许多，人们甚至可以将它放在上衣口袋里随身携带。”

对于任何一个见证了互联网发展的人来说，这样的言论并不稀奇。正如历史学家、技术哲学家兰登·温纳（Langdon Winner）所言：“任何一项具有重大推动力和实用价值的新技术问世，都会在远见卓识者之中掀起一股热潮，期盼乌托邦式的社会秩序的到来。”那些帮助人与人建立起彼此之间联系的科技（例如飞机、电报和无线电），能够唤起人们对于美好世界的无限憧憬。从这个角度看，互联网被赋予了建筑学的意义——互联网就是一个搭建起关系系统的网络；而过去 10 多年关于它的大量记录确保了在这个依靠联系发展的世界里，互联网成为关注的焦点。人们对互联网的期望是极高的，一个新词应运而生，即“网络乌托邦主义”（cyberutopianism）。

“网络乌托邦主义”一词原本含有贬义，用以讽刺那些想法不切实际、极其幼稚的人对科技的过度幻想，以及对社会治理的片面理解。奇怪的是，这个词现在常常被当作褒义词来用。另一个感情色彩较弱的词“网络怀疑论”（cyberskepticism），用来指代认为互联网科技会损害我们的社会，导致粗俗的语言泛滥，并且激化矛盾的观点。然而，无论哪个词汇更加贴切，我们都不应该忘记“网络乌托邦主义”的诉求和初衷。

一次，我在使用 Skype 与莱茵戈德进行通话时，提到我有意在本书有关“网络乌托邦主义”的探讨中引用他的部分观点。一提到这个词，莱茵戈德便显得有些不安，我原本以为他会挂断电话。但是，他在稍作镇定后，对我说了这么一句话：“废奴主义者也是乌托邦主义者。”在后来的一封电子邮件中，莱茵戈德对这句话做出了解释。

> 我对那些可以促进集体行为的工具所蕴藏的潜能特别感兴趣，但正如我在《聪明的行动族》（*Smart Mobs*）第一页提到的那样，人们聚集在一起可以行善也可以作恶，一旦升级为集体行动，这两种行为的影响都会被扩大……因此，在乌托邦主义的旗帜下，所做的并非都是坏事，废奴主义就是很好的例证。

莱茵戈德的解释提醒我们，不要与我们的对手争辩。“网络乌托邦主义”是一个相当别扭的词汇，它将两个原本就不浅显的概念结合在了一起，其实很难站得住脚。互联网建立起来的联系势必会增进人们对世界的了解，推动世界和平的进程，这个观点毋庸置疑。而科技对我们熟悉且在意的人或事所带来的影响则更为复杂，这值得我们深思。正如阿皮亚对世界主义的阐述，面对建立文化联系的可能性，我们仅有热情是不够的，还要靠数字技术和其他手段。“数字世界主义”与“网络乌托邦主义”不同，它要求我们承担起责任，让隐藏的联系成为现实。

如果我们拒绝承认科技带来的某些改变是不可避免的，却欣然接受“网络乌托邦主义”塑造的美好蓝图，那么我们将会遇到这样一个问题：如何将现有的工具重新连接起来，最大限度地对这个相互连接的世界施加影响？认为目前信息体系存在的弊端不可避免且无法改善，因而放任自流的做法是不负责任的。本杰明·迪斯累利（Benjamin Disraeli）在《维维安·格雷》（*Vivian Grey*）中说：“人非环境之产物，环境乃人之产物。我们是自由行为者，人的力量要比物质强大。”莱茵戈德也说：“毫无疑问，人类将利用科技建立起一个更加公平、公正、包容的世界。这实为一项道德使命。”

“网络乌托邦主义”向我们保证，科技创新能够促进社会进步，能够在不同信仰和观念的人之间建立起联系。但是，“非典”的案例却提醒我们，联系是一把双刃剑，它既让我们置身于病毒大肆传播的危险之中，也为我们提供了摆脱困境的新对策。YouTube 网站上的一个视频向我们展示了想要把偶然邂逅的文化转化为数字世界主义所要求的积极力量，我们需要花费多大的努力。

我们需要更广阔的视野，才能在这个相互关联的世界成功趋利避害。我们需要有一些小运气，像毕加索一样遇到成就一生事业的东西。我们需要辩证地看待某些事件，发现隐藏在背后的真相。我们需要看得更高更远，避免先入为主的偏见，探寻事件的全貌。我们需要找到亲历者，聆听他们的讲述，进而了解真实的世界。

互联网的发展让不同语言、不同文化和不同民族之间的相互关联不再遥不可及。正因为我们成了数字世界主义者，我们才能从世界各个角落获得灵感和机会，故而经济发展和创造性成就不再只是梦想。**为了在这个新兴世界里创造出人类发展所需要的工具，我们必须明白人们是如何联系、又是如何疏远的。**

我们需要探索联系的物理学原理，明确在数字空间内建立起真实持久的联系需要什么。为了达到这个目标，我们要认清自己在做什么，而不做什么；听谁的声音，而不听谁的声音，以及何时使用互联网。我们需要着眼当下，看清彼此之间的联系，而非凭空幻想未来世界联系之紧密。

02

打破同质性，做出真正结构性的改变

信息的全球流通预示着世界主义的未来，人们心目中信息化、国际化且紧密联系的世界，建立在互联网体系的个体和公司对未来阐释的基础之上。同质性的作用提醒人们，我们对世界的看法仍是局限的、不完整的、带有偏见的。如果我们想要改变从这个广阔的世界所获取的信息，我们需要做出结构性的改变。

从斐济运来的高端矿泉水

麻省理工学院教授尼古拉·尼葛洛庞帝（Nicholas Negroponte）于1995年通过他的著作《数字化生存》（*Being Digital*）让互联网进入公众视野。这本书指出，在不久的将来，人们生活中的方方面面都将因数字科技而改变。《数字化生存》从相当平凡的生活琐事出发，谈及全息视频、虚拟现实以及其他一些尚未实现的网络技术。在参加某个有关美国竞争力的论坛时，尼葛洛庞帝以装在玻璃瓶里，从法国阿尔卑斯山脉千里迢迢运到美国的依云矿泉水为例，指出美国的未来不在于搬运这些笨重的物品，而应该着眼于信息的传播。

麻省理工学院媒体实验室附近的便利店并不出售依云矿泉水。尼葛洛庞帝于1985年创办了这个致力于跨领域科技研究的实验室。我现在就在那里工作。精明的消费者自然会在国产瓶装水和进口瓶装水之间做出选择。值得一提的是斐济矿泉水斐泉，这个品牌的矿泉水别出心裁地使用了长方体形状的瓶子，而品牌的名称也不只是博人眼球的噱头，它确实是在距离坎布里奇 13 000 公里的斐济岛山谷里灌装的。

从斐济岛到坎布里奇，矿泉水的运输也证明了全球经济的发展，尤其是物流业的发展。加拿大商人戴维·吉尔莫（David Gilmour）用他在内华达的淘金所得购买了斐济瓦卡亚岛上一座占地 900 公顷的小岛，这座小岛杳无人迹，周围环绕着白沙海滩。吉尔莫原本想把这里当作家人休养的寓所，最终，他发现了这里作为高档度假村的商业价值。客人们乘坐吉尔莫的六座飞机来到这里，花上几千美元在盖着茅草屋顶的乡间别墅里住上一晚，一边享用由“当地野味、蔬菜和香草”做成的美味佳肴，一边喝着法国香槟和依云矿泉水。吉尔莫告诉记者，他看到一位客人在打高尔夫球时大口大口地喝着依云矿泉水，于是，他萌生了在斐济创办一个类似品牌的想法。

吉尔莫的下一步举动显示了他的抱负没有局限于仅为九栋别墅的客人提供生态矿泉水。2003 年，吉尔莫在斐济主岛维提岛上租用了 20 公顷土地，获得了其地下蓄水层 99 年的使用权，并投资 4 800 万美元建立了一家顶尖水平的装瓶厂。随后，吉尔莫聘请了科罗拉多州阿斯彭一家酒店的总经理道格·卡尔森（Doug Carlson）负责将斐济矿泉水打造成国际奢侈品牌。卡尔森以高档餐厅为突破口，说服餐厅大厨把盛有斐济水的瓶子放在一个银质容器里，以 10 美元一瓶的价格出售，从而将斐济矿泉水成功引入美国市场。斐济水的早期消费者主要为电影明星和音乐家。在他们的带动下，瓶装斐济水成了风靡一时的流行商品，斐泉也成为主流消费者买得起的“潜力品牌”。

2004 年，吉尔莫将公司出售给了美国企业家斯图尔特·瑞斯尼克（Stewart Resnick）和琳达·瑞斯尼克（Lynda Resnick）夫妇，这对夫妇通过销售富兰克林绝版模型的收藏品起家。瑞斯尼克夫妇一接手这家公司，就立即将它重新包装成一个绿色品牌。他们将瓶坯运往中国，空瓶运往斐济，再将产品运回美国和其他地区，并为这个过程带来的环境成本（即碳补偿）埋单。鉴于碳足迹对产品销售的微小影响，到 2008 年，斐泉已经超过依云，成为美国销量第一的“高端矿泉水”品牌。

丹麦航运业巨头马士基集团为这批船运集装箱规划的路线是从斐济首都苏瓦，途经新西兰港口城市奥克兰和费城帕克大街的货柜港口，最终到达马萨诸塞州的坎布里奇。据马士基集团的在线运费计算器测算，这趟行程需耗时 33 天，载运一个集装箱的费用为 5 540 美元，其中包括了从费城到坎布里奇的陆上运输费用。这些集装箱载重 30 吨，也就是说将 1 升斐济水从苏瓦运到马萨诸塞州，大概只要花费 18 美分。这类物品虽然笨重，但途经大半个地球的运输费用却便宜得惊人。

我们可以轻而易举地将集装箱这样的庞然大物从斐济运往美国，但要以同样的路线传播信息却复杂得多。

自从吉尔莫购得他的私人小岛以来，斐济的局势一直动荡不安。岛上的美拉尼西亚后裔和印度裔斐济人纷争不断，并于 1987 年爆发了两次政变。进入 21 世纪后，斐济武装部队总司令、海军准将乔萨亚·沃里克·姆拜尼马拉马（Josaia Voreqe Bainimarama）于 2000 年和 2006 年两度执掌政权。2009 年，斐济最高法院裁定姆拜尼马拉马 2006 年因政变而取得的政权违背宪法并勒令其下台。姆拜尼马拉马政党随即废除宪法并解散司法机构，还从斯里兰卡雇来了一批法官替代那些被开除的法官。考虑到由此造成的消极社会影响，姆拜尼马拉马下令让外交使节和外国记者离境，并指示留在国内的记者遵循“阳光新闻学”的原则，只报道正面新闻，若违反这一规定，则下令关停涉事出版机构。

斐济政府其实没有必要阻止美国记者报道负面新闻。姆拜尼马拉马后来在联合国大会上发言，为斐济无法在2014年之前举行大选致歉，纽约的各大报纸对此也只字未提。相比之下，斐济水为绿色发展做出的努力，则赢得《纽约时报》大篇幅的报道。

显然，斐济水的流动性要比斐济新闻强得多。虽然矿泉水需要经过长途跋涉才能运到世界各地，但毫无疑问，喝过斐济水的人要比听过斐济人气流行乐团 Rosiloa 的歌，或是看过斐济首部故事片《大地有眼》（*The Land Has Eyes*）的人多得多。

难道物品运输真的要比信息传播更容易吗？

斐济水让我们看到了未来的无限可能，我们有机会遇到这世界上最好的事物，不仅是产品，也包括人和思想。然而，人们对斐济政治和文化的忽视也说明了前路漫漫，我们离这个目标还很遥远。我们要对全球化的现状有清醒的认识，领悟到摆在我们面前的挑战是：**人们越来越依赖于来自世界各地的商品和服务，却对孕育这些商品和服务的人和文化漠不关心。**

我们不需要为支持或反对全球化而争得面红耳赤，相反，应该为全球化进程的不完善感到忧虑。目前，部分全球化的目标已然实现，但也有许多仍未达成。我们需要克服困难，挖掘有利的信息和观点，以期使这个尚处于全球化进程中的世界繁荣发展。绘制一幅完整的世界地图，便是顺利地迈出了第一步。

世界是平的吗?

《纽约时报》专栏作家托马斯·弗里德曼（Thomas Friedman）撰写了一本畅销书，名为《世界是平的》(*The World is Flat*)，弗里德曼向人们普及了一个观念，“世界正被抹平”。而在过去十多年里，我们亲眼见证了这个观念不断深入人心。在这个被抹平的世界里，企业能够利用通信科技建立全球供应链，开展外包业务，实现跨越国界的全球合作。一家美国企业可以在越南建立工厂，在印度提供客户服务，凭借日本人和荷兰人的智慧研发新产品，这一切得益于我们能够轻而易举地发现世界各国的长处。于是，劳动者应该重新审视自身的能力，因为他们需要与世界各个角落最优秀的人才竞争。

然而，并非所有人都对这个观点全然认同。事实上，“世界是平的”也并非弗里德曼首创。

早在1919年，经济学家约翰·梅纳德·凯恩斯（John Maynard Keynes）就从通信全球化的角度提出过类似的观点：

> 伦敦的居民可以一边在床上喝着早茶，一边打电话预订全世界的各类产品。与此同时，他要想投资给某项自然资源或某个新兴企业，无论它们位于何处，一个电话都能搞定。他也可以立即动身，乘坐既便宜又舒适的交通工具安全抵达任何国家或地区，甚至不用办理护照等手续。

要知道，凯恩斯所描绘的这幅场景并不是对未来的设想，而是基于过去的现实，这正是第一次世界大战以前伦敦人生活的写照，然而，战争的爆发阻断了当时正在快速发展的全球化进程。

大规模的战争以及全球经济的衰退不仅阻断了人员、物品和信息的跨国运输，还引起了人们对政治互联理念的怀疑，人们开始质疑联合国等国际组织是否有能力保障各国的主权经济利益。美国康涅狄格州众议员、剧作家、记者克莱尔·布斯·卢斯（Clare Boothe Luce）1943 年在国会发表首次演说时，敦促国人继续对飞往英国的国际航班实行管制，并严厉指责了时任副总统亨利·华莱士（Henry Wallace）关于建立互联互通的战后世界新格局的想法，将其称为“全球化胡话”（globaloney）。

商业决策学教授潘卡基·盖玛沃特（Pankaj Ghemawat）在他 2011 年出版的著作《下一波世界趋势》（*World 3.0: Global Prosperity and How to Achieve it*）中给出了大量数据，反驳当代的“全球化胡话”。其中最有说服力的例子是，国内生产总值的出口部分只有 20% 是与全球经济挂钩的，并且盖玛沃特坚称这个数字已经高估了贸易所带来的实际影响。制成手机的原件在国际贸易数据中会被计算两次：一次是在作为零件出售时，另一次是在作为成品出售时。而货币也倾向于在国内流通：市场 80% 的资金源自本国风险资本家，而外国投资者只拥有 20% 的股份。即使像大米这样的可互换商品，流动性也极低——全球只有 7% 的大米是跨国销售的。盖玛沃特承认，我们正生活在一个抹平的世界里，但并不代表我们应该接受弗里德曼关于“世界是平的”的看法。目前，全球化仍是一个不完整的、多变的进程，并且全球化的时代尚未到来。

“世界是平的”这一观点着眼于基础建设的连通性，将可能性与必然性合二为一。它淡化了人员、物品和信息在全球化进程中的界限，将它们统一为一种趋势。该观点所提倡的基础建设，包括集装箱运输、航运以及互联网，都能够拉近地域之间的距离，整合经济文化资源。但同时，它们也受到社会、法律、经济和文化等各方面因素的限制。因此，全球化是一个缓慢的、渐进的、不均衡的进程。目前，受到诸多因素的影响，各国之间的关系时而紧密，时而疏远，我们要认清现状，找到发展的盲点，从而判断我们是否从这个广阔的世界里获得了想要的东西。

本章将从物品全球化出发，探讨对信息全球化的关注，会如何导致我们忽视众多事物的地方性。然后，从人口迁移的角度，分析为何小规模的移民也会引起强烈的政治冲突。人们往往对物品流通和人口迁移期望过高，并且误认为信息传播要比物品流通更容易，那么，面对信息全球化，我们更应该停下脚步好好思考。

一旦我们注意到那些使全球化成为可能的基础设施建设（集装箱运输港口和航道，轴辐式空运系统，以及连接互联网的路由器和电缆），更高水平的联系便自然而然地浮于眼前。**顺应世界发展的趋势，多一些细致的观察，少一些无谓的推测，探究信息通过电脑和人脑传播的方式，我们便能理解物品、人员和信息是如何流通的。**

2004 年圣诞节过后的星期一，萨拉·邦乔尼（Sara Bongiorni）决定在未来一年里她和家人一起不用中国商品。邦乔尼是巴吞鲁日（Baton Rouge）报刊《拥护者》（*Advocate*）的财经记者，她发现全家收到的圣诞节礼物中有 25 件来自中国，而来自其他国家的礼物全部加起来才只有 14 件，于是萌生了这个想法。她将这一年的经历如实记录，写成《离开“中国制造”的一年》（*A Year Without “Made in China”*）这本书，讲述了不用中国商品给她和家人的生活带来的种种不便：她给蹒跚学步的孩子购买一双得克萨斯州生产的鞋子花了 70 美元，而要是买一双中国生产的鞋子只需 10 美元；更夸张的是，当她想要给孩子买一个充气泳池时，发现如果不买中国商品就别无选择了。

要是邦乔尼为家人设定的规则是拒绝一切使用了中国零件的商品，那这项任务就几乎无法完成了。当今的制造业供应链覆盖全球，即使工艺相当简单的产品通常也需要多个国家通力合作。莱昂纳多·博南尼（Leonardo Bonanni）是麻省理工学院媒体实验室的一名学生，他发明了一个名为“源映射”（Sourcemap）的平台，帮助企业和顾客记录日常用品的来源。一条标有“印尼制造”的丹宁牛仔裤用的是美国种植的棉花，在中国内地加工成的棉布，再到泰国的编织，新加坡的剪裁，最后运到印尼缝制，而缝制过程中用的是马来西亚的针线，中国台湾生产的铆钉和中国香港出品的拉链。对这些物件的来源稍作分析，就能发现全球资源、低成本运输和即时库存体系的广泛运用与巨大作用。

6 个月后，邦乔尼来到沃尔玛超市，验证沃尔玛销售主管莫娜·威廉姆斯（Mona Williams）所说的话。威廉姆斯曾向《新闻周刊》致信，称沃尔玛超市向美国供应商进的货要远多于向中国供应商进的货。邦乔尼在沃尔玛超市货架间的通道徘徊，发现威廉姆斯的话很难让人信服。要知道，沃尔玛超市在美国的连锁店中 70% 的非食品库存分别来自 5 000 家中国供应商，美国零售商也由此超过俄罗斯、澳大利亚和加拿大，成为中国第八大贸易伙伴。邦乔尼在沃尔玛超市待了一整个下午，核对了 106 种商品的生产地，发现其中 49% 是由中国制造的，美国制造占到 22%，洪都拉斯位列第三，但与前两个国家相差甚远。“我的看法是，除非威廉姆斯女士把食品杂货都包括在内，抑或把修建沃尔玛商场时用的建筑材料也算上了，否则就没法解释她的数字是如何得来的。”邦乔尼写道。

事实上，邦乔尼对全球经济的误解在食品杂货店能够得到很好的解释。沃尔玛超市不仅是世界最大的连锁零售企业，同时也拥有全美最大的副食品产业链。虽然斐济矿泉水或新西兰羊排等全球化商品备受瞩目，但美国从国外进口的食品还不到其食品消费总量的 7%。2011 年，沃尔玛超市 54% 的销售额来自副食品，这就说明了邦乔尼没有把大量美国制造的食品考虑在内。

邦乔尼本能地认为修建沃尔玛商场的建筑材料是由本地供应商提供的，这确实不假。尽管电子产品等高价值商品的运输费用确实很低，即使从国外进口饮用水也是有利可图的，但建筑材料就要另当别论了。钢铁、木材和混凝土等材料在美国还是以国内货源为主——只有 20%~25% 左右的钢铁从国外进口，另有不到 1/3 的建筑木材是从加拿大等国进口的。邦乔尼对“中国制造”的标签十分敏感，但沃尔玛公司与它的建筑材料供应商、建筑公司、汽柴油加工厂和清洁承包商之间的合作是邦乔尼看不到的。

邦乔尼对全球化制品本能的抗拒，说明我们对商品全球化抱有过高的期望。当看到一个由陶瓷制成的耶稣像时，她感到尤为愤怒，这本是纪念美国独立日的爱国主义饰品，和其他国家不应有任何关系。在邦乔尼看来，这些独具美国特色的物品就应该在美国生产，现在将它们拿到他国生产恰恰说明了美国制造业的衰落和他国制造业的崛起。

这件事说明，我们看到的全球化景象其实超出了其现有水平。法国经济学家丹尼尔·科恩（Daniel Cohen）指出：“在法国，每个街角都能看到麦当劳，所有影院都在上映美国电影，任何一家自助餐厅都出售可口可乐，但在无数家法国小餐馆里，人们依旧吃着火腿黄油三明治，喝着依云矿泉水和波多气泡水，法国人喜欢看杰拉尔·德帕迪约（Gérald Depardieu）主演的电影，也喜欢看当地的报纸。在富裕的国家，全球化不过是种想象。”

地理作用依旧不容忽视。尽管全球化商品不断发展，人们还是对本地商品情有独钟。2000 年，经济学家杰弗里·弗兰克尔（Jeffrey Frankel）对比当前全球贸易的等级，计算出了理论上的全球化水平。美国大约占到全球经济总量的 25%。在这个疆界概念被淡化的世界里，美国的预期进出口商品比例为 75%，而实际上，其国际采购和销售额只占国内生产总值的 12%，也就是说，尽管我们期待在被抹平的世界里，商品的产地不再受到关注，但现实的国际化水平仅仅为预期的 1/6。中国是美国的第二大贸易伙伴（加拿大第一、墨西哥第三），然而中国生产的商品只占到美国消费支出的 2.7%。

政府的干预是目前商品贸易的阻力之一。为了保护国内市场的发展，政府一方面出台相关法规，阻碍全球商品贸易，一方面又制定法律，推动自由贸易。美国政府在处理农产品贸易问题时，将这种经济手段发挥得淋漓尽致。

理论上，全球化的好处在于使各国劳动力发挥优势，各尽所长。富裕国家的劳动力一般受过良好教育且对工资要求较高，他们从事计算机、电子产品和机床等高价值、高科技产品的设计和生产。贫穷国家的劳动力未受过良好教育且较为廉价，他们则受雇于农业和采矿业等生产领域，向富裕国家出口成本低廉的原材料。例如，马里将种植的棉花出口到亚洲，亚洲工人根据意大利工艺进行编织和缝制，然后将成品再出口到美国。

然而事实并非完全如此。在现实生活中，美国是世界上最大的棉花出口国，美国出口的棉花占到全球棉花跨境贸易的 40%。人们认为像美国这样劳动力成本颇高的富裕国家，应该将农业商品的生产转移到发展中国家，而美国在棉花市场的主导地位主要得益于自20世纪30年代以来，政府对农业生产的大量补贴。过去10余年，这项补贴的数额平均每年达到了30亿美元，保证了25 000家棉花种植户能够获得几乎高于市场价一倍的收入。

由于美国的棉花种植户能够享受如此丰厚的财政优惠政策，美国的棉花产量居高不下，仅次于中国和印度。同时，美国的棉花价格受政府支配，而非由市场决定，因此农户可以凭借极低的价格出售棉花，从而压低了棉花在全球市场的价格。作为棉花生产大国，巴西对美国的体系尤为不满，并向世界贸易组织提出了对美国的控告，最终，美国同意每年向巴西赔偿1.47亿美元，从而继续实行针对国内棉花生产的补助政策。

根据经济学逻辑，当今世界的商品贸易本该十分便捷，但是，文化偏好和政府干预使得商品贸易趋于当地化而非全球化。受到部分全球化商品的影响，人们或许很难一眼看出个中端倪，但是随着移民热潮的到来，这种对全球化的强烈抵触情绪或许能得到缓解。如果说认清商品全球化的片面性已属不易，那么人口迁移的现状就更难让人理解了。人口迁移并非一种简单的趋势，它比人们想象的要复杂得多。有人尖锐地指出，移民是现代危机的一种特殊形式，不少人对这一观点表示认同。而我们一旦把这个问题看得过于简单，就很容易忽视一个浅显的事实，即发达国家对移民的需求正在增加，而非减少。

反对移民的呼声在欧洲国家愈演愈烈。法国的国民阵线及希腊的金色黎明等反移民政党在政治舞台的作用愈发突出并成为联合政府的一员。其他一些欧洲国家也正在考虑收紧自由移民政策，这主要是针对不断增加的穆斯林移民，他们担心穆斯林移民无法像之前那样完全融入欧洲社会。在美国，持续的经济衰退导致部分失业人员将矛头指向了非法移民。法国的“禁袍令”和美国要求将英语定为官方语言的运动都说明了尽管移民已然成为其社会的一部分，他们还是对移民的存在颇感不适。

提倡反对外来移民的政客支持率大增，以及移民法案的纷纷出台，让人们误以为移民热潮正在迈向空前高峰。事实上，目前的移民数量与 100 年前相比只是九牛一毛。第一次世界大战前夕，全世界大约有 10% 的人口居住在异国他乡。来自意大利、爱尔兰、挪威和德国的大批移民涌入美国、加拿大和阿根廷，第一次世界大战爆发前 30 年，约有 2 700 万欧洲人移居海外。除了这些自发的移民，大量中国和印度劳工因为签订了“卖身契”，被送往非洲和加勒比海地区务工，还有不少非洲劳工被送往北美洲或南美洲。今天，移民对大多数人来说是一件相当困难的事情，因为第二次世界大战以来，全球移民的进度放缓，几近停滞，远远低于历史水平。

1910 年，一个德国的农民前往明尼苏达州首先要经历漫长而危险的航行，其次他将面临新邻居的仇视和敌意，并需要切断几乎一切现有的社会关系，独自面对不可预知的未来。而之后几十年的科技变革为当代移民提供了全然不同的体验。与陆路和航海旅行相比，合法的飞机旅行更加安全快捷。居住在休斯敦的尼日利亚移民能够以每分钟几美分的价格给家人打电话，要是用 Skype 通话则几乎不用花钱。她可以在线阅读拉各斯的报纸或者下载最新的诺莱坞电影。移民和回国探亲的成本都比较低廉。一些社会理论家于是开始担忧地理迁移与文化迁移的脱节，他们以巴基斯坦和土耳其在北欧国家的移民社区为例，指出在这些移民社区里，乌尔都语和土耳其语仍然是主流语言，同时卫星电视的收视率也要高于地方媒体。这种地理迁移与文化迁移脱节的现象，为提倡“禁袍令”和“唯英语”教育的政客们提供了说辞。

尽管科技的发展使得移民能够与祖国保持更加紧密的联系，但移民的数量并没有因此大幅上升。据国际移民组织估算，全世界共有 2.14 亿移民，占世界人口的 3.1%。全球移民比例自第二次世界大战以来逐渐反弹，但速度缓慢，2000—2010 年，移民占世界人口比例从 2.9% 上升到 3.1%。受到移民法规的限制，无数想要移民的人只好打消了这个念头。

外包业务的发展证明了工作的转移并不需要人员迁移。如果条件允许，大量在班加罗尔接听客服电话的印度员工，应该更愿意到欧洲各国或美国工作生活。移民法规能够限制人口迁移，却不会影响信息通过电脑和电话线传播，因此远程办公得以实现。由于航空旅行和廉价通信等技术的发展，一旦移民法规被放宽甚至废除，将有不计其数的人会移居到他们认为拥有较好经济和政治环境的地区。正是因为法律的限制，这类现象才不会发生，从而保障各国文化、经济的有序发展和社会福利体系的正常运作。

由此构成了极不平均的世界移民格局。某些国家高度依赖“客籍劳工”（guest workers），即长期居住在某国但不享有该国公民权利的移民，其外来移民比例占到了人口总量的大多数，例如卡塔尔（87%）、阿联酋（70%）和科威特（69%）。相反，一些国家几乎没有外来移民，有的是由于缺乏谋生机会，如印度尼西亚（0.1%）和罗马尼亚（0.6%），也有的是因为法律或文化壁垒，如日本（1.7%）和南非（3.7%）。北美和西欧的外来移民要明显多于世界平均值，这正是因为在通常情况下，移民都是从较贫穷的国家迁移到相对富裕的国家。欧盟国家约有 9.39% 的人口居住在非出生国，在美国和加拿大，这个比例分别为 13.9% 和 21.3%。

至于移民数量达到多大的比例将会引起社会争论、激发社会矛盾，并没有明确的界定。在南非，本国人口占到人口总量的 96% 以上，但反对外来移民的暴力事件仍然时有发生。而加拿大目前的移民数量占到人口总量的 21%，他们依旧将多元文化视为其国力的一部分，鼓励对多元文化的认同。因此，看待移民对社会变革的态度确实比某个绝对的数值或比例要重要得多。

目前的移民比例与 40 年前相比要高出许多，表明人们已经从战后的孤立格局中走出来，逐渐向 1900 年曾达到的移民水平靠拢。毫无疑问，政府和社会将因此面临更大的挑战。然而，人们始终需要清醒地认识到，对人口迁移的错觉有可能导致我们忽视人口结构带来的挑战。欧洲国家不愿意在人口迁移问题上施行强硬措施，一方面是出于对人口老龄化的担忧。大量年轻纳税人的涌入，能够缓解社会福利体系所承受的巨大压力，否则政府将很难维持承诺给大批退休人员的福利保障。如果我们过分纠结“世界是否会因为劳动力的高度流动变得过于平坦”这类问题，那么我们将很难发现和处理好其他更重要的问题，例如将退休职工的比例维持在可控范围之内。在一个被抹平的世界里，供职于印度客服中心的员工在退休后或许会选择前往日本养老。而目前，我们正处于半全球化的世界，移民法规和文化壁垒使他们只能留在国内。

看似移动、实则静止的信息

我们看到无处不在的“中国制造”标签，于是设想着美国制造业的没落。我们看到清真寺的尖塔，于是猜想会有一大批阿拉伯移民拥入欧洲。那么，浑然一体的信息全球化世界将会更加令人向往，要知道，信息产业的背后是全球最大的科技公司。

会议室里光线很暗，严肃的日本商人正面临一个棘手的问题：他们唯一的阀门供应商出价过高！只有一位年轻的经理坐在电脑前，他告知大家，米驰公司刚刚以一半的价格投得了他们的网络竞标。“这家公司在哪里？”老板问。“得克萨斯州。”年轻经理答。随后，大屏幕把我们带到了一个尘土飞扬的机械工厂，创始人米驰先生正穿着带有公司标志的连体工作服，他面对着屏幕慢条斯理地用日语说：“非常感谢。”

2000 年，IBM 电子商务部推出的广告运动，为我们提供了“四海一家的解决之道”。四海一家之间的联系不仅仅是指通过飞机和集装箱将米驰公司的阀门运送到日本工厂；前提是通过信息的传播让米驰公司知道日本企业的需求，为两家公司建立合作关系牵线搭桥。

信息的全球流通预示着世界主义的未来，得克萨斯州的机修工人能够通过与日本伙伴合作，了解他们的经商之道。但是，与看待商品和人员的全球化一样，我们也需要认清信息全球化的现状和前景之间的差距。如果说科技的进步仅仅提高了商品和人员的可移动性，那么它们则彻底改变了信息的传输方式。在 1970 年，一通国际电话每分钟要花费 2.43 美元。随着过载铜网被光纤网络所取代，以及运营商之间的竞争促使服务质量的提升，2004 年国际通话的费用已降到每分钟 0.14 美元，国际电话的通信量也从 1970 年的 1 亿分钟增长到 2004 年的 636 亿分钟。近来，移动电话的普及更是让国际通信变得易如反掌。2000 年，拥有全球移动电话的人数大约为 7.4 亿，而截至 2011 年，全球手机用户的数量接近 60 亿，换句话说，这个星球上平均每 100 个人中有 85 个人拥有手机。

科技不仅降低了通信的成本，还将不可能变成了现实。我每个月都要用 Skype 和布达佩斯的朋友通话，我们通过笔记本电脑上的摄像头让对方看到彼此的孩子，孩子们还互相咿呀个不停，我们相隔 8 000 公里，但互联网服务将我们联系在一起，我们都感觉不到彼此之间的距离。而即使就在 10 年前，像这样坐在家中就能进行点对点的国际视频会议，不是因为价格昂贵而让人望而却步，而是根本不可能实现。

这正是 IBM 的广告运动希望达到的效果。IBM 利用不可思议的科技手段，让米驰公司成为日本大型汽车公司的供货商，将不可能变为可能。然而，米驰公司若想要维持这段业务关系，让它不至于像 60 秒钟的电视广告那样转瞬即逝，则要好好下一番功夫了解他的新客户和竞争对手了。这再一次说明了科技进步改变了世界格局，将不可能变成了现实。

20 年前，一般来说，人们只能收看少数几个电视频道，因为每个电视频道都要通过几百公里之内的发射器进行播送；而现在，只需要一个卫星天线接收器，加纳的观众就可以收看几十个国家的电视节目。20 年前，一个国际新闻迷需要穿梭于各大城市的报刊亭，排队购买《世界报》或《印度时报》的旧报纸；而现在，任何拥有互联网设备并喜欢阅读这些报纸的人，都可以在线同步阅读，并且大多数在线报纸都是免费的。新闻地图网（Newspapermap.com）为人们提供了上百个国家的超过万种报纸的链接，并且支持 100 多种语言的在线机器翻译。实际上，在线获取信息的渠道除了报纸还有很多。无数美国人通过半岛电视台的英文在线网站，得知了 2011 年 1 月在塔利尔广场爆发的示威游行，同样，通过日本放送协会国际台、法国 24 电视台、今日俄罗斯以及其他许多电视台的视频直播服务，都能收看到相关视频。

但到目前为止，我们还无法接触到如此丰富的国际信息。如果说商品的流通受到贸易壁垒和文化偏好的限制，人员的流动受到就业机会和移民法规的束缚，那么我们的兴趣和注意力则限制了信息的流通。尽管游览迪拜时，人们会不经意地幻想一个充斥着移民的平坦世界；在沃尔玛超市的货架间徘徊时，人们又仿佛看到了一条平坦的供应链；面对丰富多彩的国际新闻，我们不由联想到了一个紧密联系的世界，在那里，信息和观点无处不在。然而，现实状况要比人们想象中的情景复杂许多。

《印度时报》每天的发行量为 310 万份，是世界上发行量最大的英语日报。其网络版的读者平均每月约为 910 万人次，其中 110 万来自美国。这说明在线报刊的出现大大增加了《印度时报》在美国的阅读量，人们不必再像过去一样，将报纸从孟买运到美国。

在美国，《印度时报》等主要国际报刊的网站每月能获得 8 亿次左右的访问量，国内新闻网站的访问量更是超过 100 亿次。借鉴杰弗里·弗兰克尔针对国际贸易提出的假设，理论上，在一个互联网关注度被均匀分配的平坦世界里，美国拥有全世界 11.2% 的互联网用户，它应该有 88.8% 的新闻来源于世界其他国家。而实际上，我们远没有达到这个水平。

美国双击公司（Doubleclick）是谷歌旗下的一家网络广告公司，它每月为成千上万的新闻网站提供有关网站流量和覆盖面的数据，即某国的互联网用户在一个月内访问特定网站的比例。双击公司的业务覆盖 60 多个国家，并按话题将网站进行分类，因此我们可以得知美国或韩国访问量最多的 100 个新闻网站，以及了解它们是本地新闻网站还是国际新闻网站等信息。

在美国，英国广播公司在最受欢迎的新闻网站中位列第 8，《卫报》《电讯报》《每日邮报》《泰晤士报》《太阳报》等英国报刊也都榜上有名。《印度时报》作为第一份跻身美国最受欢迎新闻网站榜单的非英美报刊，排在第 94 位。2010 年 7 月，这 100 家网站的访问量一共达到了 98.7 亿次，其中 93.4% 是美国本土网站，剩余 6.6% 是诸如英国广播公司和《印度时报》等国际新闻网站。

这些数据让我们容易认为美国人目光狭隘，他们对国际新闻的热情远不及同以世界主义者自居的法国人。那就让我们来看看法国的数据：在法国，访问量最高的 50 家新闻网站中 98% 是本土网站，只有 2% 是国际网站；在中国，排名最靠前的国际新闻网站是路透社，排在第 62 位，其后是排在第 75 位的《华尔街日报》和第 100 位的英国广播公司。双击公司列出的 10 个网络用户最多的国家中，美国是最不受地方观念限制的，这或许得益于其庞大的留学生和移民群体。而即使是在这 10 个国家前 50 家最受欢迎的新闻网站中，国际网站的数量也都没有超过 7%。

语言孤立的国家对国际新闻的关注度较低是说得通的，这些国家不与其他任何国家有语言上的交集，例如，日本和韩国。奇怪的是，尽管印度在过去很长一段时间里是英国的殖民地，且两国拥有共同的语言，但他们很少浏览彼此的新闻，当然他们也很少访问美国的新闻网站。这说明，语言互通并不能保证对彼此抱有兴趣。南美洲的西班牙语国家几乎不了解彼此的新闻，也对西班牙的在线新闻置若罔闻。然而，如果两个国家语言互通且互为邻国，相对弱小的国家则往往对较为强大的国家颇为关注。

比如，加拿大人对美国的新闻表现出浓厚的兴趣，反之却不尽然。另外，人们对科技等特定领域的兴趣也不太受国界的限制。除了几乎在每个国家都能收看到的英国广播公司的节目外，诸如科技资讯网（CNET）等高科技网站也吸引了越来越多的国际读者。

那么，这 110 万《印度时报》的美国读者都是哪些人呢？他们是像米驰先生一样对新兴市场的发展趋势感兴趣的企业家吗？然而，无论他们的身份是什么，他们一定是广告商眼中的理想客户群体：他们中的大多数人年收入超过 75 000 美元，70% 拥有本科或研究生学历，这就说明无论从财富还是受教育程度来看，他们都要优于《纽约时报》的在线读者。同时，他们还很专一，在指定的一个月内，他们平均访问网站的记录为 11 次，累计访问量达到了 6 000 万次。

这些热心读者中可能有一些好奇的企业家，但绝大多数都来自 280 万“海外印度侨民”大军，印度政府将持短期签证居住在美国和已经成为美国公民的印度人统称为海外印度侨民。

有关《印度时报》的数据表明，国际新闻网站在美国拥有 6.6% 的访问量的说法是过于片面的。部分美国人，包括居住在美国的海外印度侨民通常以浏览国际新闻为主；而其余的美国人其实没有看起来那么国际化。互联网并没有魔力，因此我们不必为美国人没有通过《印度时报》获取每天的新闻，或者印度裔美国人过于依赖印度报刊而感到惊奇。人们通常会对自己在意的人或事给予更多的关注，即使信息能够在全球范围内流通，人们的注意力还是会表现出高度的地方性；我们往往会非常关注与我们拥有共同群体身份的人，而对疏远的陌生人则表现得漠不关心。

一旦信息的传播受到兴趣和注意力的限制，一个令人不安的问题便由此产生：我们是否掌握了足够的与其他国家相关的信息，以便在这个联系日益紧密的世界立足发展？无论我们的目的是获得国际商务合同，还是应对“非典”等全球性威胁，只要是想在这个相互联系的世界繁荣发展，都离不开这些信息。

米驰先生可能还没有听说《朝日新闻》的英文网站，该网站不仅定期发布有关日本经济的英文报道，还设有文化板块。米驰先生如果期望通过《休斯敦纪事报》以美国人的视角获取亚洲新闻，未免有些不太明智。

《美国新闻评论》自 1998 年起，对为美国报刊执笔的驻外记者进行了调查。自调查伊始，就有 20 家美国报刊削减了其驻外办事处的数量，《美国新闻评论》追踪的记者人数也从 2003 年的 307 名下降到 2011 年的 234 名。尽管专职记者人数的减少并不一定表示美国报刊对国际新闻报道的减少，因为报社可以通过派遣记者和电传新闻等手段报道国际新闻，但事实上，国际新闻的数量的确是减少了。卓越新闻项目调查了 1977—2004 年的 16 份报纸，发现头版报道中，“外国事件”的比例从 27% 下降到 14%。我在麻省理工学院公众传媒中心的团队也发起了一项类似的研究，我们以 4 家美国主流报纸为样本，以 4 周为单位，对 1979—2009 年所有的报道进行统计，发现第二份和第四份报纸对国际新闻的报道减少了 2/3，第三份报纸的下滑更加明显。只有《纽约时报》在这段时期内没有明显下滑。

在美国，国际报道在电视新闻中的数量也大幅下滑——78% 的新闻报道来源于本土电视台，其中 73% 来自国家广播或有线新闻平台。一份由哈佛大学休伦斯坦中心提供的数据显示，20 世纪 70 年代中期，国际新闻在美国电视新闻报道中的比例约为 45%。美国国际公共广播电台台长、新闻学者艾丽莎·米勒（Alisa Miller）根据范德比尔特电视新闻资料库和卓越新闻项目提供的数据，推测全国性新闻广播中国际新闻报道所占比例约为 10%，而地方新闻广播中这一比例仅为 4%。

虽然美国国内针对国际新闻的报道急剧减少，但观众对此似乎并不在意。皮尤研究中心互联网和美国生活项目的一项调查发现，63% 的美国人认为目前收看到的国际新闻已经能够满足他们的需求，只有 32% 的人希望获得更多的此类报道。受访者表示，他们对国内和当地新闻更感兴趣，并希望获得更多关于宗教、精神生活以及科学发现的报道。只有不到 40% 的美国人密切关注国际新闻，这就解释了为何国际报道在美国报纸和电视中的生存空间越来越小。当然，还有部分美国人通过公共广播电台和互联网获取国际新闻，根据我们对国际新闻网站访问量的统计数据，主动搜索不同报道和观点的人数少之又少。

当然，米驰先生还可以通过其他途径了解他的日本客户。例如，在机械工厂忙完一整天后，他可以通过奈飞公司租一些黑泽明的电影来看。然而，理想和现实的差距依旧不容忽视。奈飞公司的报告显示，自公司成立以来，互联网上的电影资源始终以美国电影为主，1999 年，非美国电影的租金比重为 5.3%，直到 2006 年这个数字仍然只有 5.8%。另外，如果米驰先生走进某家书店，想要找一本村上春树的小说，他会发现，在美国出售的所有图书中只有 3% 左右是译作。在小说和诗歌中，译作的比例更低，通常不到 1%。

IBM 为米驰公司设计的广告向我们展示了一个紧密联系的未来世界，而目前人们对跨国新闻和电影的冷漠却暗示了这不过只是种幻想。如果说商品的流通和人员的流动受到关税和法律的限制，人们的兴趣和偏好则减缓了信息流通的速度，而这种兴趣和偏好观念甚至比政府的贸易政策更难改变。

人们心目中信息化、国际化且紧密联系的世界并不仅仅出自 IBM 的一则广告，它是建立互联网体系的个体和公司对未来的阐释。这种阐释既是一种市场营销策略，也是人类的想象必然企及之彼岸。强大的基础设施建设让我们仿佛看到了许多深刻的变革。我们至少需要从两个角度审视网络体系，才能理解互联网之所为和所不为。**我们必须通过基础设施建设和信息流通的两张地图，才能明晰可能性与现实性之间的差距。**

基础设施建设和信息流通

绘制旧金山地图的方法至少有两种。人们可以利用卫星照片，绘制街道、海岸线的路径并确定主要建筑物的位置。而艺术家艾米·巴尔金（Amy Balkin）则选择了用一种截然不同的方式绘制城市地图——“在途中”（In Transit），即以成千上万辆行驶在城市街头的黄色出租车为数据来源。旧金山的黄色出租车有限公司利用全球定位系统追踪车辆，并将删除可识别司机和乘客身份信息后的数据发送给负责绘制城市地图的平面设计师们。

巴尔金的地图用白色的粗线条表示大量出租车汇集的道路，其实也就是城市的主要公路和街道。而海岸线和大型公园则用黑点表示，因为出租车无法到达这些地方。还有一些黑点代表出租车很少去的居民区，例如位于旧金山南部的猎人角，这里是一个历史悠久的非洲裔美国人聚居地。

流动地图或许不如传统的城市街道图那样完整，但它传达了传统地图无法传达的信息。在巴尔金的地图上，从机场到旧金山市区的道路清晰可见，从市区到 39 号码头或其他海滨景点的东西向道路也一目了然。另外，人们也可以看到不少南北走向的道路，它们连接着住宅小区和医院，这些道路上的出租车承担起了临时救护车的角色。城市中的主要街道清晰地展现在人们面前。

如果你想要从联合广场前往渔人码头，那你或许不会选择使用巴尔金的地图，但如果你是一名城市规划者，正为开设新的公交线路发愁，又或者你是一名企业家，想要在某个繁忙的街角新建一个加油站，那巴尔金的地图一定能派上用场。传统的基建地图提供了所有可供选择的道路，而流动地图则显示了那些实际被选择的道路。简单来说，如果游客们都选择沿士德顿街前往渔人码头，就因为他们觉得士德顿海滩要比泰勒海滩更热闹，那么你新开在泰勒海滩的 T 恤店或许就会生意惨淡了。

我们生活中使用的大多数地图都是基建地图。道路交通图告诉我们驾车路线，公交线路图告诉我们在哪里搭乘火车、地铁或公共汽车，手机信号覆盖图告诉我们哪些区域可以（或不可以）使用手机。毫无疑问，这类地图非常有用，但它们有时也会带来麻烦。通过这类地图，我们可以得知如何从此处前往彼处，却无法知道这条线路是否畅通，会不会遇到交通堵塞，又或者是不是人烟稀少，蜿蜒崎岖，容易遇到危险等。

从某些方面看，基建地图的变迁还体现了工业化的历程。铁路公司是最先批量印制地图的企业，随着打印机的发展，光刻技术不断完善，复杂精细的铁路地图应运而生，无论是深入美国边疆的线路，还是连接英国工厂、磨坊和港口的线路都能在地图上清晰可见。19 世纪时，地图在美国是很好的宣传工具。铁路公司为了盈利，需要转让相邻土地的使用权，当时的国会法案是允许他们这么做的。铁路公司将地图译成东部沿海城市的移民所使用的语言，再进行印刷，以鼓励移民向内陆迁移。这些地图上的信息很不真实，有的甚至故意给城市标上耳熟能详的名称——克里特、多尔切斯特、埃克赛特、费尔蒙特，依字母顺序在铁路线上一字排开。然而，虽然这些城市都有待建设，但新抵达的移民却并不知情。这些地图以铁路为诱饵，将荒凉空旷的地区描绘成交通便捷且文明富庶的城市，同时，也利用铁路将犁具、种子和其他补给运到这些地方，当然，铁路也是连接新移民和其故地的唯一途径。

当时的电报线路图几乎和兰德·麦克纳利（Rand McNally）图集中的铁路地图一样复杂，城镇之间清晰的关系图让路易斯安那州和新斯科舍之间的信息传输成为可能。1900 年，连接各大港口的红色粗线条几乎覆盖住了海洋。这些地图所传达的信息很简单：基础设施建设将世界联系在一起，如果你加入其中，那么你也将成为联系中的一环。这些地图并不能帮助人们驾驶火车或轮船，但地图为创造联系带来可能。

地图的浪潮也伴随着商业互联网的发展。网络供应商提供的连接主要城市的光纤地图与早期的铁路线路图十分相似。在很多国家，光纤电缆沿铁路线铺设，因此互联网地图本质上就是铁路地图。地理学家马丁·道奇（Martin Dodge）收集了大量早期的互联网地图，其中包括实体网络地图和“拓扑地图”，即用有关的几何特征（如点、直线、面）表示环境的地图。

随着互联网的日益普及和复杂化，这些拓扑地图呈现出一种有机体般的特征。2005 年完成的 Opte 计划 ，是人们为互联网络拓扑结构的可视化呈现所做的努力之一。Opte 地图所呈现的可视化是一组五彩缤纷的线条，具有深不可测的复杂性，看起来更像是人类的神经系统而不是铁路轨道。实际上，鉴于 Opte 地图的复杂性，我们只能将其解读为某种象征着互联网的图像，并从有机的角度将其视为自然法则的一部分。

如果说基建地图为联系创造了可能性，那么流动地图既带来了不同的体验也带来了全新的挑战。一方面，流动地图的生成要比基建地图更加困难，因为基建地图往往是静止的，而交通拥堵的状况每分钟都在改变，每周生成的地图都是不同的。那么我们如何对流动地图做出测算呢？美国国家运输部和州立交通部门通过安装传感器，监控主要街道和公路的车流量及车速。谷歌则利用这些数据制成了旧金山的流动地图，巴尔金的出租车地图上显示的许多街道，都能在谷歌的实时路况信息地图中展现出来。针对小型街道，谷歌则向其用户寻求帮助。当你在手机上使用谷歌地图时，你的位置信息就会快速上传到谷歌的服务器上，服务器将这些数据汇总分析，从而估算出你所在街道的车辆流速。

一篇博客文章提醒谷歌地图的用户，他们的相关数据已被谷歌公司获取并用于制作交通地图，对此，谷歌地图的产品经理戴夫·巴斯（Dave Barth）回应称，他们的做法体现了“交通拥堵的光明一面”。巴斯指出，他们清楚部分用户可能会将这“光明一面”视为对个人隐私的侵犯，谷歌保证用于制作地图的数据都是经过匿名化处理的，同时用户可以选择是否参与数据采集。然而，用户对个人隐私的担忧是合情合理的，这种担忧也凸显了监控人员流动内在的核心问题：此类地图的作用不言而喻，但让其用户感觉受到了监视。

2010 年，德国绿党政客马尔特·施皮茨（Malte Spitz）将他的手机运营商德国电信告上了法庭，指控该运营商获取了其有关手机使用情况的所有数据，违反了有关公司监控的相关法律。最终，施皮茨胜诉，德国电信于是向他呈交了一份从 2009 年 8 月到 2010 年 2 月共 7 个月的电子数据表，该表共有 35 831 条数据信息，包括他的电话、信息往来以及查收电子邮件的记录。这些信息清楚地体现了施皮茨何时起床、睡觉、工作或娱乐，甚至连他的社交圈也一览无余。

这 35 831 条数据中每条都包括了施皮茨及其手机的地理坐标位置。手机运营商可以通过测算手机从附近基站接收信号的强弱，来确定用户的地理位置，并在必要时将这些信息提供给警察，或当用户拨打救援热线时，帮助救护车锁定位置。施皮茨随后与德国《时代周报》合作，利用其手机数据和 Twitter 等可公开访问的数据，绘制了一幅地图，展示他在过去 6 个月里的行踪和活动。

我们可以像观看电影一样浏览这张地图，施皮茨正在他所居住的西柏林街区，绕着罗森塔尔广场散步。观察时间轴可以知道，2009 年 9 月 9 日上午，施皮茨来过纽伦堡，同年 11 月 20 日，他又匆匆经过这座城市。再放大一些，还可以看清施皮茨通过街区时走的那条小路，以及他钟爱的露天啤酒店。

一名记者在采访时问到施皮茨对可视化的看法，施皮茨表示，他对自己日常生活中狭小的活动范围感到惊讶：“大多数时间我都待在自己所住的街区里，这太有趣了……我感觉自己并没有经常在这里晃来晃去。”

的确，和很多人一样，施皮茨很容易认为自己的日常活动要比图像显示的更为丰富和不可预知。施皮茨在最近一段时间的主要活动（在全国会议上做了一次发言，回过一次家乡），与他无数次光顾社区的咖啡店形成了鲜明对比。这种认知偏见是回归谬误的一种形式，人们倾向于对生活中的非常规行为给予更多关注，对习以为常的事情往往容易忽视。

我们且不看施皮茨的经历，只要看看我们自己的日常行踪，便可以发现我们常常忽视了每天都要走过的那条小道，我们身上也存在着这种偏见。尽管我们觉得中国商品无处不在，墨西哥移民却将它们束之高阁；尽管我们认为自己所看到的世界十分广阔，只要看看世界地图，再看看我们在这个世界留下的足迹，其中的差距便不言而喻了。

2009年年初，加拿大摄影师约翰·奥沙利文（John O’Sullivan）收集了大量航空线路图，将它们合成为一幅大型可视化图像。在他的图像中，每一条商业航线都由一段连接两座城市的弧线表示，弧线的粗细代表了航线的数量，航线最为密集的城市则在图上显示为黑点。通过细细的弧线，大概可以看出各个大洲的轮廓——南美洲和西班牙与葡萄牙相连，非洲与英国相连。奥沙利文的地图告诉我们，只要满足飞行条件，一本护照在手便几乎可以前往世界的任何一个角落。

苏黎世应用科技大学的卡尔·雷杰（Karl Rege）博士和他的团队采用类似的数据绘制地图，他们加入了一个新的因素：时间。于是雷杰得到一幅截然不同的地图。根据美国航空数据网站 FlightStats.com 提供的信息，雷杰团队制作了一个视频，该视频将每架飞机表示成一个在地球表面移动的黄色小点。这段72秒钟的动画展示了一天之内所有航班的移动轨迹，并传达了静态地图无法体现的信息。夜幕降临在纽约之时，一批航班从美国东部起航，飞往欧洲；相反，从欧洲飞往美国的航班通常在伦敦的正午时分起飞；而中国东部、韩国、日本之间的航班密集往来，不受时差的影响；往返于欧洲和澳大利亚的航班以阿联酋为中点；南美洲、非洲、澳大利亚等南半球国家之间的航班数量几乎为零。

雷杰的动画中最引人注目的是在工作日的高峰时间，美国、日本、中国东部和欧洲上空的黄色小点呈现为浓密的块状。即使将每架飞机用一个像素表示，美国上空的商务航班平均每天也多达 25 000 架次，尽管这在地面上完全无法察觉。同时，美国国内航班的数量要远多于国际航班。2009 年，美国机场的乘客数量约有 6.63 亿人次，其中仅有 6 230 万人次是飞往其他国家的，这还包括了 1 900 万人次飞往墨西哥和加拿大的乘客。这 6 230 万人次乘客中，只有 3 280 万人次是美国人，其余 2 950 万人次都是来美国出差或度假的外国人。

国际航班的乘客数量在航空客运总量中的比重仅为 9.4%，其中商务航班的比例则更小，因为国际航班的平均载客量一般要多于国内航班。在某个美国机场任意挑选一名旅客，他的情况往往是这样的：既不是出国旅行，甚至也不是前往另一海岸，他的飞行里程可能不到 500 公里，目的地不过是附近的一座城市，两地通常没有时差。雷杰的可视化图像显示，其他国家情况也不例外：欧洲人基本在欧洲范围内活动，中国人在中国，日本人在日本。尽管飞机的航线已经覆盖全球，但人员的流动仍然局限于本土。

我们不妨将雷杰的动画做进一步复杂化的处理，将研究对象从施皮茨一人扩大为世界上的每一个人：于是整个世界成了霍格沃兹魔法学校，动画也俨然成了一张活点地图。每个人的日常行踪——乘地铁上班，开车去杂货店，到公园或操场散步，都会一一呈现在地图中。如果把人们每次步行、骑自行车、乘公交车或开车出行都记录在地图上，那么雷杰的动画中展示的航班运行轨迹将会几乎不见踪迹，取而代之的是人们在本地范围内的活动轨迹。同样，奥沙利文的航空路线图所描绘的跨国旅行也不过只是一个“舍入误差”。

用曲线图表示我们的旅行，以个人或国家为横轴单位，以频率和距离为纵轴指标，这段曲线表现为“长尾”分布：头部代表大量频繁的短途旅程，而细长的尾部则表示偶尔的长途旅程。长途旅行可能会给我们留下较深的印象，但大部分时间，我们都花在了离家较近的短途旅行上。

对互联网来说，物理距离就显得无关紧要了；我们在浏览网页时，很少关注其服务器是设在附近还是半个地球以外。但另一类距离却是不容忽视的，即熟悉的事物与陌生事物之间的差距。通过互联网，我们只要动动指尖就能搜索到并不熟悉或者完全意想不到的内容，但同时，我们也要认清基础设施建设和信息流通之间的区别。

再来分析一下我们的网络行为，不难发现它与我们日常生活中的行为十分相似。我们与世界其他国家的人互动或理念互通其实并不常见，我们大多数人的交往对象是固定的，而且通常是与我们有很多共同之处的一小部分人。

如果我们透过那些使全球联系成为可能的基础设施建设，从互联网的角度来看信息流通，便不难发现“同质性”（homophily）对我们的行为所产生的巨大影响。

同质性：构成社会群体的基本原则

20 世纪 50 年代初期，社会学家罗伯特·莫顿（Robert Merton）以新泽西州和宾夕法尼亚州西部的两项安居工程为入口，开展了针对友情的深入调查。莫顿和他的助手向这些社区里的居民询问三个密友的名字，然后利用这些数据概括出影响友情构成的社会因素。莫顿发现，同一族群的同性群体之间最容易产生亲密的友谊，于是提出了“同质性”一词，而早在2 000多年前，亚里士多德就在他的著作《尼各马可伦理学》（*Nicomachean Ethics*）中提到过这个现象：“有些人将友情定义为某种相似性，认为朋友就是彼此相似的人，于是就有了‘物以类聚，人以群分’的说法。”

莫顿首创“同质性”一词，用来指代同类之间的情感，描绘此类现象。虽然莫顿特意挑选了一个融合多种族的安居工程作为试点，但他对这些社区里黑人居民和白人居民之间的生疏并不感到十分惊讶。让莫顿更为吃惊的是，信仰和价值观念对同质性有巨大影响。对种族同居持有类似观点的人更容易成为朋友，观点相悖的人往往较为生疏。

自莫顿提出“同质性”一词起，社会学家便将其作为衡量社会关系的指标之一，无论是婚姻等亲密关系，还是同事之间的信息共享，或公共场合的偶然碰面等松散关系，都可以用同质性进行衡量。研究者从种族、性别、年龄、宗教、教育、职业和社会等级等方面对同质性的影响进行记录，发现同质性现象在我们的生活中无处不在。一篇调查报告的几位作者综合了几十篇社会学论文，将同质性描述为“人类社会和群体构成的基本原则”。

我们对自己所做的分类多半是无意识的，不过是受到某些细节的影响。加拿大研究者肖恩·麦金农（Sean MacKinnon）的一篇论文证明，在机房或教室挑选座位时，学生们更倾向于坐在外表与自己相似的人旁边，这种相似可以是头发的长短或颜色，或者仅为是否戴了眼镜。麦金农在后续的研究中对学生进行了采访，受访学生表示自己的选择受到了潜意识的影响，这些学生认为外表相似的同学会更愿意与自己分享观点，也更容易接受自己的看法并成为朋友。

同质性作用所能产生的巨大影响会让人们感到不安。教育心理学家、大学校长贝弗莉·塔特姆（Beverly Tatum）在她的著作《为什么餐厅里的黑人孩子都坐在一起？》（*Why Are All the Black Kids Sitting Together in the Cafeteria?*）中提到了种族认同发展的问题，指出人们面对自我隔离时会感到不安。塔特姆在此书中提出，这类自我隔离能够帮助学生在种族认同中找到自信，是个体跨越种族界限、建立深厚友谊的前兆。面对有关同质性的社会学研究，一般人的反应是在我们的朋友圈里找到一些反例，证明自己并不像大多数人一样深受同质性作用的影响。大多数人都会认为自己性格开朗，不偏不倚，能够且愿意与各种社会背景的人建立社交关系，但让人头疼的是，事实正好相反。

劳勃·洛培兹（Robert Lopez）和杰夫·马克斯（Jeff Marx）的音乐剧《Q 大街》（*Avenue Q*）里有一首歌唱到“每个人都有一点种族歧视”，我们从对同质性的研究中是不能贸然做出这样的推论的。如果你在一个种族较为单一的环境里长大，社交圈自然会受到限制，社会学家将这种现象称为“基准类聚”（baseline homophily）。人们通常会与参加同一活动的伙伴发展友谊：在美国如果你是一名曲棍球运动员，那么你将会遇到很多从北方来的白人；如果你是一位板球爱好者，你的朋友圈构成又会截然不同。网络活动亦是如此。

社会学家安德里亚斯·维默尔（Andreas Wimmer）和凯文·刘易斯

（Kevin Lewis）从 Facebook 上收集了大量数据——某所重点大学一个班级的学生一年之内发布的所有帖子。他们特别关注学生发布的照片，发现经常在 Facebook 上有合影的学生一般也是现实生活中的朋友，那些很少在 Facebook 上互动的学生通常在现实生活中也比较生疏，很多大学的情况都是如此。维默尔和刘易斯的研究进一步证实了同质性作用的影响，他们总结出，特定类型的同质性作用可以从更为具体的角度简单概括。此外，他们还看到了非种族的同质性作用，比如同来自伊利诺伊州的学生，数学专业的学生，或者寄宿学校的同学等特定群体，也更容易成为朋友。

这一发现说明了结构性因素对同质性作用的影响并不亚于个人选择。维默尔和刘易斯的理论模型中最有力的论断是“闭合效应”（closure effect），社会学家格奥尔格·齐美尔（Georg Simmel）在 20 世纪初就对这个现象做出了描述。假设吉姆是鲍勃和苏菲的朋友，那么鲍勃和苏菲也很有可能会成为朋友，于是三人之间的朋友圈就闭合了。如果吉姆是非洲人，我们则可以大胆推测鲍勃和苏菲也是非洲人，这种推测并不是随机的，而是具有很大可能性。他们的友情并不是简单地为自己找寻一个非洲伙伴，建立起和谐的朋友关系，而是“社会闭合”的产物。这种闭合将同质性作用的影响放大，在维默尔和刘易斯的理论模型中则直接体现为所有黑人孩子都坐在一张桌子边上。如果我们更进一步观察，还可以发现尼日利亚人和尼日利亚人坐在一起，来自亚特兰大非洲裔美国人和南方的老乡坐在一起。

换句话说，即使你发现自己的社交圈在种族、性别或国籍等方面具有高度的同质性，也并不能说明你就是一个种族主义者、性别歧视者或民族主义者。这只是代表你的朋友圈受到生活环境、就读学校和个人兴趣爱好的影响。尽管同质性作用并不能让大多数 Facebook 的用户感到惊奇，因为他们的 Facebook 主页更像是一次家庭聚会，而不是模拟联合国，但它给各大高校带来了一个全新的挑战，将学生培养成适应多元文化世界的人才成了教育使命的一部分。

然而，尚有一些深层的结构性因素能够证明同质性作用并非不可避免。其中在维默尔和刘易斯的研究中最显著的因素就是学生共用一个宿舍。他们所调查的学校像是推行了某项鼓励种族融合的举措，例如，很少有一个宿舍里的室友都是白人学生。维默尔和刘易斯由此得出一个肯定的结论：假设学校的这项举措是为了鼓励学生跨越种族障碍，增进友谊，那它无疑是成功的。

同质性作用提醒人们，我们对世界的看法仍是局限的、不完整的、带有偏见的。无论是我们对世界其他地方的认知，还是对其他国家新闻报道的兴趣，都受到亲友或者周围人的影响，且这些影响我们的人通常都是我们的同胞，而不会是来自大洋彼岸的陌生人。

假设欧洲人的生活正不可避免地受到阿拉伯人的影响，那么在移民改革这个问题上就很难进行富有成效的对话沟通，同样，误以为我们看到的世界十分广阔，会使我们被一些无益的错觉所困扰。我们认为自己做好了与日本新客户做生意的准备，但很有可能我们只是简单地将自己幻想成了世界主义者。我们需要问问自己，是否习惯于阅读《印度时报》，还是想当然地认为自己就是世界主义者。我们的目光应该聚焦在实际选择去做什么，而不是聚焦在互联网能让什么变为可能。

通过维默尔和刘易斯针对同质性的研究，我们能够看到希望。各大高校为了让学生跨越种族界限，增进友谊，找到了一种行之有效的结构性策略：要求不同背景的学生同住一个宿舍。如果我们想要改变从这个广阔的世界所获取的信息——从虚构的世界主义过渡到真实的数字世界主义，我们也需要做出结构性的改变。但首先，我们需要通过媒体来仔细看一看我们是如何邂逅这个世界的。

03

做自己的传播“守门人”

传媒领域的每一项变革都使我们对世界的看法有了微妙的改变。过去，我们被动地接受经过媒体编辑处理的信息，编辑和出版商是新闻报道的“守门人”；而现在，我们能够主动搜索信息并运用社交媒体，做自己的“守门人”。我们需要改变媒体的运作方式，拓宽我们的朋友圈，认真审视自己建立起来的媒体系统，重新建立与世界的联系。

REWIRE

Digital Cosmopolitans in the Age of Connection

认识世界的三种方式

21 世纪以前，人们获取的信息主要由专业的信息管理者提供，之后十几年间，我们逐渐成为自己的信息管理者，我们可以筛选自己想要获得的信息。这十几年的改变让我们看到了信息传播的前景，即我们能够在朋友的帮助下找到自己需要了解的信息。

传媒领域的每一项变革都使我们对世界的看法产生了微妙的改变。过去，我们被动地接受经过媒体编辑处理的信息，而现在，我们能够主动搜索信息并运用社交媒体，因此，对于怎样认识和看待世界，我们有了更多选择的权利。同时，要建立起美好的世界蓝图，我们也肩负着更多的责任，只有准确且全面地认识这个世界，我们才能够应对威胁，迎接挑战。

这些变革不是一劳永逸的，人们对世界的认识往往是多方面综合作用的结果。我们有三种认识世界的方式：个人对知识的探索，与他人的相遇交流，通过媒体获得信息。但是，过去人们获取的大多数信息都是经过媒体编辑处理的，而现在，社交媒体和搜索平台成了我们获取信息的主要渠道，这种量的改变激励我们审视上述三种认识世界的方式，思考其各自的长处和弱点。

我从 2000 年开始思考这三种认识世界的方式，也是从那时起，我开始频繁往来于各个大洲。我现在仍然住在马萨诸塞州西部的乡村，工作地点却在加纳首都阿克拉的奥苏街区。如果一切顺利的话，从我的住处到工作地点大概需要 24 小时，途经波士顿和阿姆斯特丹。但几乎每次都难免遇到这样或那样的状况。

我和朋友一起创建了一个高科技非营利社团——极客队（Geekcorps），旨在为经验丰富的计算机程序员和加纳的软件公司牵线搭桥。计算机科学是一门相当成熟的学科，在世界各地的大学都有开设，而软件工程则是一门手艺，需要跟着有经验的程序员训练摸索。我曾在 1993 年和 1994 年以学生的身份居住在加纳，我知道加纳并不乏精明的企业家，他们亟待发展网络业务。但是加纳确实缺少有经验的程序员，因此我们从美洲和欧洲招募了一批程序员和平面设计师，他们愿意花上几个月时间分享自己的才智，作为回报，他们能够在阿克拉这个异彩纷呈的城市免费生活一段时间，享受那里温暖的沙滩，辛辣的食物，感受周末街头派对的氛围。

在极客队工作需要十分乐观的心态。加纳拥有得天独厚的自然风光和文化，但经济发展较为迟缓。研究各国贫富差异的经济学家们很喜欢以 1957 年为例（1957 年加纳摆脱了英国的殖民统治，获得独立），当时加纳和韩国的人均国民收入不相上下。30 年后，韩国已然发展成中等收入国家，并逐渐向制造业强国迈进，而加纳的国民收入不增反跌。同很多非洲国家一样，加纳正在从农业经济向工业经济转变的道路上艰难挣扎。要想让加纳的软件公司能够抢跑服务业，把本国的产品推向全世界，或者承接美国和欧洲企业的外包业务，就必须向其注入强大的信心。

然而我们有理由相信这个设想是可以实现的。英语是加纳的官方语言，并且很多加纳人都受过良好的教育，能够胜任外包工作。我们初到阿克拉工作时，许多加纳人正供职于国际数据管理协会，他们需要处理美国的违章停车罚单，将警务人员潦草的字迹整理成整洁的、可检索的数据库。随着大面积水下电缆的铺设，加纳将通过光纤而非卫星接通互联网，那么加纳将很有可能挑战印度在数据输入领域的主导地位，并成为英语客户服务中心的枢纽。

但类似国际数据管理协会的项目并不多见。潜在客户刚刚适应了把外包业务交给印度，加纳想要占领市场还有很长的路要走。一方面，外国投资者对加纳持有怀疑态度，另一方面，政府和国际援助项目的承包商不愿意与加纳当地公司合作，种种顾虑阻碍了加纳经济的发展。对于投资者来说，比较稳妥的做法是把资金投在离本国较近的市场；对援助机构来说，他们更愿意与有长期合作记录的欧美企业签约，而不会考虑经验尚浅的加纳本地公司。因此，仅凭对未来的信心，并不足以帮助加纳吸引到投资商和新业务，这种乐观的态度必须得到进一步的扩展和延伸。

每月往返于两大洲的行程给我提供了大量的阅读时间，每次登机时我都要带上一叠报纸和杂志，一路上读完《经济学人》《卫报》和《纽约时报》，我把它们留给加纳的朋友，再从加纳带回《每日写真报》《阿克拉邮报》《非洲商业》和《新非洲人》等报纸杂志。非洲的报纸不像纽约和伦敦的报纸那样文笔精练、制作专业，但它们涵盖了本土、地区和国际的各类新闻。美国和英国的报纸，则多半都对非洲大陆所发生的事件置若罔闻。

2000 年 12 月 28 日，约翰·库福尔（John Kufuor）在大选中获胜，当选加纳总统。反对党候选人以自由、公正的方式赢得了选举，前任独裁统治者因其所支持的候选人落败，无奈自愿放权，这在加纳历史中是前所未有的，即使在非洲历史上也极为罕见。基于对非洲正面新闻的职业兴趣，我期待着有关库福尔当选总统和加纳巨大变革的报道能出现在美国报纸的头版。

在家休假期间，我草草翻阅了《纽约时报》，期待美国方面对这则难得一见的非洲新闻做出积极评价。最终，我在报纸的角落里找到了一篇 300 字左右的报道，不由感到有些愤怒。难怪没有美国企业愿意认真倾听加纳公司的经营理念，原来他们从来听不到任何来自非洲的正面新闻，事实上，是完全听不到任何有关非洲的新闻。

相比之下，《泰晤士报》在报道库福尔当选总统这件事情上做得确实不错。《泰晤士报》在一周之内刊登了 4 篇关于此次选举的报道，10 天之后，还发表了一篇题为《一个非洲的成功故事》（*An African Success Story*）的社论，对加纳的选举给予高度评价，与我所期待的并无二致。当时，由于针对这次选举的报道实在少得可怜，我专程上网搜索，希望找到一些与我志同道合的新闻工作者所发表的文章，表达对国际媒体的不满。然而，我找到了记者彼得·波伊尔（Peter Boyer）的一篇文章，波伊尔的愤怒是针对1984—1985年埃塞俄比亚饥荒期间媒体所刊登的报道，其中有这样一段文字：“一名布鲁克林已故消防队员的新闻价值，与5名英国警察或50个阿拉伯人或500个非洲人的新闻价值相当。”

我决定亲眼看看波伊尔的言论是否属实，但是各大报纸一向对有关非洲的新闻缺乏重视，幸运的是，我还是从学术文献中找到了答案。乔治·华盛顿大学教授威廉·亚当斯（William Adams）1986年发表的一篇论文对波伊尔的陈述进行了验证，这篇论文的标题是《谁的生命重要？关于自然灾害的电视报道》。亚当斯指出，美国电视对某国自然灾害的报道和该国的美国游客数量、与美国的距离以及灾难的规模有关，但前两个因素的作用要大过灾难的规模所带来的影响：如果加拿大和喀麦隆发生同等级的地震，前者受到的关注很有可能多于后者，因为美国与加拿大有更多文化上的联系。在极客队工作期间，我甚至不以学者的身份自居，我开始编写程序代码，假设世界上没有哪个媒体学者注意到了非洲和世界其他地方的差距。

绘制媒体关注度地图

我的实验不如亚当斯教授的精细，但涉及的范围更广。2003年，我对《纽约时报》、英国广播公司、谷歌新闻等几十个媒体的网站进行了调研，每天在这些网站上搜索有关200多个国家和地区及其首都的新闻报道，并写下了一系列软件脚本。利用这些数据，我对各国在新闻报道中被提及的次数进行汇总，并制作成每日地图。和亚当斯一样，我也利用统计分析技术计算出影响不同国家受媒体关注程度的各种因素。

我制作的这些地图针对不同媒体和不同时间并没有明显差异。《纽约时报》和谷歌新闻的关注度地图看起来十分相似，尽管前者的数据来源是唯一的，后者汇集了无数种数据来源。同样，在同一常规模式下，2003 年的地图与 2007 年的地图也很难看出差别。美国媒体密切关注着西欧国家、亚洲经济大国（中国、日本和印度）以及中东的主要国家，对撒哈拉以南的非洲地区、东欧、中亚和南美则不太关注。

以这种方式将媒体的关注度在地图上标明会引发一个棘手的问题：媒体对某个国家的报道应该以何为标准？波伊尔的评论指出，我们应该以理想世界为目标，无论是英国人、阿拉伯人还是非洲人，每个人的生命都具有同等的新闻价值。但是这个目标并不容易实现。印度人口是冰岛人口的 4 116 倍，也就是说，我们要花上几年时间一一报道孟买公民，才能轮上一个雷克雅未克的居民。新闻报道是否应该与负面影响及死亡人数成正比？是否应该以读者和观众为导向，侧重报道与本国在经济和文化上有紧密联系的国家？

新闻的选择既是一个棘手的哲学问题，也是一个非常实际的问题：这正是主编每天在新闻编辑室里需要做的事情。明确影响新闻价值的因素是很困难的，我们不妨看看哪些因素（直接的或间接的）有助于解释是哪些人和事制造了新闻。

即使在两个人口数量相近的国家，媒体关注度的差异也可能是巨大的。日本的人口数量刚过 1.27 亿，并且正在慢慢萎缩；尼日利亚的人口数量于 2002 年超过日本，目前已达到 1.54 亿，位列世界第七。两国都不乏有价值的新闻事件，但受媒体关注的程度却大相径庭。平均每月，美国的报纸杂志中，有关日本的新闻是尼日利亚的 8~12 倍。

如果媒体关注度与人口成正比，尼日利亚理应受到更多的关注，因为尼日利亚的人口正在增长，而日本的人口却在萎缩。如果共同的语言、宗教或者相邻的地理位置是关键因素，美国也应该看到更多有关尼日利亚的新闻，因为尼日利亚与美国语言互通，都拥有大量基督教信徒，且在地理位置上也比日本更靠近。如果矛盾冲突能够吸引更多报道，那尼日利亚依旧占有优势，过去几年，这个国家频频发生由种族及宗教问题引发的暴力事件和恐怖袭击，而日本却不用为国内类似冲突所烦扰。在2011 年，我完成这项研究后，日本受到了自然灾害的影响。

根据我从 2003 年到 2007 年的研究，可以发现解释美国媒体关注度分布的最佳因素是国内生产总值，它对美国新闻来源的影响占到六成。日本是全球第三大经济体，而尼日利亚只排在第 41 位，远远落后于芬兰和丹麦等国家。为了解释尼日利亚被媒体忽视的原因，我找到了比简单地归咎于种族主义更为量化的方法，然而，美国媒体如此注重经济地位而对落后国家不屑一顾，是多少有些让人不安的。

影响美国媒体关注度的另一个决定性因素是美国军方的干预。伊拉克和阿富汗都是贫穷落后的国家，但在我进行这项研究期间，两国均受到美国媒体的高度关注。由此看来，一旦军方介入，某些不受美国媒体关注的国家也能一举成名。2003 年 8 月，美国海军陆战队登陆利比里亚首都蒙罗维亚，帮助利比里亚结束了第二次内战。过去，在我的地图上根本看不到利比里亚的踪迹，美国军方的这一举动让利比里亚一下子成为媒体关注的焦点，但关注持续了两个星期便减退了。

“国内生产总值 + 美国军方”的模式也不是绝对的。例如，除了国内生产总值，英国广播公司的注意力还受到其殖民遗留问题的影响。肯尼亚、津巴布韦、南非和印度常常出现在英国广播公司的报道中，这些国家却不太受美国媒体的关注，相比之下，南美洲等不受英国殖民控制的地区就远没有那么受英国广播公司重视了。除此之外，正如亚当斯在他的研究中提到的，各国对自己的邻国一般都有比较浓厚的兴趣。这也充分体现了竞争对手之间的关系：巴基斯坦和中国分别是印度最主要的军事对手和经济对手，这两个国家于是占据了《印度时报》的大量版面。无论媒体报道是以过去的殖民地或目前的竞争对手为导向，还是以国民财富为标准，我们都无法断言其是否合理，但毫无疑问，二者都具有潜在的偏见和臆断。

2003 年年末，我根据调查所得发表了一篇论文，并将我制作的地图陆续发布到网上。没过几周，我就收到了一位传播学教授发来的电子邮件，她礼貌地告知我关于媒体关注度的理论和实践研究由来已久，并建议我从约翰·加尔通（Johan Galtung）及他的研究生玛丽·鲁格（Mari Ruge）1965 年发表的一篇论文着手，这篇论文的题目是《外国新闻的结构》。

加尔通是挪威社会学家，他 60 余载的学术生涯都以“和平与冲突”为主题。他于 1964 年创办了《和平研究杂志》，随后建立了奥斯陆和平研究所，二者都是和平与冲突研究领域的核心。加尔通在其早期研究中，仔细分析了媒体对和平与冲突的影响。于是，我和加尔通有了一个共同的爱好：统计各大报纸中外国报道的数量。

这篇《外国新闻的结构》调查了 4 份挪威报纸 5 年来的报道（1960—1964 年），着眼于刚果、古巴和塞浦路斯等三大国际危机。加尔通分析这些报道是为了弄明白“事件”是如何成为“新闻”的。他和鲁格指出，人们选择新闻的方式与从无线电杂音中接收信号类似，我们转动短波收音机的调谐钮时（注意这里只是一个类比），通常会关注清晰、响亮、有价值的信号，而排除嘈杂和陌生的信号。同样，加尔通和鲁格以一组“新闻价值”指标来描述人们通常会选取哪一类事件作为新闻。

加尔通和鲁格指出，新闻的发生是有频率的：某些事件的发生要历经很长一段时间，例如气候变化和经济发展，而龙卷风或股市崩盘等事件在 24 小时的新闻周期内就可以完成，因此后者更容易成为新闻。另外，那些没有争议的事件更容易成为新闻，因为就文化接近性、关联性和可理解性而言，它们对我们来说更有意义。加尔通和鲁格还认为，有价值的新闻是偶然与必然的结合。一方面，出乎意料的事件比那些司空见惯的事件更有新闻价值：人咬狗是新闻，狗咬人却不是什么新鲜事。与此同时，新闻在很大程度上反映了人们的先入之见，相比于出其不意报道有关商机的新闻，非洲的冲突和饥荒则更容易抓人眼球。加尔通和鲁格为波伊尔的假说找到了证据，即媒体确实认为某些人的生命比其他人更重要。他们发现，处于“顶端”的国家要比处于“末端”的国家更受瞩目，同时，领导人和名流等精英人物要比普通民众更受关注。

加尔通和鲁格所提出的十几条衡量新闻价值的标准，可以帮助我们分析目前新闻报道失衡的原因。如果说人们对精英国家和文化接近性一贯的偏袒，是导致日本比尼日利亚更受媒体关注的原因，那么各大媒体对加纳总统选举的轻描淡写则说明了这次事件超出了人们的预期，或者说人们本来以为这次选举会引发负面消息，但结果出乎意料地积极。20 世纪 60 年代早期，这篇论文并没有在挪威新闻界掀起波澜，但它所提出的这些因素是十分有效的，虽然加尔通和鲁格并不清楚这些因素对新闻编辑者的影响是有意识的还是无意识的。

然而，加尔通和鲁格确信，当时的媒体总是强调冲突，忽视和解，因此阻碍了和平的进程。他们也担心对强国的突出实则为新闻设定了一个框架，即衡量事件的标准是它们对西方世界是好是坏，而不是对当事国家及人民是好是坏。

为什么我们听到的关于日本的新闻要多于关于尼日利亚的新闻？为什么美国军事行动受到的关注要高于非洲民主进程？1963 年，政治学家伯纳德·科恩（Bernard C. Cohen）给出了一个答案：新闻界“可能无法影响人们思考的方式，却可以影响人们思考的内容”。传播学者麦克斯韦尔·麦克姆斯（Maxwell McCombs）和唐纳德·肖（Donald Shaw）将科恩的理念称为“议程设置”（agenda-setting），并着手对其进行验证。他们对参与 1968 年美国总统大选的选民进行调查，认真分析选民们最有可能接触到的报纸和电视节目。麦克姆斯和唐纳德发现，选民对 1968 年大选中重要问题的认识和判断与地方和国家媒体的报道活动之间，存在着一种高度对应的关系。虽然媒体有可能是在迎合读者的兴趣，但这一设想很难站得住脚，因为媒体很难对读者的喜好进行追踪。所以，更合理的解释是在 1968 年的美国大选中，新闻媒体赋予了各种议题不同程度的“显著性”，从而影响了选民关注的焦点。

和许多重要的理念一样，回过头来看，议程设置的作用也是显而易见的。新闻往往暗示了哪些事件是重要的。没有新闻价值的事件每天都会源源不断地发生，我们很有可能会淹没其中，例如每个城市的市政会议、每一次议会辩论、每一个轻微的违法行为。于是我们需要一些人或物来告诉我们哪些事件应该被视作新闻，而能做出这个选择的人一定掌握着巨大的权力。如果你对当地政府的决策闻所未闻，自然不会对其感到愤怒；如果你对某种不公正的现象毫不关心，自然也不会发起一场运动来匡扶正义。无论对新闻做出选择的人是谁，他都有能力影响人们的认知议程，左右人们想什么或者不想什么。

政治学家丹尼尔·哈林（Daniel Hallin）对美国媒体笔下的越南战争进行了调查，并由此提出一个假想的简单图形，用以解释议程设置的部分含义。这个图形环环相扣，飘浮在空中，被称作“哈林球体”（Hallin's spheres）。它内部的圆形是“共识圈”，哈林将其解释为“‘十全十美’的区域”，包括不被新闻工作者质疑的或得到社会各界普遍认可的社会对象。“共识圈”被一个更大的“合理争议圈”所包围，哈林认为“理智的人”或许会对这个区域内的议题持有不同意见。

代议制民主和资本主义是美国现代社会的组织原则，这个理念在美国自然是处于共识圈范围内的，你不会在报纸杂志上看到讨论这一问题的新闻报道。而合理争议圈的议题则包括堕胎权之争，限制枪支所有权或税收层级等。如果议题超出了共识甚至合理争议的范围，便进入了“越轨之圈”，在这个区域内的观点就连媒体对话都够不上了。1949—1987年，美国联邦通信委员会执行了一项被称作“公平原则”的行政管理政策，要求广播公司划出充足的时间报道公众关注的议题并确保对反对意见的呈现，哈林认为，这项政策明确地表明广播公司并没有义务报道有关其他信仰体系的新闻。

哈林指出，新闻媒体在“揭露”“谴责”异端观点，或将其“排除在公共议程之外”时起到了一定的作用。通过对观点的筛选，新闻媒体“规划并制定了可接受的政治行为的限度”。尽管很多科学家认为人类活动对气候的影响已经进入共识圈的范围，但只要美国媒体继续对这个议题的争议性进行报道，它仍将留在合理争议圈的范畴之内。“出生地怀疑理论”认为奥巴马总统的出生证明是伪造的，新闻媒体通过对此事件的报道，将这个异端观点引入了合理争议的范畴，把阴谋论转变为政治辩论。

越轨之圈的观点并非全都特别让人反感，只要这些观点偏离主流思想，为“严肃的人”所不齿，便已进入越轨之圈的范畴了。政治漫画家泰德·罗尔（Ted Rall）提出了一个测试异端行为的简单方法：“当‘严肃的人’表达了某些看法时，持反对意见的人固然微乎其微，因此不具备考虑的价值。这里‘没有人严肃地思考’的概念与奥威尔主义不谋而合：但凡提出争议的人都是不存在的。他或她只是一个被忽视的人。”词组“严肃的人”也用来支持新闻工作者拥护合理争议圈的概念，反驳来自越轨之圈的观点。

纽约大学传播学教授杰伊·罗森（Jay Rosen）认为哈林球体解释了公众对新闻界的不满。“如果谁的基本立场超出了共识圈的范围，那么新闻带给他的不只是偏见，更是折磨。”在美国，要是你认为政教分离是错误之举，或医疗服务应由政府主导，那么合理争议便与你无缘了，没有任何主流媒体会把你的观点当回事，你可能对此感到格格不入或愤愤不平，那也只好从其他渠道获取新闻。

在美国，认为尼日利亚和日本具有同等的新闻价值，就和提倡单一支付的医疗制度一样远远超出了合理争议的范畴。罗森指出，这些范围的政治意义并不在于左翼与右翼之分，共和党和民主党之别，而是决定了哪些事件是值得公众关注的。让“严肃的人”讨论是否应该向饥荒肆虐的非洲之角伸出援手，或质疑美国总统是否是美国公民之类的问题，是一项政治斗争，需要将模糊的议题引入合理争议的范畴。

到底谁是“守门人”？

无论是波伊尔控诉新闻报道区别对待人的生命，还是加尔通提出新闻价值的理论，抑或是哈林球体、麦克姆斯和唐纳德的议程设置理论，都将责任归咎于编辑和出版商。的确，编辑和出版商是新闻报道的“守门人”，他们有权决定哪些事件需要报道，从而为公众的辩论设定了对象。

“守门人”一词是由普鲁士社会理论家库尔特·勒温（Kurt Lewin）于 1947 年创造的。起初，勒温发明这个词并不是针对新闻媒体，而是希望美国的家庭主妇换一换餐桌上的食物。然而，勒温的研究得到了美国政府的支持，他们希望借此来推动牛内脏、牛肚和牛杂碎等二次切割牛肉的销售。宣传牛心营养价值的讲座是否会得到爱荷华州的家庭主妇们的认可，进而改变她们的购买行为呢？勒温找到了将食物带入家庭餐桌的渠道以及对这些渠道进行监管的把关人。勒温发现，家庭主妇是家庭餐桌的最后一道关口。

勒温在有生之年并没有能够将他的学说进一步扩展；在“守门人理论”成书之前，他因心脏衰竭而去世。1949 年，他的学生戴维·曼宁·怀特（David Manning White）将这个理论引入新闻领域，他以伊利诺伊州皮奥里亚市《星报》的编辑盖茨先生为研究对象，对他从记者和通讯社那里选取的新闻素材进行了分析。怀特发现，盖茨先生对新闻的选择在很大程度上是基于个人的喜好，盖茨先生并不效仿大型报社的做法，只是选择自己感兴趣的新闻，同时他认为读者也会对这些新闻感兴趣。17 年后，也就是 1966 年，保罗·施耐德（Paul Snider）拜访了盖茨先生，并称他挑选新闻的方式并没有大的改变。随着越南战争的愈演愈烈，盖茨先生也开始关注国际新闻，但他始终遵循着事件与个性之间的平衡，以迎合读者的口味。

怀特认为，守门人在选择新闻素材时就像是在给自己做决定，传播学学者沃尔特·吉贝尔（Walter Gieber）却不这么认为，吉贝尔指出守门人的角色并不太像盖茨先生，倒更像是机器中的齿轮。吉贝尔以 16 名新闻编辑为对象，对守门人理论进行了研究，他推断出新闻编辑们其实“更关心报纸的发行量、官僚程序以及与编辑部的交情”。他们的判断其实与个人偏好和对新闻价值的主观倾向没有多大关系，而是更多地反映了支配其工作的约束结构。

如果吉贝尔的观点是正确的，守门人确实被其工作体制内的结构所约束，那么想让媒体转变态度，为非洲发声，就不仅仅是挑战盖茨先生的主观偏好这么简单了，整个新闻体系都需要做出调整。联合国教科文组织于 1977 年成立了一个委员会，以应对信息全球化的挑战，二者的目标不谋而合。联合国教科文组织总干事阿马杜 – 马赫塔尔·姆博（Amadou-Mahtar M’Bow）是这个委员会的发起者，他对这个问题的看法像是出自早期数字世界主义者之口：

> 当前，每个国家都是其他国家日常现实的组成部分。尽管人们或许还没有真正意识到世界已然成为一个休戚相关的整体，但并没有阻碍彼此之间变得越来越相互依赖。然而，这种相互依赖性伴随着许多不平衡的因素，有时这种不平衡还极为严重，导致了彼此产生误解或滋生各种各样的冲突，从而让世界处于动荡之中。

爱尔兰诺贝尔和平奖获得者肖恩·麦克布莱德（Seán MacBride）领

导来自 16 个国家的学者对这些不平衡性做了大量分析：从印刷机到通信卫星等通信技术的地理分布；电视、电影从美国流向发展中国家；美国及欧洲所属的新闻通讯社对发展中国家的新闻抱有明显偏见，等等。该委员会提出了 82 条建议，从日常细则（在全球范围内增加纸张供应量，从而降低报纸的价格）到奇思妙想（建立一个“能让联合国密切追踪国际事务并将信息有效传播给世界各民族”的卫星网络），无所不有。其中很多建议明确指出了媒体存在的不平衡性：“发达国家的媒体，尤其是‘守门人’们，即掌握新闻选择权的编辑、出版商和广播媒体制作人，应该对发展中国家的文化和状况做更多了解。”最终，由于美国的强烈反对导致这一提议失败。

无论麦克布莱德的提议是有意隐晦地反对政府对新闻界的专制控制，还是为了解决媒体的不平衡性却收效甚微的善意之举，他们的失败说明了通过国际授权来改变守门人的态度必定是困难重重的。带着前期的研究成果、数据、过度膨胀的自我正义感，以及对新闻业的商业性有限的了解，我决定亲自会会这些守门人，探求他们的新闻选择之道。

我的第一个研究对象是当时《新闻周刊》的总编辑乔恩·米查姆（Jon Meacham）。在 2004 年瑞士世界经济论坛的某个会议上，我利用米查姆发言之后的问答环节，旁敲侧击地谴责美国媒体对国际新闻报道的不尽责。米查姆礼貌地回应：“你知道我们是在同一阵营上的，对吗？”他解释称，他也希望《新闻周刊》能够刊登更多的国际新闻，但每次他把国际报道刊登在封面上后，报刊亭的销量就会急剧下滑。“你我都想看到更多的国际新闻，但我们的读者或许并不这么想。”

大多数人是站在米查姆一边的，至少大多数美国观众是这样的。在一项调查中，63% 的受访者称他们听到的国际新闻已经足够多了，他们希望了解更多的本地新闻。米查姆的评论提醒我们，营利性新闻机构的商业性和专业性之间的隔离是一眼即可看穿且一击即破的。在数字时代到来之前，除了封面新闻，人们很难区分报纸或杂志上的哪些报道受到了读者的青睐；但在数字化时代，有充分的数据能够说明人们关注和忽视的报道分别是哪些。

新闻行业分析师肯·多科特（Ken Doctor）解释，尽管在习惯上，记者所了解的数字会受到“有必要知悉”偏见的影响，但目前，《华盛顿邮报》的做法是每小时向 120 名员工发送 3 篇流量报告，向他们提供有关各类新闻受欢迎程度的最新消息。还有一些新闻机构更不避讳为其撰稿人设定新闻指标。《赫芬顿邮报》一直为优化主页做着不懈的努力，其依据正是新闻报道的点击量，该报的记者对新闻报道的受关注程度都有敏锐的意识。一个较为极端的例子是高客传媒，高客传媒旗下拥有多个著名的时尚生活新闻博客站点，其新闻编辑室里有一块“大行情牌”，其实就是一块计算机显示屏，上面实时更新着最受欢迎的新闻报道，以此来激励员工发表能吸引观众眼球的新闻。

当新闻呈现在纸上而非电脑屏幕上时，编辑们就要凭借自己的判断来确定哪些报道会让读者觉得“无聊透顶”。威廉·萨菲尔（William Safire）解释说：“‘无聊透顶’是一个重要的行业术语，它由《新闻周刊》的员工们提出，用来描述观众对于那些每个人都认为重要，但必定会催人入睡的新闻的反应。拉丁美洲的政策、欧洲美元 、人才培养等都属于‘无聊透顶’的话题。如果用地震等级来衡量，一篇枯燥乏味的政府改革报告可以达到 10 级的无聊程度，以至于让所有的观众都昏昏欲睡。”

目前的强化指标为‘无聊透顶’提供了实时依据，执意报道国际事件的不利因素很快就会得到显现，观众的反应就是最好的证明。

根据实时反馈的新环境，让人不可思议的是，我们接触到的国际新闻不是太少而是太多。由于派遣驻外记者的成本很高，很多商业媒体不断削减驻外记者的数量。美国哥伦比亚广播公司在20世纪80年代中期拥有28家驻外办事处，共38名通讯记者，但到2008年，仍然保留下来的只有4个国家的5家办事处。《波士顿环球报》和《巴尔地摩太阳报》等美国主要报刊也都关停了他们在海外的办事处，海外办事处过去曾是报社的骄傲以及声誉的象征，如今却成了削减成本的对象。美国规模较小的报社主要依靠通讯社获得国际新闻，也就是说，数百家报社需要共享新闻资源。驻外记者会向《波士顿环球报》等大报社提供独家新闻，然而普通的城市报刊想要刊登路透社关于阿富汗事态发展的报道就不具备任何竞争优势了。

美国四家主要报刊仍然维持着大量驻外办事处:《纽约时报》《洛杉矶时报》《华盛顿邮报》和《华尔街日报》。《纽约时报》和《华尔街日报》为纯国际新闻保留了约20%的版面，另外还各自划出10%的版面报道美国的外交事务。与小型报社相比，这些大报社愿意刊登如此多的国际新闻，很可能是为了跻身“报界精英”的行列，需要吸引更多参与国际事务的读者；抑或是这些报刊的编辑们都是新盖茨先生的代表，他们抗击市场压力的能力要比米查姆强多了，能够从容地忽视证明观众需求的数据，依旧选择他们认为最有价值且最关乎民生的新闻。然而，缺乏流量统计的数据，个中原因还不得而知。

守门人对分析学的运用赋予了观众一种新的权利。当读者对某篇国际报道表现出浓厚兴趣时，他们往往会获得更多有关此事件的报道。

美国报纸对达尔富尔冲突的高度关注，以及英国媒体对津巴布韦大选的重视，说明读者可以通过兴趣和反馈，使媒体持续报道某些事件，当然，媒体这么做也是有风险的，报道的增多可能导致观众的流失，刚果东部冲突就是很好的例子。我们可以把责任归咎于守门人，但同时，我们身为观众，无论是作为个体还是群体，也必须审视自己在其中扮演的角色。

“个性化报纸”的诞生

数字时代的力量让我们能够轻而易举地接触到各种新闻资源，并挑选我们想要了解的新闻。这一新领域的成本很低且不受空间限制，于是新闻既不再需要印成一叠一叠的报纸，送到我们家门口，或是亲自去街角的小店购买，也不再需要通过有限的、拥挤的广播频谱进行传送。与其让专业的守门人带着商业性的考虑，以他们的价值标准帮我们挑选新闻，决定合理争议圈的范围，倒不如我们自己搜索自己想要且需要的新闻。

哪些新闻是我们需要知道的，应该被刊登在报纸头版头条，我们不再依赖编辑们把关，而是可以从近乎无穷的可能性中做出自己的选择。这样看来，国际新闻与本地报道、体育节目、明星八卦和广告等争夺宝贵的报纸版面或电视播放时间的做法显然停留在了20世纪。然而，当初我们又是如何发展到这一步的呢？

20 世纪 90 年代中期，人们组织信息的方式发生了巨大变革，实现了从新闻管理主导到新闻搜索主导的转变。新闻管理是一个新的行业术语，涵盖了从编辑、新闻主播到媒体评论员等各类媒体从业人员。他们手中的权力越来越小，他们不得不受到更多的批评和监督，与此同时，一些新型的、强大的组织纷纷建立，希望能分到信息管理权的一杯羹。

人们很快习惯于利用搜索引擎来发现任何他们感兴趣的信息，不再毫无目的地浏览网页，而是带着明确的目的上网搜索信息。既然如此，你就不得不质疑编辑、教师、医生等权威人士的看法，他们列出的必知话题往往不在你希望了解的范围之内。谷歌等公司率先意识到了这一概念性变革的发生，即任何专家都不如你了解自己想知道什么，谷歌根据这一新理念搭建起了新的业务。

在商业互联网兴起之际，我有幸率先投身于这场令我期待又困惑的变革之中，与别人合作成立了一家公司。1994 年到 1999 年间，我在一个名叫 Tripod.com 的网站担任研发部主管。我加入公司之初，Tripod 的使命是向刚毕业的大学生提供精心挑选的高质量信息，帮助他们找工作、租公寓以及寻找另一半，简单来说，就是帮助二十几岁的年轻人追求幸福。我们编写故事，发布最佳网络资源索引，并将管理者的智慧应用于飞速发展的数字媒体领域。

1995 年的某个夜晚，我们团队的一个程序员杰夫·范德·克卢特（Jeff Vander Clute）突发奇想。之前，我们创建了一个简易工具，人们只要在表格中键入相关信息，就能自动生成简历，这实质上是一个依靠服务器运行的网页。克卢特发现我们可以将格式简化，建立一个大的空白文本框，使人们可以上传任何他们想要建立的网页。克卢特编写了程序，我们将其称为“网页制作软件”，并把它放到了服务器上，然后很快将这件事抛之脑后。

之后的 9 个月，我都没有记起这个网页制作软件，直到我接到互联网服务提供商的电话，得知我们网站的账单增长了 10 倍之多。我要求他做出解释，他向我提供了记录带宽使用情况的图表，网站的访客数量从每天几千人增加到十几万人，对此我竟然毫无察觉。我一直兢兢业业地监控着那些我们煞费苦心地编写并放到网站上的内容所吸引的流量，根本没有注意到用户自己所创造的流量。那些由网络制作软件设计的网页，无论是从数量上看还是从点击量看，都是我们网站的重中之重。

过去，我们的运作模式是聘请专业的编辑制作网页，再向广告商收取高额的费用。大约 8 个月后，我们发现这种运作模式是错误的。网络参与度和搜索量的节节攀升让我们感到惊讶，利用网页制作软件等工具，成千上万的普通网民可以轻松访问无数家公司的网站，而这些网站上的内容都是免费的。

1998 年以前，用户是否会利用雅虎等搜索引擎或远景和莱科思等搜索引擎浏览网页还不得而知。谷歌的优势始现于 1999 年，当时数以百万计的网民推动了互联网内容的激增。尽管普通网页的质量下降明显，高价值信息的总量却急剧上升，只是其中的变化并不容易被察觉。随着互联网规模的扩大，网站数量从几百万个发展到数十亿个，搜索很快成为在信息海洋中遨游唯一切实可行的方法。

Tripod 的用户不会对我们精心制作的文章感兴趣，他们搜索的话题很多都是我们闻所未闻的：马来西亚的政治、日本的动画、定制汽车，等等。我们以为自己是在为刚刚毕业的大学生办报，告诉他们需要知道的信息，帮助他们在这个世界取得成功。然而他们干脆利落地回答我们，他们根本不关心哪些话题是需要了解的，他们可以自己通过搜索获取信息，另外，他们也不在乎那些报道是出自专业文案笔下，还是普通网民之手。

一旦你发现自己感兴趣的信息在互联网上无处不在，人们普遍感兴趣的新闻资源就几乎失去了意义。如果说高质量报纸的前景是，你能够在有限的版面内找到所有每日需知的新闻，那么网络搜索的前景则更具吸引力：所有你想要了解的信息都会呈现在互联网的某个地方，并且我们在帮你找到那些信息的同时，还会尽可能地排除你不想看到的内容。

帕斯卡·薛内斯（Pascal Chesnais）是最早察觉到网络搜索兴起和传统报纸没落的学者。1994 年，在与麻省理工学院的一个研究团队共事时，他引入了一个名叫“The Freshman Fishwrap”的通讯社。Fishwrap 每天从美联社、奈特里德报业集团和路透社的 4 000 余篇报道中提取信息，为用户提供量身定制的报纸，内容涵盖了学生的家乡、最喜欢的体育团队以及感兴趣的话题等。与盖茨先生的专业判断不同，Fishwrap 的读者是自己的守门人，他们可以要求 Fishwrap 发布他们自己要了解的报道，而屏蔽其他报道。

尼葛洛庞帝的《数字化生存》没有提到 Fishwrap 的名字，但他描述了一种与之类似的技术：“假设某家报社愿意让所有员工都听你指挥，为你定制报纸，那会发生什么变化？那么，头条新闻就会和‘无关紧要’的报道混淆在一起，比如你的熟人，你明天要见的人，你将要去哪个地方或刚从哪个地方回来云云……你可能会将鸡毛蒜皮的事情都编入报纸（恕我直言）。这就叫‘我的日报’。”

在后面的段落中，尼葛洛庞帝描述了一种适合公众在星期日下午休闲阅读的报纸，这类报纸没有那么个性化，相对随意，叫“我们的日报”。但最初引起公众注意的仍是“我的日报”，它不仅为“我的雅虎”等个性化报纸提供了灵感，也成为宪法学家卡斯·桑斯坦（Cass Sunstein）哲学批判的焦点。桑斯坦 2001 年出版的著作《网络共和国》（*Republic.com*）就以“我的日报”为首章标题，开篇阐述了对未来世界的推测：“新闻、娱乐和信息的市场最终得到完善，消费者可以实实在在地看到他们想要看到的内容。一旦选择的权利不受限制了，人们便可以预先精准地决定自己希望或不希望看到的内容，他们可以依照自己的选择，设计一个十分类似于通讯网络的体系。”

桑斯坦将这个高度个性化的世界看作危险地带，人们的观点就好像“回音室”里相近的声音，变得越来越极端。在随后出版的一本名为《信息乌托邦》（*Infotopia*）的书中，桑斯坦描述了他和同事于 2005 年开展的一项针对群体极化现象的实验。他们邀请了一批科罗拉多州的公民，分别来自两个群体——博尔德的自由派和科罗拉多斯普林斯的保守派，他们被安排到当地的大学围绕三个一分为二的政治话题展开讨论：全球变暖、平权行动和公民权利。每个组由从同一群体随机抽取的 5~7 位公民组成，在简短的讨论过程中，政治“极化”的趋势越来越明显，自由派变得更加自由，保守派变得更为保守，各组中意识形态的多元性明显下降。

桑斯坦为这个实验结果提供了很多可能的解释。在既定群组里，尤其是当人们还没有完全形成自己的观点时，他们很容易受到某个强势观点的影响。意识形态一致的群组不断地重复大量单方面的证据，强化既定观点，这一现象叫作“确认偏误”。由于人们很难违抗群组的意愿，于是一些人会选择极化自己的观点，以避免发生人际冲突。

部分认知偏差可能适用于从网络上获得的信息而非面对面的交流。如果仅仅浏览右翼报纸和博客，你就会获取很多此类的观点，从而强化自己的想法。这样一来，你很可能发现大量信息都支撑着你的观点（确认偏误），而几乎看不到对立面的存在，于是误以为所有的证据都是站在你这边的。这种判断方法叫作可得性启发法，即只回想起与自己观点相吻合的证据而忽视其他观点。于是，“我的日报”就会成为极化作用的孵化器，桑斯坦认为，他从博客中看出了“我的日报”的端倪：“博客的兴起让人们更容易生活在自己设定的回音室里，事实上，部分博主和众多读者都生活在信息茧房之中。”

桑斯坦关于极化的论述引起了广泛争议，由此产生的学术文献几乎可以定义一门分支学科：回音室学。大多数对此争议的回应并不是为了反驳桑斯坦的极化理论，他们只是提供了大量证据来说明网络观点的多样性可以防止人们变得过于孤立，尽管这种孤立可能是有意识也可能是无意识的。

政治学教授亨利·法雷尔（Henry Farrell）和他在乔治·华盛顿大学的同事利用国会选举合作研究提供的数据，对美国博客读者的喜好进行了调查，这是一项由 39 所大学联合开展的大型社会调查，调查发现，博客读者通常不愿意浏览与他们意识形态相左的博客，并且政治极化的表现比普通选民更为明显。其他一些研究着眼于博客之间的联系，发现美国的博客圈很少有跨越意识形态的联系。其中一项研究显示，这类联系即使确实存在，通常也是具有轻蔑性的，一般是为了抨击某个异己的观点。

但政治博客的读者并不能代表所有互联网用户。约翰·霍里根

（John Horrigan）是皮尤研究中心互联网和美国生活项目的副主管，在2004年总统大选之际，他对美国人听闻了哪些政治论点进行了调查，得出的结论是，与同等学历的非互联网用户相比，互联网用户接触到的异己论点更多。经济学家马修·根茨科（Matthew Gentzkow）和杰西·夏皮罗（Jesse Shapiro）也根据某个网络广告公司提供的信息推断出，尽管在互联网的某些角落极化现象非常严重，但绝大多数网站在纠正用户过左或过右的观点时是起到积极作用的。报纸专栏作家戴维·布鲁克斯（David Brooks）对此表示十分认同，他称："如果这项研究是正确的，互联网非但不会束缚公众的想法，还会向人们提供像疯狂的麦克斯一样随心所欲的思想空间。"

根茨科和夏皮罗将有关几千个互联网用户政治倾向的数据与119家大型新闻与政治网站的用户数据进行对比，做出了如下推测，举例来说，右翼电台拉什·林堡的网站（rushlimbaugh.com）中有98%的访客都是保守主义者，而自由组织网站moveon.org的访客中只有19%是自由主义者。经济学家用"隔离指数"（isolation index）来检验自由主义者和保守主义者访问网站的差别，社会学家也常用这个指数来衡量与另一社会组织或信仰体系的人相遇的可能性。访问某个网站的自由主义者和保守主义者的数量不可能完全相同，也就是说，没有哪个网站的隔离指数会是零，拉什·林堡网站的隔离指数为96（98%的保守主义者减去2%迷茫的自由主义者）。

高度极化网站的隔离指数似乎与桑斯坦极化网络空间的论点相吻合，同时笔者发现，读者更愿意把时间花在雅虎新闻或美国有线电视新闻网等极化观众数量较少的网站上。以保守派用户通常浏览的网站跨度为例，保守主义者占到这些网站访客总量的60.6%，与中立性报纸《今日美国》网站的访客构成相近。而自由主义者通常浏览的网站中，保守主义访客的数量也占到了 53.1%。无论网站是受到保守主义者还是自由主义者的青睐，两者之间的差距都很小，隔离指数仅为 7.5，笔者将这个数字定性为“绝对小值”。

根茨科和夏皮罗进一步将互联网的隔离指数与美国其他类型的媒体进行比较，发现地方性报纸、国家级杂志、广播电视和有线电视等媒体的隔离指数都要低于网络，唯一例外的是一些“全国性报刊”，包括《今日美国》（声望较低的中立性报纸）、《纽约时报》（左派精英报刊）和《华尔街日报》（右派精英报纸）。《纽约时报》和《华尔街日报》的读者群受政治因素影响而分化明显，这对美国人来说不足为奇。让人惊讶的是，互联网网站的政治极化现象要比有线电视新闻更为明显，由此我们可以推出桑斯坦的担忧可能是合理的。经济学家们将美国在线新闻和雅虎新闻两家最大且最受观众青睐的网站排除在外，重新计算了网络媒体的隔离指数，这样一来，互联网网站的隔离指数就要高于其他所有线下媒体，与《纽约时报》和《华尔街日报》的读者相比，网络用户的极化现象要明显得多。

那么，这项研究为何能让布鲁克斯如此乐观，认为互联网不会导致意识形态的孤立呢?

根茨科和夏皮罗在谈及网络隔离现象时将其称为“绝对小值”，他们将计算所得的隔离指数与线下生活的同质性程度进行了对比。根据 2006 年另一项多所大学联合开展的大型社会学研究综合社会调查结果，他们计算出了线下人际互动的隔离指数。大多数人表示，自己与好友和家人有着共同的政治主张，这说明我们在与家人和朋友相处时，意识形态是孤立的。经济学家们计算出“可信任的好友”的隔离指数是30.3——这就是说，如果你是一名保守主义者，你的朋友中大概会有65% 的保守主义者和 35% 的自由主义者。这个指数是网络隔离指数的 3 倍，另外，朋友、家人、同事和邻居的隔离指数也都较高。

换句话说，根茨科和夏皮罗论证了在线浏览美国有线电视新闻网时遇到一个与你意识形态相左的人，比找到一个政治主张相悖的邻居的可能性要大得多。

但我们不要太快下结论。综合社会调查还向受访者征集了他们关于邻居的看法，发现人们通常认为邻居看待世界的方式与自己相同，邻里之间的隔离指数仅为 18.7。优先利用地理和政治的实际数据来计算隔离指数，我们会发现邻里之间的同质化程度并没有我们想象的那么高，照此计算，邮政编码所划区域的隔离指数是 9.4，以县为单位的隔离指数是 5.9。换句话说，要想遇到一个与自己意识形态不同的人，更有可能是在居住的乡村县市里，而不是在浏览的新闻和舆论网站上，这是因为在我所生活的地方，意识形态远比想象中丰富得多。

将网络数据与线下生活的同质性进行比较，根茨科和夏皮罗推断出桑斯坦的论述有些言过其实，我们还没有完全进入像“我的日报”一样孤立和隔绝的世界。但是与其他大多数调查研究一样，他们的研究同样说明部分互联网用户在选择信息时带有明显的政治党派倾向。这些人可能是政坛老手，也可能是政治博客的常客，即便他们有时也会无意间进入一些党派色彩较弱的网站，可能也只是为了查看体育赛事的比分。而更多的用户并不像桑斯坦担忧的极端案例那样，相反，他们获取新闻的渠道都是一些党派色彩较弱的网站。因此，尽管极化现象是可能存在的，但目前的研究说明大多数用户尚未进入这个阶段。一些最受欢迎的网站，例如雅虎新闻和美国有线电视新闻网，其读者群体的意识形态与我们生活和工作的圈子相比，正变得越来越多元化。

然而，这是一个好现象，它与人们对新闻网站的最低预期是契合的：即新闻网站带给了我们从朋友、家人和邻居那里无法获得的观点。但这种多元化仅仅局限于政治意识形态。假如根茨科和夏皮罗的研究还涉及网络的地理隔离，那么其价值就要远远高于目前的水平。正如第二章提到的那样，《印度时报》的大多数读者都居住在印度（或是移民海外的印度人），而《环球邮报》的读者多为加拿大人。我们或许会阅读代表不同政治党派的报纸，但我们是否会阅读国外的报纸呢？

桑斯坦指出，花费过多的时间琢磨与自己想法一致或志趣相投的人，会使我们变得更加极端。如果换个方式看待我们的网络行为，不过度纠结于国内的政治派别是左翼还是右翼，而是更多地从“我们或他们”的世界观来考虑，问题便会随之而来。和广播媒体一样，网络媒体要做到客观地展示世界图景还要好好下一番功夫。我们对某些国家的认识往往要比对另一些国家的认识更清楚。另外，我们自己搜索和选择媒体的需求也受到同质性作用的影响。

如果你的周围都是保守主义者，他们使你相信削减税收能够平衡预算（或者你的周围都是自由主义者，他们使你相信财政赤字是无关紧要的），那么你身边的美国人、加拿大人或丹麦人又会给你带来多大的影响呢？这类影响可能非但不会推动原始民族主义的发展，反而会对我们的世界观形成起到微妙的作用，让人们理所当然地认为，邻居们觉得重要的话题自然也是最重要的国际议题。我们的行为受到确认偏误的影响，只要邻居们认为某个话题很重要，我们就对此深信不疑。这样一来，我们很容易忽视其他关键的问题或话题，而可得性启发法又会引导我们认定自己所听到的话题正是我们需要了解的内容。同时，由于新闻具有社会流通性，传播和讨论朋友们关心和感兴趣的新闻又能让我们从中获益。

目前，我们是否更倾向于从“我们或他们”的世界观来思考问题呢？我们眼中的世界图景仅仅来源于报纸，还是同样来源于搜索引擎？随着获取信息的渠道越来越丰富，我们是否依旧更关注本国新闻而忽视国际新闻呢？我在谷歌公司吃了一顿午餐，发现情况确实如此。

到访谷歌总部山景城的参观者会被众多美好的事物所吸引，美观且充满艺术气息的建筑，开放的无线网络，各式各样的免费饮品等。但在我看来，最值得一提的就是午餐。谷歌内部餐厅的一大特色，就是配备专业大厨的沙拉吧，当你选好了食材，谷歌的专业大厨就会按你的要求加入沙拉酱，用两个碗摇匀，然后装盘端到你的面前。

谷歌公司一直以痴迷于效率著称，例如在办公室为员工提供干洗和更换机油的服务。第一次到访谷歌总部时，我以为沙拉吧的大厨也是谷歌高效风格的表现之一，但通过进一步观察，我发现了一些更为复杂和微妙的细节。将健康的沙拉变成高热量食物，最简单的方法就是往里面加入沙拉酱，再者就是放入大量高蛋白食物。而谷歌的沙拉大厨会帮你控制沙拉酱和肉类的数量，以确保食物的健康。另外，各种食材的摆放位置也是经过设计的，黑橄榄和羊乳酪等被放在很难拿到的地方，前排触手可及的区域摆满了生蔬菜，使你在往碗里添加高脂食物时能尽量保持节制。我的一个老朋友时任谷歌的部门主管，我和她分享了我的所见所感，她说：“这就是沙拉体现出来的社会工程学。”

谷歌的沙拉吧并不能让你彻底改掉饮食恶习，告别培根和蓝芝士，它的作用只是控制你一时兴起的欲望，鼓励你选择更加健康的饮食方式。在这个层面上，它与传统报纸的头版十分相似。日报的头版不仅有本地新闻和国家动态，往往也包含了国际报道。通常，头版的底部都有一篇专题报道的介绍，更深层的报道隐藏在报纸的某个角落，普通读者往往会将其忽略。而重大新闻一般占到200~400词的篇幅，因此很容易吸引读者的注意力，让他们翻开报纸，进一步阅读相关内容。《纽约时报》的头版通常有20个左右的新闻“链接”，更多的报道刊登在报纸内部，于是头版成了人们搜索新闻内容的媒介。

如果说《纽约时报》的实体报刊是循循善诱的谷歌沙拉吧，那么其在线报纸就是拉斯维加斯赌场的自助餐。我针对《泰晤士报》的网站主页进行了一项分析，统计了报道、章节和其他内容页的300余个链接。尽管链接的数量不计其数，但内容寥寥无几：平均每篇报道只有10~26个词汇。《纽约时报》的排版设计有助于人们发现意料之外的报道，同时，哪篇报道是重要的，应该在寸土寸金的头版占据一席之地，则体现了守门人的个人色彩。而《泰晤士报》的在线报刊则鼓励读者按照自己的意愿和兴趣做出选择。尽管越来越多的读者习惯于利用搜索引擎查找新闻，网站主页的作用依旧不容忽视，一位助理编辑表示，其所在报社的网站仍有50%~60%的访客会从头版开始浏览。

要是完全不受到任何限制，我们能够对新闻做出明智的选择吗？这种搜索模式的弊端在于，我们可能会选择自己想要获取的新闻，而不是需要获取的新闻，并可能因此错过那些对大多数人来说都很重要以及我们作为本土和世界公民必须了解的信息。选择越多,责任越重大。在《泰晤士报》目前的在线网站上，读者要是担心自己的选择会太过全球化，还能够在美国或国际版面间进行切换。

搜索功能增加了读者的选择，但人们也可能因此看到很多本来无意查找的新闻。我们在轻松选择自己感兴趣的新闻时，或许会错过一些内容，这些内容看起来不怎么有意思，却能帮助我们建立起令人惊喜且有价值的联系。

新闻模式正面临着新的转型——社会转型，它是否会给我们带来更多惊喜和帮助，目前还不得而知。

过滤气泡与社交网络

2008 年，年轻的政治活动家劳伦·沃尔夫（Lauren Wolfe）向一位记者阐述了她阅读新闻的习惯：很多时候，我在网上读到一篇有趣的新闻，就会把网址传给 10 位朋友……比起翻阅报纸，我更愿意阅读朋友通过电子邮件发给我的报道。

沃尔夫只是信息传播大军中的一员。哈里斯互动 2006 年的一份研究显示，59% 的美国成年人都有向同事、同行、家人或朋友转发网络信息的习惯，有的甚至十分频繁。随着越来越多的人通过电子邮件和 Facebook 等渠道交流新闻报道，在未来，人们或许不用再为选择新闻而发愁，只要阅读朋友推荐的新闻就可以了。当今时代，移动电话、社交网络以及电子邮件使人们无时无刻保持着联系，任何时候都能够接收信息。我们不难得出这样的结论，正如媒体研究员简·白金汉（Jane

Buckingham）从一名大学生口中得到的答案一样，“要是新闻真有那么重要，它自然会找上我的”。这位学生的观点不无道理，尽管社交媒体作为获取新闻的渠道，其作用在发展的初期很难体现出来。

卓越新闻项目对美国 25 家最著名的新闻网站进行了流量分析，发现 60% 的流量直接来源于网页，而不是通过搜索引擎查询或其他网页的链接产生的。卓越新闻项目的这项研究只针对在线媒体；电视、广播、报刊仍是大多数人获取新闻的渠道，对传统媒体来说，监管模式依旧占据主导地位。以谷歌为代表的搜索引擎约占新闻网站流量的 30%。Facebook 是所有研究对象中产生流量最多的社交网站，但仍要比《赫芬顿邮报》少 8% 左右。而其他社交媒体网站，包括 Twitter，产生的流量还要少得多。

上述调查结果看似淡化了社交媒体的重要性，但仔细看看那 60% 直接来源于网页的流量，就会有新的发现。这些流量有的是网站首页的点击量，但大多数都是独立链接的点击量。我们可以大胆假设，几乎不会有人在地址栏键入 http://globalvoicesonline.org/2012/10/12czech-republic-prednadrazi-struggle-continues/ 这样复杂的网址，因此大多数访客都是通过电子邮件或即时消息打开链接的。亚历克西斯·马德里加尔（Alexis Madrigal）是《大西洋月刊》的资深编辑，他把这类访问称作“暗社交”（dark social），即通过电子邮件和即时消息进行的社交行为，在《大西洋月刊》的网站上，这类访问产生的流量几乎与搜索流量平分秋色。将暗社交与 Facebook 和 Twitter 等媒介结合起来，社交媒体就成了《大西洋月刊》最主要的流量来源。

《大西洋月刊》或许只是个例外，但从整体上看，社交媒体产生的流量正在不断增加，而搜索流量却在减少。报告显示，2010—2011 年，Facebook 对普通媒体网站的流量贡献翻了一番。如果单从某些报纸来看，增长还要更明显，在 2012 年，《华盛顿邮报》从 Facebook 获取的流量增加了两倍之多。另外，Facebook 也是美国最大的体育出版商《体育新闻》最主要的流量来源。《卫报》首席数字版执行官塔尼亚·考德瑞（Tanya Cordrey）与 Facebook 合作创建了一个应用程序，专门推送《卫报》的新闻。2012 年 2 月，Facebook 为《卫报》转介的流量达到了 30% 以上，已经超过搜索产生的流量。考德瑞将其描述为“转介流量地震式的变革”，它的重要性尤其体现在帮助《卫报》网站吸引了更多的年轻读者。

社交媒体逐渐成为人们注意力强大的引导者，专业守门人或个人的兴趣对我们获取新闻的影响越来越小。朋友于是需要承担巨大的责任，帮助我们塑造世界观。在宣扬社交网络这个新作用的同时，我们也需要认清它的局限性。

互联网用户在 Facebook 等社交媒体网站花费的时间占到全部上网时间的 1/5 以上。2010 年，美国用户将 22.7% 的上网时间用于社交媒体网站，比前一年增加了 6.9%；在澳大利亚，这个数字为 21.9%，比前一年增加了 5.3%。当然，这种形式的社会过滤不仅仅局限于在朋友圈上传图片或更新状态，而是体现在整个互联网领域。

Foursquare 是一家鼓励用户与他人分享自己所在地理位置信息的网站，过去是分享酒吧和咖啡馆的位置，现在还可以根据你的朋友以及与你行为契合度较高的人的喜好，推荐你可能想去的地方。主流音乐平台 Spotify 让朋友之间分享音乐更加便捷。微软公司开发的搜索引擎必应联手 Facebook 新增了查阅功能，只要关联你的 Facebook 账号，就能在搜索信息时看到你的朋友曾经查找过的相关信息，另外，要是你正为购买哪件商品犹豫不决，不妨求助 Facebook，让你的朋友帮你做决定。这些工具的普及说明了“千禧一代”在做决定时，已经十分依赖于朋友圈和社交网络。美国《广告时代》杂志的调查显示，68% 的千禧一代在做“重要”的购买决定前，都要求助社交网络，甚至选择哪家餐馆吃饭也不例外。

社会活动家兼作家伊莱·帕里泽（Eli Pariser）对此表示担忧，他认为对社交网络的依赖会影响人们世界观的形成。在他的著作《过滤气泡》（*The Filter Bubble*）中，开篇就讲述了自己试图将从社交媒体获得的信息扩散给朋友的经历：“政治上，我是偏向左翼的，但我很愿意了解保守主义者的想法，于是我与他们中的有些人成了朋友，同时关注了他们的 Facebook 账号。我想要知道他们会发送什么样的链接，我会浏览他们的评论，并从中吸取经验教训。不过这些链接从来不会出现在我的‘置顶帖子’里。”由于 Facebook 运行优势排行（Edge Rank）的算法，置顶帖子的页面是按照一定优先顺序排列的，因此帕里泽的保守主义者朋友无法显示在置顶页面里。你看到的帖子具有时效性，受更新类型的影响（留言往往比评论更醒目），同时也取决于你与发帖人的“亲密度”。

最后，你与发帖人互动的频率也是重要的因素，包括多久访问一次他的主页或是否经常给他发消息。相比于少有互动的高中同学，那些每天与你有信息往来的人自然更受关注。帕里泽与朋友圈里的保守主义者朋友亲密度较低。帕里泽表示：“Facebook 就像在做数学运算，它留意到我常常关注激进的朋友发布的帖子，却很少点击保守主义朋友转发的链接……于是，从来不向我推送保守派的链接。”

帕里泽担心，优势排行等个性化技术的发展，会减少我们收获意外惊喜的机会，世界会变得越来越狭小，这不是我们希望看到的。搜索引擎等个性化工具潜移默化的影响，尤其让帕里泽担忧，我们原本希望看到和其他人一样的搜索结果，但实际上看到了为我们量身定做的内容。他的担忧或许有些言之过早，因为大多数此类服务是可以关闭的，并且谷歌的工程师也对他的《过滤气泡》做出了回应，称个性化技术的影响，远没有他列举的那么显著。

帕里泽对社交媒体隔离的担忧其实是担忧意识形态隔离的一个表现。新闻工作者比尔·毕肖普（Bill Bishop）在他的著作《大排序》（*The Big Sort*）中，基于人口统计学家鲍勃·库欣（Bob Cushing）的研究，指出美国人在搬家时，通常会考虑邻居的意识形态是否与自己相近。毕肖普注意到，我们生活的社区高度分化，由于不少强大的营销技术是基于个体人口统计数据和心理选择的，因此只要知道客户居住在哪个区块，它们就具有高度的可预测性。

想要与志同道合的人居住在一个社区，我们需要卖掉房子，打包行李；而在网上，我们只要点点鼠标，就能结交一大群志趣相投的朋友。其实，像帕里泽所说的那样，我们已经在这么做了。在注册 Facebook 账号时，系统首先会向你索要电子邮箱地址，然后关联与你有邮件往来的朋友。接下来，你还需要填写工作单位、高中和大学等信息，包括你的毕业年份，这样系统就能把你推荐给同事和同学了。皮尤研究中心互联网和美国生活项目的调查显示，绝大多数 Facebook 上的朋友都与我们有线下的联系：22% 是高中朋友，20% 是近亲或远亲，10% 是同事，还有 9% 是大学里的朋友。只有 7% 的 Facebook 朋友与我们只有线上的联系，其余 93% 都是我们在现实生活中见过面的。

鉴于我们对同质性的了解，以及毕肖普所指出的人们在现实世界中的隔离倾向，可以大胆推测，我们在网络上结交的朋友一定不像美国人口那么多元，更不用和世界人口做比较了。在监管媒体时代，专业的编辑会尽可能地为我们和邻居提供面面俱到的新闻资源，然而，随着社交媒体作为搜索工具作用的日益凸显，人们的世界观变得越来越单一，似乎也是说得过去的。要是《卫报》连载有关巴拉圭的报道，我们可能会觉得很没劲，但在社交推荐逐渐成为主流的时代，除非我们认识巴拉圭的朋友，否则就不会关注这个国家的新闻。帕里泽所说的过滤气泡是三维的：它们不仅将与我们意识形态不符的内容隔离在外，也会将我们不熟悉的人和地点隔离在外。

帕里泽的《过滤气泡》出版不久，我就向卡梅隆·马洛（Cameron Marlow）表达了我的担忧，我担心社交媒体会让新闻读者的视野变得更加狭隘。马洛是社交媒体学者，2007 年成为 Facebook 的“御用社会学家”。他高调回应称：人们很快会走向一个极端，朋友和社交网络会成为人们获取世界新闻的主要渠道，广播媒体则会退出人们的视野。从表面上看，马洛的观点有些荒谬，毕竟英国广播公司的驻外记者遍及 100 多个国家，他们的职责就是报道国际新闻，而每个 Facebook 用户的好友平均不过 130 个，且大多数都居住在同一个国家里。但马洛的论点并不在于社交网络或广播媒体是否尽到了报道新闻的职责，而在于作为个体的我们会更关注哪种形式。

伊藤穰一（Joi Ito）给我发过一封电子邮件，向我讨要非洲报纸和博客的链接，多年以后，他成了我在麻省理工学院媒体实验室的上司。当时，他正准备前往南非，由于是第一次去非洲，又苦于日本和美国媒体关于非洲的报道实在太少，便向我求助。我给他发去了部分权威报纸以及我密切关注的博客链接。几周后，他回信给我，信中语言恳切而沮丧，他说他的非洲朋友少得可怜，对事件也没有亲身感受，因此很难找到这些资料的来源。尽管他很想了解非洲，但这些问题始终困扰着他。

如果你一个赞比亚人也不认识，那你一定也没有听说过发生在赞比亚首都卢萨卡的事件。但如果我们的某个朋友对赞比亚的新闻有所关注，他可能去过赞比亚或有朋友在那里，那么至少在 Facebook 的朋友圈里，就会传达出这样一个信号：赞比亚的新闻是重要的。即使仅仅是出于对朋友的恭维，我们也会关注他转发的报道。

也有可能，我们的确是关注这些新闻的。1944 年，传播学者保罗·拉扎斯菲尔德（Paul Lazarsfeld）提出了“二级传播理论”，称其对舆论的影响比媒体更大。二级传播理论是指信息从媒介到舆论领袖再到受众的传播过程。社会学家对“舆论领袖”这个概念持有不同态度，反对者认为媒体的影响力要比拉扎斯菲尔德阐述的更为直接。但毫无疑问，我们的朋友往往觉得分享在朋友圈里的新闻更加重要，也更愿意关注这些新闻。

我对“阿拉伯之春”运动的关注完全是基于个人的兴趣和经验，这说明新闻的关注度会受到个人因素的影响。2011 年年初，事态迅速蔓延，一发不可收拾，要在短时间内了解所有暴动国家的形势是很困难的。《卫报》曾在官网上发布事件进展的时间表，为读者提供了 17 个相关国家的实时动态。但这个时间表也只涵盖了中东和北非的国家；加蓬、苏丹、巴基斯坦以及其他受运动影响的地区均不在范围之内。此类事件中，实难顾及所有国家，和大多数人一样，我看到的只是我能看到的一面，并且理所当然地以为我没有看到的就不重要。

后来，我又查看了 Twitter 状态和博客帖子，看看我和读者分享过哪些关于“阿拉伯之春”运动的报道。我发现，大多数内容都是有关突尼斯、埃及和巴林的，少数关于叙利亚，而涉及利比里亚的几乎没有。这种不平衡的现象很好解释：我在暴动地区最亲密的两个同事一个是突尼斯人，一个是巴林人，所以我对这两个国家特别关注主要是出于个人原因，我没有去过叙利亚，但那位突尼斯同事的搭档是叙利亚人，她的 Twitter 上有很多关于叙利亚形势的内容，由此吸引了我的注意力。而我与利比里亚没有任何联系，于是也没有兴趣，自然得不到相关信息。当然，并不是说突尼斯和巴林就比叙利亚和利比里亚更值得关注，事实上，叙利亚和利比里亚在这场冲突中丧生的人数比突尼斯和巴林更多，但从我的经验来看，人事关系可能无法产生公平的结果，但其作用是不容忽视的。

马洛的主张是否成立主要取决于两个因素：一是广播媒体中哪些新闻报道能够吸引我们的注意力；二是我们的社交圈到底有多广。美国媒体对国际事件的报道越来越少，说明出版商认为，读者对国际新闻的关注度在降低。受到同质性作用的影响，除非我们在叙利亚生活、工作或学习，否则要认识很多叙利亚人几乎是不可能的。但这两个因素都要比初看时复杂得多。

2006 年，我追踪了英国广播公司和《纽约时报》网站上发布的所有报道，并利用博客搜索引擎来查看博主们是否“夸大”了这些报道。而事实证明，不但很多国际报道被一笔带过，地方新闻也是如此。流传较广的多是篇幅较长、持续进展的报道，如美英政党的左右派之争，全球恐怖主义的蔓延，以及科技发展的历程等。我还发现，“对读者有用的新闻”很容易传播开来，如“喝红酒能防癌”。乔纳·伯格（Jonah

Berger）和凯瑟琳·米尔科曼（Katherine Milkman）以《纽约时报》“电子邮件转寄最多的新闻”名单为对象，对不同形式的放大作用进行了研究。他们发现，转发数量最多的是能够使读者产生敬畏感的报道，无论它们报道的是国内新闻还是国际新闻。

事实上，我们滤除的不是国际新闻，而是与自己的生活无关或不感兴趣的新闻，尽管有时很松散的联系就能引起我们对某篇报道的关注。美国人对“阿拉伯之春”运动的高度关注，说明他们对这类鼓舞人心的报道很感兴趣，而社交媒体技术在其中发挥了重要作用。无论 Facebook 是否对开罗的抗议示威起到了如虎添翼的作用，美国人对该事件的广泛关注多少受到这项有趣且常见的技术的影响。

有了 Facebook，你是不是更有可能认识叙利亚的朋友呢？2010 年 12月，Facebook 的实习工程师保罗·巴特勒（Paul Bulter）绘制了一幅图片，让人眼前一亮：他将 Facebook 上的朋友分别用弧线连接起来，得到了一张与航空路线图十分相似的地图，或者说这是一幅地球的夜间地图，上面清晰地显示了世界各地的 Facebook 用户。几个月后，马洛和他的同事发布了一项研究成果，证明 Facebook 上的社交关系有 15% 是跨越国界的。基于对同质性的了解，我们可以知道这个比例已经相当高了。

2011 年的 Facebook 报告展示了一张矩阵图，用以表示不同国家朋友之间的关系。地理上邻近的国家，或者有相同殖民历史的国家，一般在 Facebook 上的联系较为紧密。语言是原因之一：如果语言相通，通过网络维系友谊就比较容易；如果本国语言比较生僻，比如土耳其语，那么除非你生活在约旦这样的国家，并且会讲阿拉伯语，否则就不太可能认识外国朋友。另外，与大国家的人相比，小国家的人往往外国朋友更多。

我与马洛和他的同事约翰·乌干德尔（Johan Ugander）合作，探求个中差异。我们发现，人员的流动和跨国友谊之间是有联系的。随后，米娅·纽曼（Mia Newman）和斯塔门设计工作室在信息可视化领域的研究进一步证实了我们的观点，移民联系加之 Facebook 的作用，使美国和墨西哥，巴西和日本，以及其他一些国家之间都建立了十分紧密的联系。

像阿联酋和卡塔尔这样移民层次较高的国家，人们交友的国际化程度一般也较高，而像尼日利亚等比较封闭的国家则显得比较保守。Facebook 的数据并不考虑用户的国籍，而是看用户登陆账号时身处哪个国家。因此，尽管巴基斯坦和阿联酋有很强的友谊基础，但并不代表阿联酋人和外来务工者之间能够萌生友谊，相反，身处迪拜的巴基斯坦人往往和国内的朋友保持着密切联系。于是，巴特勒那张描绘 Facebook 朋友关系的简图又有了另一种解读，我们可以将其视为全球移民地图而不是跨国联系图。

Facebook 公布的数据只考虑了网络发展相当成熟的国家，如果我们看看社交网络兴起不久的国家，就会发现在这些国家，尽管 Facebook 才刚刚流行起来，但跨国朋友的比例更高，然而，随着社交网络的发展，这个比例将会大大降低。这并不能说明，Facebook 让人们变得更加狭隘，而是证明了第一个使用 Facebook 等社交工具的人有十分广泛的国际社交圈。

试想：如果你是帕劳群岛上第一个注册 Facebook 账号的人，毫无疑问，你的所有好友都是帕劳以外的人。可能是一次出国旅行，或者是你的外国朋友，使你得知了 Facebook。随后，你把 Facebook 介绍给帕劳的朋友，于是你的网络社交圈慢慢向现实生活中的社交圈靠拢，外国朋友越来越少，本国朋友不断增多。后来加入的人可以从自己的圈子里结交朋友，不必再去认识世界各地的陌生人。很快，形形色色的帕劳人都在使用 Facebook，他们不再具有世界主义者的优势，他们不过只是普通的帕劳人。

这一现象从某种程度上解释了早期社交媒体项目对世界主义的热情，例如全球电子链接（The Well）和网络新闻组（Usenet），人们在这些网络上的互动可能要比今天在 Facebook 上的互动开放许多。无论是现在还是过去，在线交流都是较为廉价的联系方式，而习惯使用在线交流工具的人，可能与其他国家的人早有频繁的联系。同时，这些网络的结构是以专业领域的话题讨论为基础的，并不是为朋友之间联络感情设计的，因此可能妨碍了人们建立线上或线下的社交网络。在社交网络承担起维系线下联系的责任之前，人们对网络世界主义的幻想或许更实际些。

值得一提的是，国际主义是多样性唯一的表现形式。社交媒体研究者朱迪斯·多纳特（Judith Donath）指出，与网络新闻组时代相比，她在 Facebook 时代能够了解更多有关高中同学日常生活的信息。“在网络新闻组上的对话人可能来自很多国家，但他们的教育水平和职业背景大体相似，都是技术领域的研究生或科研工作者，”多纳特解释，“而在 Facebook 上，我可以接触到不同社会经济背景下的人群，因为我们在同一所学校里读过书。”这种多样性或许能解决桑斯坦和毕肖普担忧的问题。如果我们的高中同班同学里，既有左翼团体的激进分子，又有狂热的右派，那么在我们接受多样性观点的过程中，Facebook 可能发挥了重要的推动作用。或者，如果帕里泽的理论正确，那么兴趣和观点一致的高中伙伴将是我们主要的信息来源。无论是哪种情况，除非你就读的是一所非常与众不同的高中，否则你所接触到的观点就不会有这么高的国际化程度。

关于 Facebook 的世界性，美籍瑞典裔科学家乌干德尔的一段论述最引人注目，乌干德尔也是 Facebook 国际关系论文的合著者之一。他说：“我这一类人通常和多个国家有紧密的联系，因此我们有许多世界各地的朋友，但毕竟一个国家里像我们这样的人并不多。”也就是说，假设平均每个美国人在 Facebook 上有 13 个外国朋友，那么实际上九成的美国人都达不到这个标准，而是剩下的一成将这个平均数拉高了。因此，国际化的不是国家，而是个人。

如果我们想要通过社交媒体看到更广阔的世界，关注我们不曾了解的群体，则需要依赖于像乌干德尔这样辗转于世界各地的人。要不是我的社交圈里有瑞典公民，我可能就会错过某些新闻和观点。这种兴趣和关注，一方面得益于我的接受能力，另一方面则要感谢乌干德尔为我提供这些新闻的背景。

马洛曾预言 Facebook 将取代传统报纸，成为我们获取国际新闻的主要渠道，这种说法正确与否并不重要。我热衷于寻找开阔眼界的方式，以期更全面地了解世界，并帮助志同道合的人实现目标。为了适应这个更广阔的世界，我们需要改变媒体的运作方式，拓宽我们的朋友圈；我们需要重新审视自己建立起来的媒体系统，传统报纸已有几百年的历史，社交媒体也历经了十几年的发展，因此我们需要问问自己，在这个相互连接的时代，它们是否在按照我们预期的方式运作。

构建全球之声

我们信奉言论自由：既捍卫说话的权利，也捍卫倾听的权利。我们主张人人都能掌握使用语言工具的方法。

为了实现这个目标，我们努力让所有想要发声的人有办法说话，让所有期待了解这些言论的人，有办法听到。

我们努力搭建人与人之间的桥梁，帮助人们跨越鸿沟，增进彼此的了解。我们努力让合作更加高效，行动更加有力。

我们相信建立直接联系是有用的。不同国家个体之间的联系既有关个人，也有关政治和权利。我们也相信在开放、公平、繁荣、可持续的未来，跨国交谈至关重要，关乎这个星球上的每一个公民。

尽管我们仍以个体的身份工作和交谈，但我们始终致力于寻求和推动共同的利益及目标。我们誓以互相尊重，互相扶持，倾听彼此，取长补短。

我们是全球之声。

以上是全球之声项目的宣言。如果说宣言是所有文学形式中最累赘的一种，那么这篇简短而通俗的文字恰好是个例外。这份宣言诞生于2004年12月，当时哈佛大学伯克曼互联网与社会研究中心举办了一场为期3天的研讨会，以“选举，比特与字节”（Votes, Bites and Bytes）为主题，探讨互联网如何改变美国乃至世界的政治进程，在会议接近尾声时，提出了这份宣言。

伯克曼中心的年会通常会涉及学术界关于互联网前景的讨论。2004年的这一次年会则与美国的选举政治密切相关。当年，佛蒙特州前任州长霍华德·迪恩（Howard Dean）在初选阶段落败于民主党内部竞争对手，在竞选过程中，他借助互联网募集资金、征求意见、组织志愿者。尽管迪恩没能获得选民的支持，但他是首个“试探性”地以互联网作为技术支持参选的候选人，奥巴马在2008年竞选总统时也效仿了迪恩的方法。互联网在组织集会和募集资金方面的成效初显，不由引发了人们的思考，即分布式参与会对政治和国家治理产生怎样的影响。

2004年，两名伯克曼年会的参会者撰写了几篇极具影响力的文章，在某种程度上，他们是受迪恩竞选活动的启发。伊藤穰一的“突发民主”（Emergent Democracy），提出了不同群体的人能够通过在线合作解决复杂问题的理念。受其影响，克莱·舍基（Clay Shirky）[①]对“无组织的组织力量”（organizing without organizations）做了论述，并解释了众包等现象。吉姆·摩尔（Jim Moore）在《第二大超级力量崭露头角》（*The Second Superpower Rears its Beautiful Head*）一文中的基本立场是，互联网影响下的公众舆论制衡了美国的强权政治，使自下而上的协商民主能够在联合国等国际组织为公民发声。

尽管我承认这些文章给人们带来了灵感和挑战，但它们关注的焦点只是发达国家，尤其是美国。我在伯克曼中心与戴夫·温纳（Dave Winer）共事过一段时间，温纳是一位很有天赋的软件工程师，只是有

① 互联网革命伟大的思考者、互联网预言家，畅销书《人人时代》《认知盈余》《小米之道》作者。这三本书的中文简体字版已由湛庐文化策划，分别由北京联合出版公司及浙江人民出版社出版。——编者注

时候脾气不太好，在伯克曼的推动下，中心的工作重点转向了博客事业。然而，我担心博客并不能给无声者带来发声的机会，比如“迪恩的狂热追随者”就希望受过良好教育且拥有广阔人脉关系的西方人能在更多平台传播他们的想法和观点。鉴于此，我对摩尔和伊藤的豪言壮志能否实现表示怀疑，他们希望利用互联网让全球政治对话更具包容性，但正如我回应摩尔的文章时所说的，我们是否做好了准备，让“第三世界”也能占据“第二大超级力量”的一席之地。

瑞贝卡·麦金农（Rebecca Mackinnon）是我做这项实验的搭档，她曾供职美国有线电视新闻网，担任北京和东京办事处的总编辑。瑞贝卡放弃高薪高职，来到研究经费微薄的哈佛大学，从事博客和网络公民媒体的研究，是因为美国有线电视新闻网对国际新闻的投入不断减少，这让她感到失望。“美国有线电视新闻网让我觉得我的专业知识反而成了障碍，他们更希望我以游客而不是专家的角度来报道当地新闻。”

决定辞职之前，瑞贝卡以访问学者的身份来哈佛大学肯尼迪政府学院交流了几个月，其间她运行了一个关于朝鲜问题的博客，朝鲜也是她供职有线电视新闻网时负责的区域。朝鲜问题很难以“常规”的新闻模式进行报道，因为西方媒体基本上对其避而远之。来到伯克曼中心后，瑞贝卡着手撰写有关 2004 年年底博客如何在中国兴起的文章。当时，我正和朋友一起，为泛非新闻网（AllAfrica.com）的非洲博客项目审查博客，这些博客的作者既有非洲人，也有去非洲旅行的游客。因为我和瑞贝卡所做的工作对伯克曼的年会都有所贡献，于是我们合作策划了“全球博客峰会”，定于年会的最后一天举行。

我们邀请了一些全世界知名度颇高的博主参会，他们都是互联网发展初期的重要人物，比如“模范伊拉克”（Iraq the Model）的法迪尔兄弟，他们对战后的伊拉克格局持乐观态度；伊朗裔加拿大博客作者侯赛因·德拉哈斯汗（Hossein Derakhshan），他用波斯语写博客，并引发了伊朗博客热潮；马来西亚博客联盟副主席黄泉安（Jeff Ooi），他凭借博客的政治影响力，在议会选举中胜出。当然，我们也欢迎普通博主的参与，比如戴维·佐佐木（David Sasaki），他是位消息灵通的加利福尼亚人，对拉丁美洲的博客领域了解甚广。为了参加我们的讨论会，佐佐木从圣地亚哥乘红眼航班抵达波士顿，在洛根机场的地板上睡了一晚。

我和瑞贝卡希望找到一些共性的问题，把毫不相干的博主们联系在一起。不过我们怎么也没想到，这个团体最终能为了共同的事业齐头并进。

我们很快发现，召集起来的博客作者有三个共同点。首先，他们普遍认为自己的国家对国际事件了解不充分或有误解。于是，他们以写博客的方式来呈现自己的观点，弥补不足。巴林博客作者、活动家马哈默德·阿尔尤塞夫（Mahmhood Al-Youssif）是其中一位激励我和瑞贝卡召开这次会议的博主，大多数来哈佛参加这次会议的人，都想用他们写的博客来消除传言的危害，提出与之抗衡的观点。

其次，博主们都认为外界需要听到他们的声音，他们都认为合力捍卫网络言论自由是有必要的。

第三个共同点不是一眼就能看出来的。并非所有极力主张国家应该倾听民众呼声的人也都能听到他人的诉求。经过一天漫长的会议，很多博主终于意识到他们有责任听听彼此的想法，并相互给予支持。尽管阿皮亚早就指出世界主义者本该如此，他们还是花了些时间才认识到这一点，即他们应该对彼此负责，另外，主要的负责人不仅需要倾听，还应该试着理解。宣言中提到的“倾听的权利”在这里得到了体现。

伯克曼会议制定了这份宣言，但为了让一纸宣言成为现实，我们还建立了一个网站，把崇高的理念付诸实践。于是，我和瑞贝卡从我们关注的博客里摘录文章，贴到网站上，其中也包括宣言合著者的博客。但到 2005 年春天，这项工作变得越来越棘手。我们每人每天要浏览数百篇帖子，来源于世界各处。一天，我和瑞贝卡都要出差，就烦请法学家泽法尔·蒂乔特（Zephyr Teachout）和另一位伯克曼的同事帮我们接管一天。蒂乔特反馈说：“这真是我这辈子最可怕的经历，要是你对某个国家一无所知，怎么可能知道一篇博客是否有趣或是否可信呢，你怎么知道它不是某个疯子的兴起之作呢？”

很明显，由聚集在坎布里奇的学者监管世界各地的博客，这种模式是有局限的。蒂乔特的困扰帮助我们更新了运作模式，我们决定让出生或居住在某些地区的人来代表该地区发声。我们开始建立团队，聘请编辑，每天由他们负责整合全球博客的链接，并组建志愿者队伍，这些志愿者会对本国重要的博客进行概括和摘录，编写报道，再传达给编辑。因为报道的内容已经过翻译，所以国际观众能很好地理解。

我们很快意识到，召开会议时邀请的知名博主并不是承担这项工作的合适人选。他们既要忙着出版著作，又要到处做演讲。而深陷于地方政治的博主，只会接连发布有关争议话题的帖子，这些内容对外界人士来说毫无意义。其他人分享的帖子，因为语言或民族背景问题无法引起共鸣。

最后，我们还是选择了知名度没有那么高，但熟悉当地的风土人情，能够向全球观众解释清楚问题所在的博主，来承担这项工作。电台节目制作人乔治娅·波普尔韦尔（Georgia Popplewell）就是其一，她在特立尼达岛的迭戈马丁地区组建了一个团队，工作室就设在她的客厅里，加勒比海地区的成员在这里处理自己国家的报道。另外还有佐佐木，他是美国人，在墨西哥的蒙特雷教书，他组建了一个拉丁美洲团队，成员都是些好奇心强、消息灵通且爱管闲事的人。事实上，我们选择的博主都有在世界不同地方生活或工作的经历，比如洛瓦·拉库图马拉拉（Lova Rakotomalala），他在普渡大学印第安纳波利斯分校攻读学位时，就负责报道祖国马达加斯加的事件。他们这些数字世界主义者，真正把全球之声的美好前景转化成了现实，建立起分布在世界各地的新闻编辑室。

之后，全球之声仍旧以分布式的形式运作。世界各地的编辑和志愿者从博客、照片和视频共享网站、社交媒体等渠道搜索新闻，再分享到我们自己的网站上。这个项目如雨后春笋般快速发展，目前已有 100 多个国家的 900 余人参与其中。突尼斯人权活动家萨米·本·加比亚（Sami ben Gharbia）创建了一个全球言论自由倡议网站，记录网络言论自由如何受到威胁以及博主和公民记者被捕的证据。由玻利维亚博主艾迪·阿维拉（Eddie Avila）领导的“发声计划”（Rising Voices），向世界各地的边缘群体提供支持，鼓励他们利用社交媒体传达社群声音。我们拥有一大批译员，并组成了强大的翻译团队，将全球之声网站制作成从阿拉伯语到艾马拉语的 30 多种语言版本，艾马拉语是今居住在玻利维亚和智利、秘鲁部分地区的土著居民所说的语言。全球之声网站拥有 50 万左右的常规访客，我们网站上的内容也经常被世界各地的媒体转载，其中包括《经济学人》、英国广播公司和《纽约时报》。

我参与过很多项目，最让我自豪的就是全球之声，但从某种意义上看，我们却是失败的。我和瑞贝卡本以为，全球之声能克服专业媒体在报道发展中国家事件时存在的三个缺陷：一是过度依赖“空降式”记者；二是过分强调自然灾害和暴力冲突，把这些事件看得过于复杂并进行长期报道；三是忽视当事人的呼声，无论是出于无奈还是有意所为。

我曾期待全球之声能影响议程设置。最起码我们能通过报道其他媒体没有涉及的事件，对加尔通以及其他一些人提到的不平衡性构成一定的挑战。瑞贝卡在广播媒体的传播方式上比我更有经验，她对我们影响议程设置的能力就没有那么自信。但我们都希望借助了解当地社会背景的特定个人的视角，为读者提供全球化的视野，让他们能更轻松地理解自己不熟悉的报道。

然而，曾几何时，全球之声反倒成了人们查找资料的重要来源，通常情况是某些很少见报的国家一夜之间登上了头版头条。我们对突尼斯骚乱的追踪报道，从 2008 年加夫萨省的抗议活动一直持续到 2010 年西迪布济德省的暴乱事件，而突尼斯革命进展到高潮，几乎主宰新闻议程的那一周，我们接到了各种求助，可谓应接不暇。《纽约时报》的记者詹妮弗·普雷斯顿（Jennifer Preston）写道：“动乱发生时，博主们早就做好了准备。”这话千真万确而且非常重要，这说明实际上，全球之声是为记者提供了迅速应对突发动乱的平台，而非赋予他们未卜先知的能力。

事实证明，人际联系的作用可以比预期的更大，当然也可以更小。我们希望更多为全球之声供稿的博主，能担当起引导本国文化的使命。例如，有奥地利教育背景的建筑师萨拉姆·帕克斯（Salam Pax）对美军占领伊拉克事件的描述，让支持者和反对者对这次入侵有了个性化的解读。然而，会像帕克斯这样主动对事件做出描述的个人少之又少。公民媒体一般都会根据目击者的描述编写报道，这些目击者并非与事件有什么关系，只是因为他们恰好出现在了事发地（或者说出现在了不该出现的地方）。或许像伊拉克战争这样备受美国人关注的国际事件实在不多，那么像叙利亚起义这样的冲突倒可以请一位亲身参与的向导，向全球观众来解释这些事件。

人际联系就像黏合剂，因此，全球之声项目尽管资金不足，组织结构松散，人员之间也少有面对面的接触，但仍能以蓬勃之势发展。除了两年一届的大会，媒体发布会和全球舞会，全球之声的工作都是通过一系列邮件来维系的。生日祝福、订婚公告、员工分娩等日常琐事，总是要比关于媒体未来的讨论繁杂得多。全球之声之所以能够在夹缝中生存，是因为作为社交网络，它让志趣相投的人跨越语言、信仰和民族的障碍，紧紧联系在一起。这离不开它背后相互扶持的强大团队，他们的做法是平凡的，就如给人提供一张可供休息的长沙发，同时又是意义深远的，比如组织全球运动，迫使政府释放因网络言论被捕的同伴。

如何利用互联网更全面地了解世界，全球之声的得失为我们提供了实例。经营国际新闻编辑部和非营利组织是世界主义不可回避的挑战，关于这个问题，人们争论了十几年，而事实证明，它也时刻提醒人们要从理论走向实践。在互联网和参与式媒体普及之前，像全球之声这样的项目是不可能开展的。**即使人们能从叙利亚游行现场发回 Twitter 消息，也不能保证新兴媒体就一定比传统媒体更加公平、公正或包容。无论如何，连接世界都是一项艰巨的使命。**

全球之声项目之所以有所收获，并非因为我们快人一步，而是因为我们屡战屡败，屡败屡战，在寻找解决办法的道路上不断求索。我们在全球推行公民媒体的基本模式，与任何借助互联网拓宽人类视野的项目并无二致：我们从大量参与式媒体搜索细枝末节，来阐释世界各地的问题和人们的生活状况；我们帮助人们突破语言界限，开展对话；我们设身处地，既分析事件对当地人的影响，也分析事件对局外人的影响。无论你是想关注泰国的新闻，还是与塞内加尔的艺术家合作，只要对信息进行筛选、翻译和情景化处理，就没有什么办不到的。

全球之声的主要缺陷在于没能认清供求原则。我就像个用心良苦的改革家，一再强调当今世界对国际新闻的关注是远远不够的，而事实上，本来也没有太多国际新闻可报道。我认为问题的根源在网络的兴起，大量新观点和高质量的内容都可以在网上免费获取，我们的项目吸引了大量记者，他们再将报道传达给读者，这样一来，传统新闻业遭受了巨大的经济损失。在记者注意到我们的平台之前，我就已经开始研究国际新闻的动态，我逐渐意识到，高昂的运营成本并不是导致外国新闻机构关停的唯一原因。

在某种程度上，需求才是导致媒体关注度不平衡的重要原因。要是读者对马达加斯加岛不感兴趣，那么无论有关这个独特而迷人的国度的报道多么丰富，读者都是不会买账的，除非我们能让他们看到马达加斯加岛的独特和迷人之处。如何才能让全球之声不辱使命，我们时刻在思考自己的职责，尤其是身为信息管理者，我们应该如何培养读者的需求？我们的使命不仅仅是帮助人们发现他们感兴趣的内容，或者我们认为他们应该感兴趣的内容，而是点燃他们的兴趣，让他们能常常收获意外惊喜。

全球之声既关注世界各地的政变和抗议活动，也报道不同国家的家庭是如何生活的。我们网站最受欢迎的帖子，通常不是什么爆炸新闻，而是关于韩国流行音乐或尼日利亚电影的细节介绍。培养读者需求意味着我们要推广的不仅是新闻，我们要推广的还有文化。如果你是个风险投资人，那么蒙古是 2011 年全球经济增长最快国家这个消息一定会对你大有裨益；而在接触文化的过程中，你要是知道了蒙古人在日本相扑运动中独占鳌头，或是发现了其他有争议的话题，那么你对中亚地区的兴趣可能就会大大增加。

光靠理论是无法解决难题的。如果我们想让数字连接增进人们之间的联系，就需要进行实验。我们必须开发、测试，从失败中吸取教训。互联网有三个方面是需要重建的：语言、人际联系以及真相。鉴于对全球之声的反思，我提供三种可供探讨的做法：简化翻译，统一算法，创造网际奇遇。要解决这些难题，前路漫漫，但既然我们已经找到了问题所在，只要重新建立联系，就能够从中获益。接下来我要介绍的是一些已经展开的工作，并邀请大家加入我和我朋友的事业，为重建网络联系，建立更广阔的世界而共同努力。

04

简化翻译，让语言一目了然

高水平且自愿的翻译是可遇不可求的，他们不仅是语言转换的桥梁，更要承担筛选新闻的使命，他们要根据自己的判断，挑选能够吸引更多读者的报道。尽管自动化系统和翻译志愿者都能完成语言转化的工作，但并不能保证人们能看到这些译文。要跨越语言障碍，单靠翻译是远远不够的，我们要让语言变得一目了然。

REWIRE

Digital Cosmopolitans in the Age of Connection

闭嘴吧，阿尔旺！

说美国人不太懂足球，真是“老生常谈”。首先，美国人习惯把足球称作“football”；其次，很多美国人 4 年才收看一次足球比赛，也就在世界杯期间力挺一下国家队，世界杯过后，他们的注意力又重回大学橄榄球运动、纳斯卡赛车和其他一些特色鲜明的消遣活动。要是哪天美国人想起观看足球比赛了，准是想重温一下越位规则或重要的比赛术语。

2010 年南非世界杯的首轮比赛，巴西和朝鲜的对决吸引了全世界观众的目光，两队的比分惊人接近（最终巴西 2∶1 朝鲜）。当时，很多人注意到巴西球迷拉起的横幅，上面写着“Cala Boca Galvão”几个词。这句口号在 Twitter 上被巴西球迷转发了数千次，从开赛第 4 天到之后的一个月，它一直是 Twitter 上的热门话题，影响范围遍及全球。那么，这句口号要传达的是什么信息呢？是为了支持巴西队吗？

然而，Twitter 用户仅仅知道这句话很流行，却不知道它的意思。好在巴西用户很愿意代劳。他们解释说“Galvão”是一种濒临灭绝的鸟类，因其羽毛艳丽多彩而被大量捕杀，狂欢节的游行上，桑巴舞队就拿它来做头饰。成立“Galvão 联盟”是为了唤起人们保护鸟类的意识，用户只要在 Twitter 上推送“Cala Boca Galvão”这几个词，就会有 10 美分善款被用于保护这种鸟类。Galvão 联盟还专门制作了一段浮夸的英语视频，放到 YouTube 网站上，介绍 Galvão 所面临的困境，并敦促人们为保护鸟类献出绵薄之力，视频的标题是《一秒钟，挽救一条生命》。

毫无疑问，这场运动是奏效的。不仅在 Twitter 用户中掀起了保护 Galvão 的热潮，连不少名人也参与其中。流行天后 Lady Gaga 为此发布了一首同名单曲，在 YouTube 网站上出现了十几个翻版，其中不少版本像是对 Gaga 原作的改编，不过也有一些听起来很怪异，运用了完全不同的旋律。Galvão 联盟的姐妹组织“Galvão 基金会”的做法更为过分，他们不惜丑化阿根廷国家队教练马拉多纳。他们制作了一张照片，照片中马拉多纳的鼻孔里插着绿羽毛。很明显，保护 Galvão 成了大家的敛财之道。

《纽约时报》在 2010 年 6 月 15 日揭穿了这个无稽之谈，还没有在谷歌翻译等网站搜索过这个词组的人们终于恍然大悟。事情的真相其实很简单，“Cala Boca Galvão”翻译过来就是“闭嘴吧，加尔旺”。卡洛斯·爱德华多·多斯·桑多斯·加尔旺·布埃诺（Carlos Eduardo dos Santos Galvão Bueno）是巴西环球电视台的首席足球评论员，而巴西环球电视台承担了世界杯期间赛事转播任务。加尔旺的主持风格了无生趣，很多巴西球迷都希望他能闭嘴。成千上万的巴西球迷通过环球电视台收看了南非世界杯的首场比赛，这个词组于是流行起来，球迷们借此来宣泄心中的不满。自这个词组登上 Twitter 潮流榜后，巴西球迷就想方设法地想要维持它的人气，并以此为乐。他们鼓动善意且毫不知情的外国人传播这个词组，于是巴西网民和全世界开了一个巨大的玩笑。

这出闹剧带给我们很多启示。首先，巴西的 Twitter 用户数量超过 500 万，占到巴西网民的 11%，这还只是在闹剧发生时，现在恐怕远远不止。其次，至少部分巴西网民具有促狭的幽默感。这出闹剧还产生了模因，圣保罗一所大学的女学生盖茜·阿鲁达（Geisy Arruda）因穿着超短裙进课堂而遭到源源不断的指责，最终被校方开除。然而，这里我们着重讨论的是，语言差异是否为阻碍全球化进程的关键因素，它是否妨碍了人们建立联系和了解彼此？

相互联系的世界也是多语言的世界。一旦我们能够了解各国人民的想法、情感和观点，那么我们自然也能掌握更多的知识，拥有更强的理解能力。不过与此同时，可能也会产生更多误解。随着彼此之间的联系越来越紧密，即使不借助任何工具和解释，理解对话中的只言片语也将不再是什么难事。

通用语言

通常，人们普遍认为英语正逐渐成为除本国语言以外的“世界第二语言”，即通用语言，不少有远见的国际组织也将英语作为工作用语。对英语发展成世界第二语言持乐观态度的人认为，这样既不会威胁本国语言的地位，又能够增进合作、简化问题。美国企业家杰伊·沃克（Jay Walker）认为会说英语在工作中享有优势：用母语工作和思考，但英语能让交流、分享和谈判毫无障碍。

像联合国教科文组织这样以传承文化为己任的机构对此并没有那么自信。他们认为尽管电视、音乐和电影等渠道，使得英语能够在全球传播，但英语作为口语的作用却可能逐渐丧失。这其中还有些更为微妙和复杂的门道。尽管英语的确有可能成为一门中介语言，但用其他语言建立的媒体依然层出不穷，这其中既有报纸，也有电视和网络。无论从广义还是狭义的角度看，科技都可以让媒体更方便地用本国语言与观众交流，于是，我们会发现语言差异实为痼疾。

在这个相互联系的世界里，要想预见语言的未来，我们不妨看看“互联网中有多少内容是用英语写成的”。

上网搜索这个问题的答案，你应该能找到一个网址为 EnglishEnglish.com 的网站，该网站的最后一次更新是在 2003 年，其中一个名为“英语论据与数据”的界面称互联网使用英语的比例为 80%，紧随其后的是德语和日语，但比例分别仅为 4.5% 和 3.1%。其来源并不明确，但该数据与早前关于网络语言多样性的研究结果是基本一致的。1997 年，杰弗里·农贝格（Geoffrey Nunberg）和辛里奇·舒策（Hinrich Schütze）发布了一项研究结果，同样估测互联网上 80% 的内容是用英语写成的。随后，联机计算机图书馆中心在 2003 年发布了相关数据，称约有 72% 的联机内容使用的语言是英语。

这些早期调查让研究者认为在通用语言的发展道路上，英语已经“拔得头筹”，其他语言想要赶超，着实不易。基于如此庞大的用户群体，英语可能成为众多网站的唯一选择，而用户为了适应单一语言制，又会努力提高自身的英语水平，从而进一步鼓励网站用英语进行编辑。2001 年，以色列特拉维夫大学的尼尔·甘戴尔（Neil Gandal）分析了加拿大魁北克省的网络使用情况，发现以法语为母语的人把 66% 的上网时间都用于浏览英文网站。除此之外，年轻的魁北克人花在浏览英文网站上的时间比老一辈更多，这说明在未来，语言障碍对网络用户的影响将进一步减小。甘戴尔指出，要是讲法语的魁北克人都更愿意在网上阅读英文内容，那么网站开发人员倒可以省心，不必再为如何使网站内容更具地方特色而烦恼了，未来势必会涌现出更多的全英文网站。

尽管有证据显示，互联网的语言构成在过去十几年发生了翻天覆地的变化，在规模和作者数量上都有扩大，但英语主导论依旧挥之不去。其中一个原因是，对网络语言多样性做出准确估计是极其困难的。早期的研究设法通过选取大量 IP 地址，加载所有页面，然后利用自动软件确定语言构成，从而建立随机网络样本。这个方法在今天已经很难奏效了，因为 Facebook 等网站拥有超过 5 亿的用户，通过单一的 IP 地址就可登陆，并且可以同时生成多种语言。较先进的方法是利用搜索引擎来索引网络，然后根据不同语言出现的相对频率估算其覆盖率。

阿尔瓦罗·布兰科（Alvaro Blanco）领导着网络与发展基金会的团队，这是一个关注于发展中国家技术发展的非营利组织，总部设在多米尼加共和国，他们从 1996 年就开始采用这些新方法研究网络语言的多样性。在搜索框内用西班牙语或其他罗曼语输入“英语语言内容”，你会发现搜索结果的头几条就是布兰科的研究成果。他的团队在网上搜索同一个词汇在不同语言里的表达方式，如英语的“Monday”（星期一）、西班牙语的“Lunes”、法语的“Lundi”，再统计计数结果。1996 年，他们通过研究得出结论，80% 左右的网络内容都是用英语写成的。在后来的几次调查中，这个比例持续下降，到 2005 年，已经降到了 45%。

尽管布兰科的研究仍在继续，但他提醒说，搜索引擎或将无法继续提供有关网络内容的典型样本。“搜索引擎很难通过 Twitter、Facebook 等社交网站制作完备的索引。”据布兰科估计，目前搜索引擎索引的内容还不足可见网页的 30%，他指出索引子集的重心可能偏向英语网站，因为通常这些网站的广告收入更加可观。“我个人认为，目前英语内容在所有网络内容中的比例低于 40%。”布兰科说，同时他承认有必要改进研究方法来证明自己的看法。

数据显示，互联网的使用量在非英语国家的增长速度是十分惊人的。1996 年，80% 的互联网用户都是以英语为母语的人，但到 2010 年，这个数字已经下降到 27.3%。尽管英语用户的数量与 2000 年相比也几乎增加了两倍，但与中国一比，就相形见绌了，中国现有的互联网用户是 1996 年的 12 倍。再看看阿拉伯语世界，增长更是达到了 25 倍。

但这还不是最重大的转变。甘戴尔在预测魁北克网民会习惯于使用亚马逊等英语网站时，一定没有想到 10 年后的网络用户不但会使用网络，还会创造网络。中国拥有 4.5 亿的互联网用户，其中一半以上注册了人人网账号，人人网是类似于 Facebook 的社交媒体平台，中国网民用它来写帖子、发状态；另外还有新浪微博，是与 Twitter 类似的微型博客网站。这些平台上的内容绝大多数都是用中文写成的，而不是用英语。

2005 年 7 月访问约旦首都安曼时，让我印象颇深的是与一群约旦博主在晚餐时的闲聊。踏上这趟旅程后，我就一直关注着他们的博客。我们从餐厅的露台眺望安曼城堡山的古迹，我们时而用英语交谈，时而用阿拉伯语。我问他们：“你们的母语是阿拉伯语，那为什么要用英语写博客呢？”艾哈迈德·胡梅德（Ahmad Humeid）是安曼博客网站 360° East 的设计师兼所有人，他解释说：“我希望全世界都能知道我对于约旦的看法，所以我必须用英语写博客，再说，只会说阿拉伯语的人也不会去看博客。”

7 年来，胡梅德仍坚持用英语写博客，但后来中东地区的很多博主就主要用阿拉伯语进行创作了。对于熟习多种语言的网络用户来说，语言之间的切换有一个临界点。要是大多数潜在读者都不会你说的语言，你可能就会换一种更为通用的语言来写博客。然而，如果事关你的同胞，那就另当别论了。也就是说，如果你的目的是与朋友互动，你可能就会和他们用同一种语言；而如果你是想要吸引更多读者，可能就会换另一种语言写作。海赛姆·萨巴赫（Haitham Sabbah）是巴勒斯坦籍的约旦人，他是一个充满激情的社会活动家，2005 年至 2007 年，他受聘于全球之声，担任中东地区的编辑。现在，他批判美国和以色列在中东地区的政策时就用英语写作，批评阿拉伯领导人时就用阿拉伯语写作，让世界各地的读者摸不着头脑。用英语写作自然是为了吸引更多的读者，而阿拉伯语则是他和阿拉伯同胞私聊的语言，在他看来，“家丑”是不可外扬的。

甘戴尔研究的魁北克人可能确实浏览了大量英文内容，但这并不能说明他们喜欢用第二语言进行阅读。5 000 万印度网民中大多数人都会说英语，但印度市场研究组织的一项调查显示，将近 3/4 的印度人还是喜欢看用母语写成的内容。基于这项调查，谷歌为其搜索引擎设计了 9 种印度语言的界面。考虑到在全球范围内，使用人数在 1 000 万以上的语言多达 68 种，在不久的将来，其他一些具有全球抱负的公司或许也会着眼于开发他加禄语或泰卢固语的界面。

在给全球之声筛选博客之初，我和瑞贝卡就意识到语言和翻译是我们无法回避的问题。于是，我们聘请了一批熟习法语、阿拉伯语、俄语、汉语和西班牙语的编辑，把我们需要的内容翻译成英语，以便刊登在网站上。那时，我们从没认真考虑过开发除英语以外的版本，我们总以为将网站内容翻译成其他语言的成本是相当高的，另外，我们聘请的编辑和作者都将英语作为“工作语言”，因此，即使不翻译成其他语言，也不会给阅读和理解带来障碍。

我们启动这个项目还不到一年，中国台湾大学生郑国威（Portnoy Zheng）就建立了一个中文版的全球之声网站。由于全球之声奉行创意共享的原则，郑国威和他的朋友们于是开始从我们的网站上挑选他们感兴趣的内容，译成中文后再放到他自己的网站上。后来，郑国威接受了我们的提议，同意将他的网站设为全球之声的官方中文网站，附在我们的服务器上。自那以后，我和瑞贝卡收到了源源不断的请求，希望我们也能推出其他语种的网站。

然而，是什么促成全球之声建立马达加斯加语版本呢？要知道，出了马达加斯加，就很少有人会说这门语言了，而马达加斯加的网民还不足全国人口的 1.5%。我们的马达加斯加语撰稿人对这门语言的前景表示担忧，因为它不像法语，在全球享有很高的地位，还是学校里教授的课程，马达加斯加语不过是门本土语言。我们的撰稿人虽然自己会讲三种语言，但他们以保护语言为己任，希望扩大全球之声的覆盖面，也希望不习惯阅读英语和法语的亲朋好友能如愿以偿。

目前，全球之声的马达加斯加语网站已经拥有一大批读者，鉴于这门语言的重要性，我们的编辑团队深感责任重大。译者需要将网站内容翻译成30多种语言，他们的人数已经超过了原创作者，同时，这些网站的点击量总和也已经超过了英文网站的点击量。

2010年，我们的团队成员提出全球之声需要再做一项改变：他们希望用法语、西班牙语和其他除了英语以外的语言出版原创内容。这给我们的编辑团队带来了前所未有的挑战。尽管实际上，我们每个人都能讲好几种语言，但我们的主编并不通晓所有语言，要让他审校用陌生语言写成的帖子是不切实际的。经过一番争论，我们最终达成共识，目前，我们的多语言新闻编辑室已经能将十几种语言翻译成英语。这样一来，我有时会感到很不舒服，我常常发现我们网站上最受欢迎的报道（一般也是最具争议的报道）不是用我熟悉的语言写成的，我不得不等着法英译者将它们翻译出来，才能知道刊登的到底是什么内容。但毫无疑问，这个决定是明智的。做出这项改变后，我们关于非洲法语区的报道明显多于过去，法语作者不必再费尽心思用英语创作，专业的译者团队会把他们的文字翻译成英文。

我们为什么要大费周章，让博客作者用英语创作呢？又为什么大多数网民越来越倾向于用自己熟悉的语言使用网络呢？要明白这些问题，就要把语言当成一门技术，一种工具，人类创造它，是为了解决各种各样的问题。每当我们开始使用某种新工具时，比如螺丝钉、汽车、电脑，我们都会特别关注工具本身，它的用法、局限和前景。但随着我们对它越来越了解，就会不知不觉地忽视它的存在。

信息学者奇普·布鲁斯（Chip Bruce）在《技术的消失》（*The Disappearance of Technology*）一文中指出，一旦工具实现了高度普及，也就化为无形："我们说，'我今天和朋友聊了聊'，谁会刻意强调一下是用电话聊的呢？”同样的，也没人会说“我今天和朋友用英语聊了聊”。工具的隐形是有好处的，这样我们可以摆脱工具的束缚，专心致志地完成任务。但我们也可能因此陷入误区，忘记了去有些地方其实步行比坐车更方便，有些信息其实在图书馆比在网上更容易找到。而语言是人类最依赖的工具，我们的日常生活无不受到语言偏好的影响。

如果英语还不是你的母语，那么在网络空间中，语言偏好的影响更是无处不在。哪怕是学习使用一种新工具，也往往会事倍功半，因为你要花很大的力气才能看懂网上的界面和说明。要实现工具的隐形，即流利使用某种语言，则需要花费更长的时间，这一点也通过更为陡峭的学习曲线体现出来。如果要用印地语等生僻的语言创建在线内容，作者需要先安装新的前端驱动和键盘驱动程序，使英语键盘能打出对应的印地语字符。这个办法实在不易操作，于是不少印地语使用者借助一种名叫 Quillpad 的输入软件，该软件会将印地语单词音译成英文字母，再通过天城文呈现出来。尽管语言偏好的确存在，但随着用印地语等语言创建的网络内容不断增多，我们应该会看到读者和作者对本土语言的重视。

我们这些以英语为母语的人则需要换个角度看待语言的隐形及偏好。通常，我们总是理所当然地认为网络上最重要的内容都是用英语写成的，然而，这种想法显然已经不合时宜了。广播和网络媒体的信息量每天都在增加，但我们能够读懂的内容越来越少。而对于那些以阿拉伯语、汉语、印地语为母语的人，感受却截然相反。

维基百科从创立伊始，就是一个多语言百科全书协作计划；2001 年 1 月，英文维基百科率先建立，两个月后，德语和加泰罗尼亚语版本宣布成立。维基百科并没有按照传统的方式，以某种语言为主体创建网络百科全书，再翻译成不同的语言版本，其创建者从一开始就意识到，要想体现不同地区的特色，就必须用不同语言建立独立的百科网页。

由此，维基百科建立起了一种类似于生态系统的体系，在这个体系中，用户既可以找到用其他多种语言写成的核心内容，也可以看到大量只用本国语言写成的特色内容。例如，在维基百科上，用法语或英语都可以搜索到有关达尔文的长篇深入介绍，而关于社会学家保罗－亨利·雄巴德劳维（Paul-Henry Chombart de Lauwe）的介绍只有在法语版本才可以搜索到。因此，当我们想要搜索一些受众面较窄的内容时，单一语言制的局限性就体现出来了。2008 年，一项针对英语、法语、德语以及西班牙语版维基百科的研究显示，240 万篇英语文章中，有 35 万篇都能在法语版找到相同的内容，占到法语版维基百科文章总数的一半，这就说明英语使用者并没有看到另一半内容。

机器翻译的多舛命运

1954 年 1 月 7 日，IBM 公司联合乔治城大学组建了一个团队，在其位于纽约的总部展示了一件举世瞩目的新工具：能将俄语句子译成英语的计算机系统。《纽约时报》记者罗伯特·普拉姆（Robert Plumb）在第二天的报道中如是陈述：

> 演示过程中，女操作员在英文键盘上输入下面这段俄语："Mi pyeryedayem mislyi posryedstvom ryechi"，机器随即将它译成了英文："We transmit thoughts by means of speech"（我们用言语传播思想）。这个过程几乎是同步的。随后，她又输入另一段俄语（这位操作员并不会说俄语，所以这段话对她来说是

无意义的）："Vyelyichyina ugla opryedyelyayetsya otnoshyenyiyem dlyinidugi k radyiusu"，这次，机器将它译成"Magnitude of angle is determined by the relation of length of arc to radius"（圆心角的大小取决于它所对应的弧的长度）。

尽管这个由乔治城大学和IBM联合开发的系统，词汇库里只有250个单词，所遵循的语法规则也不过6条，但它的成功无疑标志着技术的进步，要知道，它所运行的IBM 701系统一共只有36 Kb的存储空间。为了完成701系统的编程，程序员彼得·谢里丹（Peter Sheridan）利用汇编语言，编写了一系列英语指令，并构建了软件原型。首先，他把一套字典卡片分发给并不会说俄语的志愿者，志愿者从中寻找与俄语词汇相匹配的英语单词，再根据谢里丹的指令增添或减去某些字母，然后将它们重新排列，连成句子。整个过程十分复杂。

如果说1954年的这次演示，在适用范围上具有一定的局限性，那么精心挑选60个句子进行翻译，其背后的雄心壮志可见一斑。莱昂·多斯特尔特（Léon Dostert）教授进一步完善了谢里丹煞费苦心编写的语言模型，他指出，尽管目前"在一端输入某本俄文书籍，在另一端输出相对的英文书籍"还只是一个美好的设想，但在未来，"5年，甚至只要3年，重要功能领域或许就能通过电子程序实现多种语言的语际意义转化"。多斯特尔特认为，创建这些系统需要20 000个单词，100条语法规则，也就是要把现有的模型成倍扩大。

现在看来，多斯特尔特的推断未免过于乐观了，但是他设想的这个系统的确被付诸实践，只不过是用来翻译科技期刊，而不是托尔斯泰的小说或普希金的诗歌。多斯特尔特明白，以字典为基础的翻译系统在处理语言歧义时困难重重，而人类的自然语言又恰恰总是模棱两可。很多语言都有同音异义词，即拼写相同但意义不同的词汇；也有一词多义现象，即同一个单词有多个相互关联但彼此不同的意义，需要根据语境进行判断，比如，“我给小号手留了一张字条，告诉她需要演奏的音符”，这里的“字条”和“音符”在英语里是同一个单词“note”。还有隐喻、讽喻、双关等更为复杂的语言现象，让翻译变得错综复杂。因此，翻译不是“用字典查出单词的意思，再按照一定词序连成符合语法规则的句子”这样简单的过程。

译者在翻译“note”一词时，先要理解整句话的意思，再根据原文语境选择适用于目的语的用词。1954 年的这次演示，使用的绝大多数句子都是从物理或化学文本中挑选出来的，既是由于这个由乔治城大学和 IBM 联合开发的系统原本就定位于科学文献的翻译，也是因为科学文献中术语的表达都是固定的，大大减少了产生歧义的可能。

为了解决语境问题，并准确翻译“note”这样的词汇，越来越多的现代翻译系统抛开字典和语法规则的束缚，开始寻求统计学和概率学的帮助。这些系统的建立依托于大规模电子文本库（即语料库），且大多数系统都依托于两个语料库。其中一个语料库是目的语语句的集合，用于辅助程序员完善“语言模型”。通过分析这个集合中的语句，语言模型能够“知道”在英语中，“the blue car”（蓝色的车）的说法比“the car blue”更为常见，从而在多种可能性中选出合乎语法的表达方式，这并不是因为它能够理解语法规则，而是由于正确的表达方式通常也最为普遍。另一个语料库通过收集人工翻译的双语例句，建立起“翻译模型”。翻译模型会告诉我们，英语的“the blue car”通常要翻译成西班牙语的“el coche azul”，但偶尔“the azure auto”的说法也会出现在文件中。翻译一份新的文件时，需要凭借已有的知识和经验进行合理推测，通过翻译模型选择与原句对等的表达方式，再借助语言模型进行润色，确保译文既符合语法规则，也符合表达习惯。

统计机器翻译兴起于20世纪80年代末。当时，计算机已经无法负担庞大数据库的处理工作，亟需建立起能有效运作的语言模型。当初，乔治城大学和IBM联合开发的系统处理250个单词的词汇库就感到很吃力了，如今，谷歌向公众发布的英语语言模型语料库则囊括了950亿个英文句子。机器统计翻译要想有效运行，必须依托于庞大的数据库，于是搜索引擎的优势就体现出来了。诚然，网站索引技术为扩展语言模型提供了绝佳契机，但即使是谷歌这样的公司，也常常为寻找可靠的平行语料库费尽心思，这里的平行语料库是指由原文文本及与其平行对应的译文文本构成的双语或多语语料库。

平行语料库之所以难以求得，是因为高质量的人工翻译（即传统翻译）成本很高。而要想让这些系统有效运作，庞大的语料库又必不可少。美国语言数据联盟提供的中英双语平行语料库包含两亿个词条，比这两种语言本身的词汇数量还要多出许多，这是因为系统需要通过分析词汇在不同语境中的意思，才能做出正确判断。受版权限制，我们使用的大多数语料库无法获得某些领域的资源，比如，史蒂芬·金（Stephen King）的小说译本。鉴于上述因素，高质量且不受版权限制的文本实在不多，而政府公文集往往是程序员的首选，包括译成6种语言的联合国决议、23种语言的欧洲议会文件、有英语和法语两个版本的加拿大政府文件等。

统计机器翻译的基本原理是从大量备选的例子中挑选与原文相近的

表达，因此这些系统本身就带有一定的偏向性：在译文风格上，可能与欧洲译员的说话方式接近。从实践角度看，它们更适合用来翻译正式文件，而翻译术语和俚语连篇的即时信息就会漏洞百出了。

多年来，机器翻译系统始终处于待完善的阶段，不易操作且存在一定缺陷，记者可能对其产生了抵触心理。但事实上，中英机器翻译的质量在过去几年已经有了质的飞跃，程序员甚至将机器译文与专业译者的译文进行对比，以考量机器翻译系统合格与否。他们根据机器翻译测评等指标给机器译文打分，考量的标准是在用词和语序上，该译文是否与专业译文相符。某个语言对（例如，英语和汉语）只要达到谷歌设定的机器翻译测评标准，就会被谷歌收入数据库，供用户在谷歌翻译平台免费查询。2006 年到 2011 年的 6 年间，60 种语言对达到了这一标准。

乔治城大学和 IBM 发起这个项目的最初用意，不过是想创建一个能将俄文句子自动翻译成英文的系统，来辅助翻译部分科学期刊论文，他们清楚这些译文在呈现给美国学者之前是需要经过人工修改的。这个项目自 20 世纪 70 年代起勉强有所盈利，其创始人于是放弃了自动化机器翻译的发展方向，开始着眼于将它塑造为像翻译记忆库一样能帮助译者提高工作效率的软件，这类软件能够将译者翻译过的复杂词组存储在记忆库里，供他和他的同事参考。这个由美国政府支持的项目于是转变了发展目标，不再力求完善自动化翻译水平，而是致力于提高译者的工作效率。

20 世纪 50 年代，苏联和美国的政治斗争日趋尖锐，科技的差距就显得不那么重要了。随着冷战的结束，世界多极化格局的形成，美国政府对国际媒体的关注已经转向情报界。美国中央情报局下属的开放资源中心还通过阅读普什图和阿塞拜疆当地的报纸来了解全球新闻（当然还有很多其他国家的报纸）。中情局的分析员甚至聘请了阿塞拜疆语译者翻译巴库当地的报纸。他们的工作并不向公众保密，可以这么说吧：美国商务部整合译者翻译的非机密内容建立了“世界新闻连接”——包括博客帖子，Twitter 信息和其他形式的媒体资源，用户缴纳 300 美元的会员年费后，就能以每篇 4 美元的价格阅读这些最具代表性的世界新闻报道了。

不用说，世界新闻连接的销量一定不容乐观。一方面，高昂的费用让人望而却步；另一方面，就算是忠实的阿塞拜疆读者，也不会想要把巴库报纸上的每篇文章都读一遍。高水平且自愿的翻译是可遇不可求的，他们不仅是语言转换的桥梁，更要承担筛选新闻的使命，他们要根据自己的判断，挑选能够吸引更多读者的报道。

翻译志愿者搭建的一座桥梁

媒体专家宋以朗以研究媒体受众的规模和人口分布见长，2003 年，他从纽约搬回北京，准备花更多时间陪伴年迈的母亲。突然从英文媒体世界切换到中文媒体世界，让宋以朗感觉很不习惯。他很快发现：

> 中文读者和英文读者接收的新闻是截然不同的。许多中国读者感兴趣的内容，到英文读者手里不是被简化了，就是被直接略去了。这其中有很多原因，比如文化壁垒、目的语读者的需求、篇幅限制、政治倾向，等等。所以我开始找一些最有意思的中文报道，把它们翻译成英文，这样只会说英文的读者就能更全面地理解这些事件及其背景了。

宋以朗把他的译文都放在“东南西北”网站上，这个网站设计得很朴素，但包含的内容却十分丰富。东南西北的主页上设有三个专栏：全球专栏、大中华地区英文专栏和大中华地区中文专栏。左边的全球专栏包括专栏记者和学者对中国及世界性问题的评述，右边的中文专栏则聚焦于中国的热点问题。中间的一栏是宋以朗最花心思的，他每天都会从中国的出版刊物里挑选几篇文章，亲自翻译成英文，有时加起来有几千词的词汇量，他每天花在翻译上的时间少则半个小时，多则 6 个小时。

当然，宋以朗翻译每篇文章都有一定的用意，但他的基本原则就是，挑选那些在中国引起了广泛关注，却被外国读者忽视的报道。

> 总有那么些报道，几乎全中国的读者都看到了，但外国读者竟然对其浑然不知。其中既有文化、政治（与西方叙事方式不符）等主观原因，也有较为复杂的客观因素。但只要我觉得某篇报道反映了中国的热点问题，我就会把它译成英文。有些文章起先可能是对西方媒体报道的后续跟踪，后来就逐渐演变成完全不相干的内容了。在互联网迅猛发展的今天，许多报道的真实性需要经过查证才能确认，但谁也不想从一开始就被误导。

宋以朗还吸引了一些志同道合的人与他一同践行这项使命——让世界各地的读者都能了解中国动态。“过去我关注的许多社会新闻，现在在 chinaSMACK 和 ChinaHush 等博客都能找到，”宋以朗说，“这样我就有更多时间关注我感兴趣的话题，比如媒体报道的准确度、伦理道德、舆论操控等。”但宋以朗仍旧坚持每天在网站上发布几篇文章和几千字的翻译。

受宋以朗的影响，投身这项事业的人还不止这些。“茶叶之国”（Tea Leaf Nation）是由 3 名哈佛校友创办的英文网络杂志，其中两个是华人，另一个是会讲中文的美国人，同时也是美国和平队的志愿者。他们从社交媒体上挑选政治报道，翻译给英文读者。又比如，艾伦·李（Ellen Lee）和凯西·刘（Casey Lau），他们制作了一个名为《今日微博》的 YouTube 视频，用来介绍微博在中国的发展。但无论如何，汉英译者的数量一定是远远不及英汉译者的，中国拥有超过 4 亿的网民，因此有大批的英汉译者从事英汉翻译的工作，让中国读者能够读懂英文网站上的内容。

而互联网企业家张雷从事英汉翻译工作主要是出于个人原因：1996 年，他的父亲因淋巴瘤去世，同年，张雷赴美国留学。“那时起，我就一直留心有关这种疾病的材料，有中文的也有英文的，”他说，“最让我吃惊的是，中国患者一直把淋巴瘤当作绝症，而据英文文献记述，淋巴瘤是可以治愈的。于是我和我的朋友商量，想要改变这种现状。”

受维基百科启发，张雷和他的两个朋友于 2006 年创建了社区翻译平台译言网，旨在为人们提供协作翻译的平台。

2009 年，中国互联网国际研讨会在宾夕法尼亚大学召开，张雷在会上发言说：“我不知道自己能做些什么，但至少我们还能做做翻译。”译言网的注册翻译志愿者超过 21 万人，在他们的共同努力下，中国读者可以轻松读懂主流英文媒体的报道。译言网每周的翻译总量在 1 000 篇左右，译文的内容各异，但主要来源于《卫报》《纽约时报》等大型报刊，《时代周刊》《新闻周刊》等新闻杂志（一个自称 Ecoteam 的团队每周都会从《经济学人》杂志挑选一些文章译成中文），以及读写网（ReadWriteWeb）等前沿网站。他们也会翻译一些书籍，比如 2008 年四川地震后，就有人把美国联邦紧急事务管理局的《地震搜救手册》（*Earthquake Search & Rescue Manual*）和《地震安全手册》（*Earthquake Safety Manual*）译成中文。同时，他们还翻译了一本名为《淋巴瘤入门》（*Getting Started with Lymphoma*）的书，下载次数 10 余万，与张雷创建网站的初衷不谋而合。

从长远来看，译言网或许会面临复杂的版权问题，有些作者可能不希望译言网把他们的文章译成中文，更不希望自己的文章被刊登在多个中文报刊和网站上。但一些出版商则对这个项目举双手赞成。2009 年，《卫报》指定译言网的翻译为其中文官方版本，但双方的合作并没有持续多久，就被迫中止了。

除了网站本身，译言网还向人们提出了一个棘手的问题：为什么有那么多英文资源需要译成中文，而可以译成英文的中文资源却为数不多？译言网的 21 万翻译志愿者之所以愿意花时间搭建语言桥梁，是因为他们觉得有必要让中国读者了解英文媒体在报道些什么。还有不计其数的译者致力于字幕翻译等更为小众的翻译类型，例如人人影视。中国拥有超过 4 亿的网民，他们通过博客或微博创建的网络内容竟然少到宋以朗和其他几十个译者就可以翻译得过来，对此，我觉得不可思议。

当然，与同类的英语翻译项目相比，译言网的优势很明显。中国的很多大学对学生的英语水平都有要求，于是为译言网等项目提供了一大批储备译者。以西班牙语为例，我们在美国就看不到这样大规模的翻译项目，虽然很多美国高中生都要学习这门语言，并且在美国，以西班牙语为第一语言并用它创建网络内容的人口并不在少数。

许多人会感到很疑惑：译言网等项目没有酬劳，竟然还能吸引到这么多译者。如果你这么认为，那么问问开放源代码软件和维基百科的学者应该就能明白了。经验丰富的译者或许可以依靠翻译网络内容谋生，但通过亚马逊旗下的土耳其机器人等在线劳务市场，大多数人是赚不到什么钱的。对于译言网的译者，与其说这是份工作，倒不如说是兴趣使然。张雷补充说，除此之外，其实还有很多其他原因。译者需要经验，这些平台或许能帮助他们找到满意的工作。另外，他们也希望得到社会的认可，翻译工作能给他们带来成就感和满足感。开源软件和维基百科等公共项目也是如此。这其实是一种“礼品文化”，即付出和回报的对等，你付出了最有用的翻译，自然也会收获威望和地位。尤查·本科勒（Yochai Benkler）在他的著作《网络的财富》（*Wealth of Networks*）中提到“竞赛式给予”的概念，即“人们总是想证明自己的付出比别人更多、更重要”。

其他在网络翻译领域颇有建树的团队也都践行着这种模式。2006 年，TED 的媒体制作人朱恩·柯汉（June Cohen）开始在互联网上发布 TED 演讲视频——TED 是技术、娱乐、设计（Technology, Entertainment, Design）三个词的英文单词的首字母缩写。以往，该机构每年都会在美国加州的蒙特利举办一次大会，邀请几千名社会各界的精英人士参加，会议语言为英语。在互联网上发布演讲视频，是为了让更多观众能够看到，3 年后，朱恩发现要是这些演讲能配上各种语言的字幕，将会吸引到更多观众。于是，她与一家字幕公司合作，为演讲视频配上高质量的英文字幕，又聘请专业译者，把字幕译成他加禄语或土耳其语等。

在某种程度上，是受到全球之声的启发，朱恩也开始招募翻译志愿者，并开展了一项实验：她一面邀请志愿者翻译部分演讲视频，一面继续聘请专业译者，希望通过这个方式提高翻译质量。“我们感到有些惊讶，”朱恩说，“但事实证明，与我们花钱聘请的专业译者相比，志愿者的译文并不逊色，有时甚至更好。”TED 译者的酬劳很低，但地位很高，事实上，译者和演讲者的地位几乎是相当的，翻译量较大的优秀译者还能受邀参加 TED 年会。朱恩相信，这个项目之所以能够行得通，既是因为翻译的重要性受到社会认可，也是由于译者可以自由选择翻译的材料。“翻译自己感兴趣的演讲是种享受，而翻译毫无兴趣的内容就成了负担。”正是因为志愿者不需要翻译所有内容，而是可以选择最具吸引力的材料，这种模式才能达到最佳效果。

志愿者翻译的影响力是惊人的。2008 年，美国前副总统阿尔·戈尔（Al Gore）在 TED 上做了关于全球变暖的演讲。这段长达一个多小时的演讲被译成 36 种语言，吸引了 150 万名观众。项目发起仅两年，TED 的译者团队就翻译了 18 000 个演讲视频，囊括 81 种语言，平均每个视频在几周内就会被译成 24 种语言。尽管在 TED 网站上，观看不带英文字幕的观众只有 10% 左右，但每个月也能达到 100 万次以上。同时，TED 还与中国的优酷网合作，播放带有中文字幕的演讲视频，吸引了数百万观众。

然而，志愿者翻译的模式虽然很管用，效率却不高。阿拉伯语使用者要想看懂英文演讲，不得不等上几天甚至几周的时间，直到某个阿拉伯语译者有时间来做这件事，另外，即使有了翻译，他们也没法参与关于演讲话题的在线讨论。而我们真正追求的译文，既要有 TED 和全球之声译者翻译的质量，也要像谷歌翻译那样雷厉风行。

Meedan.net是埃德·比奇（Ed Bice）创建的网络公共平台，该平台结合机器翻译与人工翻译，把英语和阿拉伯语用户联系在一起。“Meedan”一词在阿拉伯语中的意思是“公共广场”，该项目建立的网络公共平台为英语和阿拉伯语使用者搭建了语言桥梁，以便双方能讨论中东新闻。首先，网站上的新闻会通过机器翻译自动生成译文，当用户就某个新闻发表评论时，网站也会自动将其翻译成对应的英语或阿拉伯语。之后，志愿者会检查这些译文和评论，进行修改或重译，再发布到网站上。机器翻译让两种语言的用户实现了实时对话，而人工翻译则提高了译文的质量，并将对话内容作为网络资源保留下来。

比奇希望借翻译之力增进阿拉伯语用户和英语用户之间的对话，他的想法多少有些野心勃勃，但与路易斯·梵阿纳（Luis von Ahn）的计划相比，还是相形见绌了。梵阿纳是卡内基梅隆大学的教授，也是新兴的“人计算”（human computation）领域的专家。人计算是指利用网络的分众性，解决计算机处理不了的问题。梵阿纳最为人熟知的就是他发明的验证码机制，你在网站的留言区块一定见过。验证码机制要求用户输入图片中的校验码，最初是为了确保操作的执行者是人而不是计算机程序。但用户每一次填注校验码的过程就是对文字的一次录入，其实也是在帮助计算机扫描书面页。到2008年，验证码机制每天录入的文字相当于160本书的字数总和，目前该机制已被谷歌应用于数字图书馆计划的校审工作。谷歌计划与知名高校的图书馆合作，建立全球最大的数字图书馆。

既然可以利用网络用户译解歧义字段，从而转录书籍，那为什么不让他们翻译文件呢？梵阿纳于是问他的研究生赛维林·海克（Severin Hacker）：“怎样才能让1亿人把我们的网站免费翻译成各种语言？”他们想到的方法是：鼓励成千上万的用户学习第二语言。于是，他们创造了一个名为“多邻国”（Duolingo）的软件，免费教用户学习西班牙语、法语、德语。刚开始，系统让用户翻译的都是些简单、标准的句子，但随着用户语言水平的提高，系统就会分配网页上的句子给用户翻译。

有人会问，刚刚开始学习西班牙语的人就能翻译网页吗？梵阿纳称，他设置的算法会对几十个菜鸟译者的译文进行综合判断，最终的产出堪比专业译者的译文。就规模而言，梵阿纳是站得住脚的，每天帮他处理验证码机制的用户就有 3 000 万之多，只要其中一小部分愿意学习一门新语言，梵阿纳相信，他就能够在一周之内把英文版的维基百科翻译成西班牙语。

小语种会在网络上灭绝吗?

译言网和 TED 的实践证明了翻译志愿者完全能够胜任新闻报道和学术讲座的翻译工作，且产出的译文质量很高；而 Meedan.net 的兴起则说明了结合机器翻译和人工翻译，是有可能实现多种语言的实时互动的。于是，让人不由得产生联想——把它们结合起来，会产生什么意想不到的效果呢？机器翻译需要依托于庞大的双语语料库，全球之声和 TED 目前已完成的翻译只是很小一部分，完全无法满足建立统计机器翻译系统的需求，而要想生成语料库，除了通过翻译社群和机器翻译专家的合作，恐怕很难有其他办法。全球之声马达加斯加语版完成了 4 000 份翻译，共计 30 万字，大概也只能占到欧洲议会平行语料库的 1.2%，并且离建立精确的机器翻译系统还差很远。然而，这已经是目前英语和马达加斯加语之间最大的双语语料库了。

谷歌致力于为用户提供世界上所有的信息，这意味着任何一门非洲语言的语料库它都不能忽视。谷歌庞大的搜索引擎还在不断地走向国际化，因此它必须面向无数以英语、法语和葡萄牙语为第二语言的用户，为他们提供服务。谷歌非洲语言项目部经理丹尼斯·基昆达（Denis Gikunda）称，谷歌计划为用户提供百余种非洲语言的界面、内容及翻译服务，这些语言的使用人数都超过百万，其中包括他的母语麦鲁语（肯尼亚山附近居民所说的语言）。到目前为止，谷歌已经着手开发多门使用人数在千万以上的语言，例如斯瓦西里语、阿姆哈拉语、沃洛夫语、豪萨语、阿非利斯堪语、祖鲁语、茨瓦纳语和索马里语等。

谷歌或其他团队要想翻译马达加斯加语，首先需要获得多组英语、法语和马达加斯加语互译的页面；他们需要大量数据来建立马达加斯加语的“语言模型”。换句话说，要想利用统计机器翻译来译马达加斯加语，前提是能从网络上获取大量该语言的书面文字，或能够很容易地对其进行数字化处理。这就引出了一个问题：以维基百科为例，马达加斯加语版维基百科大约有 25 000 篇文章，在所有维基百科网站中排在第 75 位，在非洲语言中名列第二；有能力加入翻译项目的马达加斯加人一般都受过良好教育，能流利地使用法语；而法语版维基百科的文章数量是马达加斯加语版的 55 倍，受众也要广得多。因此，通常人们都会选择把精力花在法语版维基百科上，这样他们的劳动成果才能被更多人看到和认可。

马达加斯加语版维基百科的撰稿人洛瓦·拉库图马拉拉解释了这种两难的困境：“我觉得小语种版维基百科的无人问津就像恶性循环。人们不想写是因为没有人愿意读，而没有人愿意读又是因为没有东西可读。”就像约旦博主为了吸引全球读者而用英语写作一样，马达加斯加人也拼命地想用法语写作。不像阿拉伯的博客圈，对马达加斯加人来说，除非他们用本国语言写作，否则并不存在什么语言的临界点。

拉库图马拉拉也是全球之声马达加斯加语版的发起人之一，试想，如果连拉库图马拉拉也放弃把更多马达加斯加语的内容放到网上，情况得有多糟。但他的话让我们相信，守得云开终见月明，互联网的多语言发展是有希望的。只要有人愿意把马达加斯加语的内容放到网上，就会有更多马达加斯加人愿意用母语写作。在线资源多了，尤其是翻译资源多了，谷歌和其他团队就能建立机器翻译系统，那么完全不掌握这门语言的人也能读懂只用马达加斯加语写成的内容了。

然而，就算马达加斯加人决定了不用法语写作，也未必能够一劳永逸。事实上，英语和法语等版本的维基百科已经接近“饱和”，这些网站上的资源数不胜数，资深编辑也不再像从前那样接收大量文章了。介绍马达加斯加地理、动物群和文化的文章对当地人来说或许极为重要，但要跨过法语版维基百科的“铁门槛”恐怕着实不易。在马达加斯加语维基百科上，当地的风土人情无疑是最大看点；而对于更大、更符合全球化标准的维基百科来说，这些内容或许根本不值一提。

单就某篇文章该不该放到维基百科上的问题并不会引发文化危机。但要是事关语言的消亡，就值得我们高度重视了。人类学家韦德·戴维斯（Wade Davis）指出，全世界6 000余种语言中，有一半已经不在课堂上教授了。如果这些语言失去了下一代母语使用者，很可能就会消亡。有人担心，在文化上占统治地位的邻国可能会把部分小众语言逼上绝路。世界上有500万玛雅语使用者，但西班牙语作为一门全球性语言，也是玛雅人的日常用语。不难想象，如果迫于经济利益，玛雅人决定在大多数场合都使用西班牙语，那么玛雅语就会逐渐走向消亡。

这里我们所考虑的是数字世界对语言消亡所施加的压力。如果某种语言的使用者不愿意用它写东西，我们就得不到足够的在线资源以建立翻译模型，于是网络上仅有的那些马达加斯加语或玛雅语资源就会被“封闭”起来，除了当地人就没有人能够看懂。或许，数字语言的消亡正悄然向我们走来：一部分语言的在线资源不断丰富，足以维系其语言社群并完善机器翻译系统；而另一部分语言则相去甚远，永远无法占得网络空间的一席之地。

尽管自动化系统和翻译志愿者都能完成语言转化的工作，但并不能保证人们能看到这些译文。对我们大多数人而言，搜索是发现机制中的重要一环，而利用搜索引擎，任何信息都可以轻易找到。所以，要跨越语言障碍，单靠翻译是远远不够的，我们要让语言变得一目了然。

在危机爆发时，我们尤其能感受到语言障碍的巨大影响。2011 年年初，抗议示威在突尼斯、埃及以及众多北非和中东国家接连爆发，当时有很多热心的读者把实时报道和评论转载到 Twitter 上。然而，其中最吸引人的文章都是用阿拉伯语写成的，而不是用英语。于是，一些卓尔不群的新闻工作者充当起了实时翻译，半岛电视台驻拉美办事处的负责人迪玛·哈蒂柏（Dima Khatib）就是其一，他们将阿拉伯语译成英语和西班牙语，让更多用户能够读懂这些文章。

2011 年的头几个月，美国国家公共电台的社会媒体分析师安迪·卡尔文（Andy Carvin）抛开其他所有工作，把全部精力都用于通过网络媒体来报道这些冲突。卡尔文的 Twitter 粉丝数量超过 25 000，来自世界各地，他常常转发塔里尔广场上呼喊的口号或持不同政见的突尼斯人写的 Twitter，希望有人把这些内容译成英文。由于卡尔文的 Twitter 很受欢迎，因此经常在很短的时间内被人译成英文，卡尔文很快又会把这些译文重新转发到自己的 Twitter 上。丹尼·奥布莱恩（Danny O'Brien）是保护记者委员会的成员，同时也是网络自由言论的积极提倡者，他编写了一个简单的网络浏览器扩展工具，实现了翻译过程的自动化，遇到看不懂的文字，用户只要点击每条 Twitter 边上的"翻译"键，就能立即看到机器翻译的译文。

我们自发地想要读懂用陌生语言写成的内容时，卡尔文和奥布莱恩的方法是很管用的。但事实上，人们在关注 Twitter 好友时，语言共通仍然是重要的考虑因素。除非语言障碍完全消失，否则它的影响就会一直存在。

谷歌孜孜不倦地开发产品，力求让翻译变得更加浅显易懂。用户用谷歌浏览器下载网页时，系统检测到的语言如果与用户设置的默认语言不符，就会自动附上网页内容的机器译文。用户可以关闭这项功能，只查看译文，也可以指定浏览器把某种语言译成自己的母语。根据我的设置，我的谷歌浏览器就会把中文、日语和阿拉伯语的页面译成英语，现在，我已经不会下意识地去点浏览器上的后退键了，因为我一打开页面，就能看到赏心悦目的英文。虽然机器译文有时读起来很费力，但至少我能大概了解这些文章的主题，再决定是否有必要请会说多门语言的朋友把它们译得更通顺一些。谷歌邮箱也采用类似的运作模式，为用户提供同步翻译服务。

然而，谷歌还面临着一个更大的挑战：既然语言将不再是网络发展的主要障碍，那么翻译服务就不应该仅局限于浏览器，而应该扩展到搜索引擎。我们用大多数搜索引擎查找信息时，搜索结果都会受搜索语言的限制。同是在美国，通过谷歌用英文搜索“苹果”（apple）和用西班牙语搜索“苹果”（manzana）得到的结果并不完全一样。这种情况是说得通的，当然，可想而知，大多数美国用户更希望获得英文的搜索结果。但换个角度来看，这种局限性对筛选信息是有好处的。

全球之声项目的执行主管艾凡·西加尔（Ivan Sigal）是一位资深的自行车运动爱好者，有一次，他买了一辆手工组装的二手自行车。这辆车的车架是一家已经倒闭的，叫作铁克诺布尔（Technobull）的德国小公司生产的。西加尔迫切地想要了解他的新坐骑，以及那些和他骑同品牌自行车的人，于是他在谷歌的美国域名下搜索相关信息，但几乎一无所获，少数英文网页提到这是一个高端品牌，价格不菲，另外只有一个网页提供了图片。西加尔又在谷歌的德国域名下搜索，这回他搜索到了几千个页面，其中还包括一个由铁克诺布尔的粉丝组成的活跃论坛。西加尔会说一点德语，论坛里的一些车手也愿意帮他答疑解惑。实际上，西加尔希望获得的信息都是用德语写成的，而不是用英语，因此他在谷歌的美国域名下自然找不到这些信息。

然而，谷歌的产品管理经理安贾莉·乔希（Anjali Joshi）却想要证实语言并不是信息共享过程中无法克服的障碍。“无论用户身处韩国还是世界上任何地方，都应该能获得网络上的所有信息，这些信息不仅得用他们熟悉的语言写成，还得通顺流畅，编排得当。”这不仅是说，键入“苹果”这个单词，可以获得英语、西班牙语、韩语等各种语言的搜索结果，“我们的最终目的是消除人与人之间的沟通障碍，无论是口语还是书面语，各种语言都能实现无缝切换”。

尽管谷歌在翻译领域已经取得了长足的进步，但前路依旧漫长。目前，谷歌已能完成英语与其他 60 种语言的切换，同时，也能以英语为“桥梁”，把冰岛语译成意第绪语等 。“要实现这个目标，有三个关键因素，”乔希说，“首先要有理想的机器译文，其次各种语言的搜索结果都要完善。”换句话说，不管是用西班牙语还是用英语搜索，我们的搜索算法必须能判断得出译文的好坏。

山景城的会议室里，我们和乔希的同事坐在一起。乔希往椅背上靠了靠，准备提出第三个关键因素，这时，她的同事看起来有点不安。“要是用任何一种语言搜索信息都不成问题，并且都能附有理想的译文，也就意味着每个人都能获得网络上的最佳资源。那样的话，网络可真就发展到了极致。”

我认为乔希还不完全正确。即使我们掌握了完善的多语言搜索工具，仍旧面临一个问题：如何理解某人话语的核心或言下之意。**要从世界各地获取信息，我们需要的不仅是理想的翻译，还必须理解文字所处的语境。因此，通往“网络天堂”的道路还很漫长，在这漫漫长路上，我们需要引路人，把我们的发现放到现实的环境中。**

05

解读，破解多元文化背景

互联网发展的未来在于，不仅要把人和信息联系起来，还要把普通公众和掌握专业知识的群体联系起来，要把牵线搭桥、情境解读、背景阐释推向网络互动活动的中心。互联网的独到之处在于，它让世界各地的信息流通和人际交流变得极其容易，在考虑重新连接互联网以增进联系时，必须建立起对超级连接者和崇外者有帮助的平台和机构。

西蒙的《恩赐之地》

20 世纪 80 年代初是保罗·西蒙（Paul Simon）的低谷期。随着新专辑《漂亮马驹》（*One Trick Pony*）的推出，再度合作的西蒙和加芬克尔组合开启了事业的第二个 10 年。阿特·加芬克尔（Art Garfunkel）是西蒙之前的音乐伙伴，《漂亮马驹》则取材于西蒙的同名电影。然而，专辑和电影都没有收到预期的效果。1981 年，西蒙和加芬克尔组合的复出演唱会在纽约中央公园举行，50 万名歌迷慕名前来，当时录制的专辑在美国售出了 200 多万张，随后两人开始举办巡回演唱会。但是两人“创作理念不合”还是导致了合作的夭折，原先计划发行的专辑《西蒙和加芬克尔》也流产了，取而代之的是西蒙的个人专辑《心和骨头》（*Hearts and Bones*），但它的销量也不理想，至此，西蒙的事业降到了最低点。与女演员凯丽·费雪（Carrie Fisher）离婚后，西蒙这样跟他的传记作家马克·艾略特（Marc Eliot）说：“我的婚姻破裂了，事业又遭受重创，双重打击让我无所适从。”

在这段灰暗时期，有人把西蒙引荐给了年轻的挪威作曲家海蒂·贝尔格（Heidi Berg）。贝尔格给了西蒙一盒南非索韦托音乐家演奏的磁带，里面录的是一种叫巴甘加（又称面包舞曲）的音乐。当时，南非还在实行种族隔离制度，而索韦托是著名的黑人城镇。西蒙并不了解这张专辑的特别之处，只觉得可能是索韦托流行乐队 Boyoyo Boys 的作品。于是，他在车里播放这些曲子，留心萨克斯、吉他、贝司和鼓的音轨，并在此基础上重新编曲和填词。

“我写完歌后还要跑到录音棚里录制，如果找不到谈得来的音乐人，或者录不出想要的效果，那我写得再好也是白搭。一想到这些，我就特别苦恼，”西蒙在接受《公告牌》记者蒂莫西·怀特（Timothy White）采访时说，“我无非是想创作一些特别棒的曲子，后来我想，既然我已经掌握了足够的作曲技巧，那为什么不反其道而行之，先制作音轨，再写歌呢？”

西蒙很想试试这种新的工作方式，于是向其所在的唱片公司华纳兄弟提出了自己的想法，希望公司能安排 Boyoyo Boys 录音。在 1985 年，这可不是一件好办的事情。自 1961 年起，在联合国反对种族隔离特别委员会的领导下，英国音乐家联盟一直对南非实行文化抵制，要求音乐人不得在南非的太阳城等场所演出。太阳城位于博普塔茨瓦内的班图斯坦，以奢华的酒店和赌场著称，从约翰内斯堡出发，很快就能到达那里。其实，这场文化抵制运动涉及方方面面，切断了南非音乐人对外合作的一切可能，西蒙还被警告，称与南非音乐人合作可能会让他遭受公开谴责。

西蒙只好再次求助华纳兄弟。公司于是找来了希尔顿·罗森塔尔（Hilton Rosenthal）。罗森塔尔在南非有一个独立唱片公司，他过去与约翰尼·克莱格（Johnny Clegg）和西波·姆楚努（Sipho Mchunu）合作过，这两位都是Juluku乐队的核心成员，而Juluku则是一支种族融合乐队，他们把电子技术应用于传统的祖鲁音乐，并展现给全球观众。罗森塔尔的独立唱片公司为了在美国推广Juluku乐队的唱片，又与华纳兄弟有过合作，因此华纳兄弟的高管知道罗森塔尔能为西蒙和南非音乐人牵线搭桥。

罗森塔尔是南非的白种人，他在实行种族隔离的约翰内斯堡给高度政治化的种族融合乐队录过音，因此他很清楚与索韦托的音乐人合作，西蒙可能会遇到哪些困难。罗森格尔承诺找到促成双方合作的方法，并给西蒙捎去了20余张南非唱片，其中既有巴甘加歌手的唱片，也有雷村黑斧等合唱团的作品。随后，罗森塔尔与他的朋友、制作人科洛伊·利博纳（Koloi Lebona）会面，他们召集黑人音乐家联盟举行会晤，商讨是否同意南非音乐人与西蒙合作录音。

黑人音乐家联盟是有理由质疑是否应该促成这项合作的，因为之前，他们就被流行乐坛的怪才马尔科姆·麦克拉伦（Malcolm McLaren）摆过一道。麦克拉伦是一个典型的斯文加利式人物，他在伦敦经营着一家服装精品店，就在那里，他组建了传奇的朋克乐团——性手枪乐队，并成为他们的经纪人。伴随着争议和强烈的情感宣泄，性手枪乐队最终悲剧式地结束了其短暂的职业生涯，但性手枪乐队的风靡奠定了麦克拉伦流行乐坛革新者和叛逆者的身份。

接下来，麦克拉伦没有再组建乐队。1983年，他发行了一张名为《摇滚的鸭子》(*Duck Rock*)的专辑，这张专辑集世界各地的多种音乐风格于一身，融合了美国民谣、早期的嘻哈音乐、非洲裔加勒比人的音乐以及大量巴甘加音乐。其中有一首赞颂非洲裔美国人跳绳文化的单曲叫作《花式跳绳》(*Double Dutch*)，就是 Boyoyo Boys 基于普兰文化作曲的。但这首曲子并没有署上 Boyoyo Boys 的名字，麦克拉伦称他已经将这首歌授权给了 Yes 乐队的贝斯手特雷弗·霍恩（Trevor Horn）。另外还有许多其他南非艺人都参与了《摇滚的鸭子》的录制，他们同样既没有获得酬劳，也不享有署名权。

西蒙与罗森塔尔接洽，希望与 Boyoyo Boys 合作录音时，这支乐队刚刚把麦克拉伦告上法庭，索要版税。尽管如此，罗森塔尔和利博纳还是积极地促成了这次合作，并且黑人音乐家联盟的大多数成员都同意邀请西蒙到南非录音。他们担心联合国对南非的文化抵制会阻碍巴甘加音乐像牙买加的雷盖音乐一样登上世界舞台。考虑到西蒙的声望会让南非当地的音乐大受关注，他们投票决定同意双方合作。

正是由于罗森塔尔和利博纳的努力，西蒙的《恩赐之地》(*Graceland*)得以发行。《恩赐之地》是 20 世纪 80 年代最受欢迎的专辑之一，于 1986 年和 1987 年两度获得格莱美奖，受到众多乐评人的高度关注，并经常登上“Top100 专辑排行榜”。专辑的销量超过 1 600 万张，为西蒙与他的合伙人带来了可观的收入。在这次合作中，西蒙和南非作曲家共享版权和版税（各 50%），西蒙支付给录音师的薪酬是美国专业乐师薪资标准的 3 倍。很多参与这次录音的音乐人，包括雷村黑斧合唱团、鼓手艾萨克·姆查利（Isaac Mtshali）、吉他手雷·菲利（Ray Phiri），都凭借这一契机，成功登上了国际音乐舞台。

看起来，《恩赐之地》的巨大成功是西蒙始料未及的；过去，他与加芬克尔执迷于密集和声的创作，殊不知外面的世界远比他们看到的纷繁复杂许多，如今，西蒙驾驭全局，以不拘一格的音乐形式诠释着他对世界的思考。西蒙的《泡泡里的男孩》（*The Boy in the Bubble*）有一句歌词——“奇迹，奇迹的日子”，在这个陌生又相互连接的世界里，用这句话来描绘我们每个人的生活，再合适不过了。

《恩赐之地》的诞生全靠两类人的参与：崇外者和牵线搭桥者。崇外者，顾名思义，就是热爱陌生事物的人，他们能从丰富多彩的世界找到灵感和创作动力。最初，他们是对文化产物着迷，但后来，他们发现创造这些文化产物的人才是最伟大的，于是与这些人建立了深远持久的联系。崇外者不是只会新瓶装旧酒的采样员或修理工，他们兼备奎迈·阿皮亚界定世界主义者时提到的两种品质：他们既能认识到异地文化的价值，也愿意对异邦人尽责，尤其是那些对他们产生了巨大影响的人。西蒙用实际行动证明，自己和麦克拉伦不是一类人，他尊重南非的音乐人，并推动了南非的音乐走向世界。

与从异地文化汲取灵感的崇外者不同，牵线搭桥者像是把左脚踏在一个世界，把右脚踏在另一个世界，游刃于两种文化的中间人。罗森塔尔就是这样一个中间人。在抵制种族隔离运动愈演愈烈之时，他却能为美国白人作曲家和几十个南非音乐人搭起合作的桥梁。身为音乐制作人，罗森塔尔在国际上享有很高的知名度，他既是文化的解读者，不遗余力地推动南非文化的繁荣发展，也是合作双方都可以信赖的中间人。而罗森塔尔却把功劳归于利博纳，因为利博纳在联系黑人音乐家联盟和南非唱片团体的过程中也发挥了关键性作用。

跨文化的超级连接者

和我一样，中国社会活动家、记者肖强也开始用“搭桥”一词来形容那些从事翻译工作、能从各国的文化背景出发、分析事件来龙去脉的博客写手在做的事情。全球之声的成立大会曾在伯克曼中心召开，伊朗博主侯赛因·德拉克斯汉（Hossein Derakhshan）在会上做了令人印象深刻的演讲。德拉克斯汉说，2004 年，博客在伊朗就像是窗口、桥梁、咖啡厅，通过博客，人们可以与他人建立联系，可以了解他人的生活方式，也可以在公共场合集会或交谈。自那时起，我用“桥梁博主”一词来形容借助网络媒体搭建文化联系的人；更广义地，用“超级连接者”来形容从事文化翻译，让人们可以跨越国界，建立联系、增进了解的人。

要了解世界其他地方的时事，我们通常需要一个向导，而最称职的向导不仅要对事发地的文化了如指掌，还要十分熟悉信息传入地的文化背景。一般只有在不同的文化环境中生活过很长一段时间的人，才会具备这种能力：有时是由于居住环境的变迁，比如非洲学生到欧洲深造，美国和平队的志愿者被派遣到尼日尔临时定居等；也有可能是出于工作需要。与居住在纽约或悉尼但社交圈主要局限于移民同胞的马里人相比，经常带团到多贡部落游览的专业导游，对美国和澳大利亚文化特性的了解自然会更全面。

我的朋友埃里克·赫斯曼（Erik Hersman）是美国人，之前在海军陆战队工作过，目前在肯尼亚首都内罗毕工作生活。赫斯曼的父母都是美国人，从事《圣经》的翻译工作。赫斯曼在苏丹南部和肯尼亚东非裂谷带附近长大，完成学业并服完兵役后，他在佛罗里达州的奥兰多开了一家技术咨询公司，定期往来于东非和美国，并在博客网站 Afrigadget

上记录他经手的技术革新成果。后来，赫斯曼又来到内罗毕，在市中心成立了一个名为 iHub 的技术创业中心，意在扶持互联网初创公司的发展。

大多数美国人做不到的事情，赫斯曼做到了。他可以在内罗毕的吉空巴二手市场里闲逛，和说斯瓦西里语的五金工聊聊有关非洲黑客的博客帖子，这是因为他是肯尼亚人。他还能帮助肯尼亚的计算机怪才筹划商业计划，把肯尼亚的软件公司推向国际市场，这又因为他还是个精通计算机的美国人。具备其中一项能力的人不在少数，但超级连接者之所以得天独厚，是因为他们同时具备了这两项能力。

社会学家鲁斯·希尔·尤西姆（Ruth Hill Useem）用“第三文化小孩”来指代像赫斯曼这样的人，他们是在成长过程中，既接受父母的本土文化，又接受成长地文化的群体。尤西姆指出，这类小孩会把家长的“第一文化”和成长地的“第二文化”结合起来，最终融合成“第三文化”。经历过这一过程的人通常是军事人员、传教士、外交官或企业高管的孩子，他们彼此之间往往有很多共同之处，但与只接受过“第一文化”的孩子却大有不同。与尤西姆从事相同工作的研究者已经发现证据，表明在全球化世界，第三文化小孩的适应能力普遍更强，能够更好地生活和发展。一般来说，他们不仅掌握多种语言，而且熟悉多种文化，因此能与不同文化背景的人融洽地相处和共事。不利的一面是，一些第三文化小孩表示，无论是父母的文化环境还是成长地的文化氛围，都不能带给他们真正的归属感。

尽管尤西姆的研究主要着眼于在世界其他地方长大的北美人和欧洲人，但基于目前的国际教育和移民格局，世界各国人民都有机会成为超级连接者。很多为全球之声供稿或翻译的人都是从发展中国家到相对富裕的国家工作或生活的学生、移民和客籍劳工，他们重新学习新的语言，汲取新的文化。

单凭会说两种语言，并不足以让你成为超级连接者。动力也很重要，超级连接者通常对其所处的某种文化饱含热情，迫切地想要让更多人了解它。让我感到尤为惊讶的是，我们的很多成员并不是出于后民族主义、狭义的全球化或手拉手高唱圣歌的心态而加入全球之声的，从某种意义上说，他们是受到了民族自豪感的鼓舞才这么做的。他们为全球之声效力，正是因为非常想要把本土文化传播给身边的朋友和同事。赫斯曼对肯尼亚创新工程的颂扬也好，罗森塔尔对晦涩动听的南非音乐的着迷也罢，都说明出色的超级连接者不仅是文化的解读者，更是文化多样性的积极倡导者。

人们第一次接触某种文化时会作何反应？是否会主动寻求超级连接者的帮助？在什么情况下，我们会像崇外者一样欣然接受陌生事物；在什么情况下，我们又会畏缩不前，固执己见？

这些问题由来已久，大概可以和《奥德赛》相匹敌了。奥德修斯的流浪经历让读者一听到他的名字，就想到希腊语中，这个词是指“让人痛苦或愤怒的人”。纵然费阿刻斯人心地善良，把他送回了绮色佳岛，吃人的独眼巨人却依旧穷追不舍，想要把他们的船击沉。那么，我们在接触新文化时，是该期待融合还是对立呢？

政治学家皮帕·诺里斯（Pippa Norris）和罗纳德·英格尔哈特（Ronald Inglehart）通过媒体来审视这个古老的问题。他们合著的《国际化交流》（*Cosmopolitan Communications*）一书，就着眼于探求人们在借助电视、电影、互联网和其他媒介接触到不同文化时，所做出的反应。1999 年，他们先试探性地把电视引入不丹。不丹是个孤立的佛教国家，1999 年以前，在不丹持有电视机是违法的，尽管也有小部分人铤而走险，在家里收看电视或租印地语的录影带来看。1999 年 6 月，不丹国王吉格梅·辛格·旺楚克（Jigme Singye Wangchuck）解除了对电视和互联网的禁令。两位不丹商人很快成立了西格玛有线电视台，到 2002 年 5 月，西格玛有线电视台已为近 4 000 户家庭提供了 45 家印度和美国的电视频道。

电视一引入不丹，当地的记者关于犯罪率激增的报道就紧随其后，贩毒、诈骗、谋杀接踵而至。不丹的中小学生开始收看职业摔跤比赛，到了学校，还在同学身上练习抱摔动作。事态逐步升级为道德恐慌，不丹当地的老百姓和记者都推测，不丹的传统和价值观在电视伦理面前可能不堪一击。

不丹当局希望建立一个当地的公共电视台，负责制作宣传不丹传统习俗的教育类节目，以减小外国媒体的影响。然而，该电视台建成后，工作效率很低，而且制做出来的节目完全无法和印地语肥皂剧和英国新闻节目等有线电视台播出的节目抗衡。2006 年，不丹政府设立了专门管理媒体事务的部门，该部门一成立，立即禁止体育、时尚及音乐频道在不丹播出，理由是这些节目“没有减轻痛苦的价值”。国家卫生和教育部部长担心不丹的青少年会沉迷于肥皂剧，于是发起了一次历时 15 天、全长 560 公里的毅行，借此警告不丹民众，不要沉迷于电视。他说：“过去，我们认为走 3 天路去看望我们的岳父母或公婆并没什么，现在我们甚至不愿意把诺新大街从头走到尾。”

从理想乐园到懒惰、暴力、犯罪的滋生地，电视角色的明显转变让人们不由得对跨文化交际深深担忧。西方媒体的影响力如此巨大且潜移默化，脆弱的不丹文化很难与之抗衡。在美国偶像、可口可乐和麦当劳面前，不丹文化难逃被西方文化同化的命运，除非政府强行介入。

诺里斯和英格尔哈特认为，除此之外，文化碰撞可能带来的结果至少还有三种：抵抗、融合和分离。有时，我们会看到某种文化强烈地排斥其他文化，这种现象被称作“塔利班效应”。塔利班在其所控制的阿富汗地区禁止西方音乐和电影的传播，博科圣地在尼日利亚北部强烈抵制世俗教育的开展，这都说明文化碰撞并不一定会导致弱势文化屈从于强势文化，有时反而会带来极端的后果。同样，面对已知的侵犯及威胁，强势文化也会遭受分化：田纳西州首府纳什维尔试图规定在城市大楼里，禁止使用除英语以外的其他一切语言，这项规定被认为侵犯了外来移民的权益，最终被撤回。

好在还有较为乐观的可能性。试想“通过全球信息和本地信息的双向流通，促使文化跨越国境，相互融合，形成多元文化的饕餮盛宴，其中既包含本土文化的风俗传统，又带有外来文化的印记”。比如，咖喱原本是印度次大陆上的食物，与世界各地的烹饪方法相结合，就有了日式咖喱面包、特立尼达的咖喱山羊以及典型的英式菜肴杰克薯仔。由此可见，文化碰撞也可以催生创造性的融合，带给人们意想不到的惊喜，同时两种文化都能从中受益。

还有另一种可能性，我们偶然接触到某种文化，然后耸耸肩，笃定地说：“我们不需要这些东西。”诺里斯和英格尔哈特称其为“防火墙理论”，说明我们在借助媒体和通信手段接触到其他文化时，由根深蒂固的传统文化塑造起来的看法和价值观念根本不会动摇。利用世界价值观调查等方法，研究者发现了大量证据，足以证明文化观念的改变是一个漫长的过程，即使媒体技术把我们的国家和外界紧密地联系在一起，文化观念受到的影响还是微乎其微的。以南非为例，种族隔离政策被废除后，南非与全球媒体和经济体的联系日益紧密，但世界价值观调查提供的证据显示，在剧烈的变革之下，南非的传统社会观念依旧安如磐石。

对不丹青少年的成长心存担忧的人，听到这个消息，应该可以松口气了。这种现象与社会媒体和专业媒体的同质性作用也是契合的。我们的确能了解全球各地的信息，但这并不能保证这些信息给我们带来的影响要大于国内媒体或亲友的影响。但如果你的观点比较极端，认为文化碰撞带来的后果无关紧要（仅仅涉及流行事业的振兴，快餐食品的发展等）或举足轻重（事关为气候变化等全球性问题提供新的解决方法），那么事情就没那么好办了。**创造性的文化融合可遇不可求，在跨国思想交流的过程中，我们不可能坐享其成，而应该付诸行动。**

弱关系与桥梁关系

找工作的时候，谁最有可能帮上忙呢？是每周都有话聊的亲密好友，还是一年只见几回的泛泛之交？与你相交甚密的朋友，帮你找工作时自然会更加尽心，但很有可能他认识的人，你也认识；普通朋友与你交情不深，但他们的社交圈与你大不一样，因此或许能给你提供更多机会。实际上，你在找工作的时候就会发现，很多为我们搭起重要人际联系的人，与我们要不就是萍水相逢，要不早就断了联系，比如老同事和大学时代的旧友。社会学家马克·格兰诺维特（Mark Granovetter）在《弱关系的力量》（*The Strength of Weak Ties*）一文中就得出了以上结论。格兰诺维特的这篇论文后来被广泛引述。他说："值得一提的是，人们获得的重要信息通常都来自被他们遗忘的群体。"

格兰诺维特的这个发现随后受到了广泛推崇，人们将其视为找工作的金科玉律。热门社交网站领英的创建理念就是借助这些弱联系，为全球职场人士提供沟通平台。马尔科姆·格拉德威尔（Malcolm Gladwell）在他的畅销作品《引爆点》（*The Tipping Point*）中引用了格兰诺维特的见解，为更多读者解读了这一发现。他写道："简言之，相识人数的多少代表一个人的社交能力，相识越多，说明你的社交能力越强。"格拉德威尔用这一见解来鉴定"连接者"，即拥有广大社交圈子的人，在他看来，这些人对理解如何成功地经营和传播思想，发挥了至关重要的作用。格拉德威尔成功地推广了格兰诺维特的观点，弱关系继而成为当代社会学最著名的理念之一。

从表面上看，格拉德威尔的解读和格兰诺维特最初的想法并没有什么区别，但我们还是应该回归原作，才能知道格兰诺维特所说的弱关系并非全都是平等的。《弱关系的力量》以分析社会关系图和社交网络图开篇，格兰诺维特的兴趣在于桥梁关系，即"关系网中连接两点的唯一纽带"。这类关系之所以如此重要，是因为它们占据了信息和影响力潮流的咽喉要道，借助关系网传播思想，离不开这些桥梁关系。

格兰诺维特的桥梁关系和我们之前提到的超级连接者有很多共通之处，他们都涉足两个不同的社交圈，且能促进思想在各个关系网的传播，只是桥梁关系是就同一国家和文化背景下的社交群体而言的。比如，你在鸡尾酒会上认识的朋友，介绍你跟和你住同一栋楼的陌生人认识，这就是桥梁关系。

一般人很难辨别自己社交圈里的桥梁关系，因为总有那么些事情是你不了解的——比如，你的朋友和一群拉脱维亚的杂耍艺人关系很好，可以介绍你跟他们认识。社会学家很难借助常规的调查方法研究桥梁关系，因此格兰诺维特建议从弱关系着手。他的论点是什么呢？与弱关系相对的“强关系”是指两个相互信任、每周至少见一次面的朋友之间的关系，而强关系从来也构不成桥梁关系。格兰诺维特的此项研究是基于格奥尔格·齐美尔的“封闭式社交”理论：齐美尔假定吉姆和简都是自己的亲密好友，那么在他的社交圈里，吉姆和简就会被赋予很大的压力，而不得不成为朋友。这也解释了凯文·刘易斯和安德烈斯·维默尔（Andreas Wimmer）在他们的 Facebook 研究中得出的结论，同所大学里所有的西非学生彼此都是朋友，因为不这么做的话，会显得很不礼貌。

格兰诺维特认为封闭式社交的影响力巨大，他给此类情形起了一个特别的名称：“禁断三人组”。由于吉姆和简跟我都是维持着强关系的亲密好友，因此他们之间没有关系的概率极低，就好像是被“禁断”的，而强关系并没有起到桥梁关系的作用；如果你我之间关系紧密，那么很有可能我早就认识了与你走得很近的朋友。弱关系就不受此限制，尽管它们本身并不是桥梁。然而，问题的关键在于是否所有的桥梁关系都是弱关系。**要是我们想要在社交圈子里与意想不到的群体建立联系，就不能把目光停留在最亲近的朋友身上，而应该主动寻找弱关系。**

格兰诺维特 1973 年写这篇论文时，他关于强关系的假设可能是成立的，但在今天看来就有很多值得商榷的问题了。我的妻子在我们所居住的小城镇里担任教区的拉比，因此她不仅和数百名本地教团的信徒保持着联系，还通过网络结识了世界各地的会众领袖。那些本地教团里的强关系人群或许会迫于压力而彼此结为朋友，但通过网络维持着强关系的人群就不会受此困扰了。在社交媒体当道的今天，这种模式十分普遍：50% 的成年用户表示，他们使用社交媒体的主要原因就是为了和很久没有联系的，或者地理上相隔很远的朋友保持联络；还有 14% 左右的用户表示，社交网络的作用是让他们不用受地域的牵绊，就可以与志同道合的人联系在一起。在这个以数字为媒介建立友谊的时代，让强关系成为桥梁联系是完全可能的，并且或许还会成为一种趋势。

格兰诺维特的分析还是回到了桥梁关系上。他在波士顿完成了论文，论文的结尾谈到了两个社群反对城市改建的事例。伦敦西区的意大利社群没能形成反对势力，但另一个与之相似的查尔斯顿工薪社群则成功地抵制了重建计划的开展。格兰诺维特把这些社群的差异归结为友谊体系的不同。伦敦西区人喜欢组建关系紧密的小圈子，他们的朋友通常都是竹马之交；他们把工作和生活分得很开，和社群里的朋友保持着密切的关系，但不会把工作带入其中。相比之下，查尔斯顿人的工作主要在社交圈内展开，这让他们有机会结识原本与他们没有交集的其他查尔斯顿人。

这并不表示伦敦西区人没有弱关系。“人们很容易片面地认为，并不是每个人都有很多朋友，因此弱关系多少都会存在；殊不知问题在于这些关系是不是桥梁关系。”时机一到，查尔斯顿人就在他们的圈子里，利用各种桥梁关系组织抗议，伦敦西区人却做不到。格兰诺维特推测：“一个社群里的桥梁关系越多，其层次也就越高，自然，这个社群就会更具凝聚力，联合行动的能力也会更强。”

格拉德威尔提出，并不能简单地用相识人数来代表社交能力，这些人是否真的在不同的社交圈里起到了桥梁作用也很重要。拥有很多给你提供重复信息和机会的朋友，还不如认识几个真正能拓宽你的圈子、让你接触到新朋友和新思想的人。

弱关系或许能在找工作这件事上助你一臂之力，特别是在这些关系源于同一个行业领域时。而桥梁关系给你带来的帮助则是方方面面的，它们常常是创新和创意的源泉。

美国雷神公司是世界第五大国防合约商，是一家资产过百亿美元的公司，业务范围从导弹到空中交通管制系统一应俱全。该公司研制的爱国者导弹在 1990 年至 1991 年的波斯湾战争后广为人知，慧眼独具的各国政府纷纷投来订单，雷神公司于是开始扩大规模，在 20 世纪的最后 10 年，收购了 4 家大型军工企业。为了更好地整合这些企业，雷神公司的管理层发起了一项研究，探求组织是如何传播理念和最优方法的。

著名社会学家、芝加哥大学商学院教授罗纳德·伯特（Ronald Burt）是雷神公司的求助对象之一。2000 年到 2003 年期间，伯特以战略学习副总裁的身份供职雷神公司，并借助雷神公司庞大而复杂的体系检验了他关于社会资本的理论。伯特认为，游刃于公司各个社交圈之间的超级连接者“想出好主意的概率更大”。这些超级连接者总是能“斡旋”于不同的群体之间，为大家提供全新的观点和思路。

身为雷神公司的副总裁，伯特有权开展非常规试验，且能得到管理层的大力配合。2001 年，他给 673 名供应链上的管理人员发去问卷，要求他们列出公司里会和他们讨论“供应链问题”的人员名单，然后绘制了一张详尽的雷神公司社会关系图。伯特计算出每个受试者的“社会网络约束”系数，发现有些管理人员主要只和工作关系紧密的同事或上下级沟通，他们的社会关系受到了高度限制；但也有些管理人员的交际很广，和各个级别的同事都有联系，他们的社会关系就不怎么受限制。

伯特发现，能够跨越“结构洞”的桥梁式管理人员，在雷神公司会得到丰厚的奖励，“结构洞”是指组织结构内阻碍人与人沟通的缺口。交际广泛的管理人员，即优秀的超级连接者，往往能得到更高的薪水、更多的晋升机会，也更有可能被评为杰出管理者，因为他们总是能给公司出谋划策。

伯特还向受试者征求改善公司供应链运营流程的想法，然后邀请了两位该部门的高级主管进行评估，当然，高管看不到受试者的个人信息。伯特发现，这些想法的质量同员工的年龄和教育背景之间存在微妙的关系（刚开始工作或快要退休的员工，以及受过大学教育的员工提交的想法质量更高）；但在社会结构的影响面前，这些因素几乎可以忽略不计。“即使在公司的最高层，也有些人只和小范围关系密切的搭档沟通，他们同样不太容易提出有价值的想法”；而交际广泛的员工不但更有可能提出有价值的想法，还更愿意和公司里的其他人探讨自己的想法，更希望自己的想法得到重视。伯特的这些发现非常明显，他的论文标题也很简单——《结构洞与好想法》（*Structural Holes and Good Ideas*）。

历史颂扬的是孤独天才的个人创造力。我们记得爱迪生，却忘记了门洛帕克实验室里和他共事的无数工程师；我们只看到爱因斯坦在瑞士专利局孤身奋战，殊不知他定居伯尔尼期间，还和奥林匹亚科学院的学者保持着定期往来。伯特指出，是时候摒除固有成见了，因为创造并不是天才的专利。**好的想法也是社会结构作用的结果：“人们要是能走出**

过去的生活圈子，与更多人建立联系，就会发现提供有价值的想法并不是一件难事，创造就像是与生俱来的能力。创造的过程既需输入也需输出，天才并不是创造力的代名词。”

这个输入和输出的过程有很多种实现途径。最简单的一种就是由中间人把各个群组感兴趣的信息或面临的挑战传达给其他人，这种方式有时十分奏效。伯特指出，层次高一些的，会对各个群组进行比较，找到他们的共性，避免过分强调差异。而最高水平的中间人能综合各个群组的想法，考虑不同群组的意见，继而提出解决问题的新方法；形象地说，他们是在制作咖喱。

我们应该记得雷神公司的管理人员，他们在公司内部起到了桥梁的作用。伯特所谈到的群组间文化差异的问题，既有关雷神公司和其他企业的业务往来，也涉及公司内部各部门间的业务往来。尽管从表面上看，雷神公司具有很强的文化包容性，但高水平的超级连接者仍然只是凤毛麟角，因此改革创新的过程依旧举步维艰。一年后，伯特回访了雷神公司，他让另一位高级主管看了过去调查得出的前 100 条最佳方案，发现其中 84 条完全没有付诸实践。“雷神公司在想法产出这块做得很好，对超级连接者的奖励机制也很到位。但等到要实际运用时，整个公司不能协调配合，于是这些想法就失去了潜在的价值。”超级连接者的确能给雷神公司提供很多机会，但这些新想法往往不容易传播，也很少被采纳。

即使在公司内部，想法的输入和输出也是相当复杂的过程；要是放眼全世界，我们在交流思想时所遇到的困难就更让人摸不着头脑了。对超级连接者来说，面前的两个世界可能语言不通，也可能信仰各异，他们需要融合二者最好的一面，并帮助这两个世界里的人建立起联系。至少在理论上，员工是肩负着振兴公司的共同使命的，而身处世界各地的人，追求的目标各不相同，有时还不得不一争高下。地方偏见对媒体注意力的影响，加之同质性作用对个体的影响，都说明我们接触到的新想法更有可能来自近邻，而非来自世界各地。

多年来，驻外记者同时也扮演着超级连接者的角色，把驻地发生的事件、面临的困境以及所持的态度告诉读者和观众。最早的驻外记者所做的其实就是和家乡的朋友保持书信往来，他们写信把自己在异国他乡的见闻或当地报纸上的新闻分享给家乡的亲友，这些信件会被当作急件刊登在早期的报纸上。18、19 世纪，国际新闻在美国供不应求，报社编辑甚至会派勤杂工候在港口，巴黎、伦敦、阿姆斯特丹来的船一靠岸，就争先恐后地前去抢新闻，以期赶在同行前面报道最近的新闻。

电报的诞生改变了驻外记者以往的工作模式。1850 年，保罗·朱利叶斯·路透（Paul Julius Reuter）辞去了法新社的工作，从巴黎迁到普鲁士王国的亚琛，那里靠近荷兰与比利时的边境。路透借助亚琛和柏林之间刚刚建立起的电报线路以及信鸽，把布鲁塞尔的商业新闻传递给柏林的读者，彻底改变了人们对国际新闻传播速度的预期。1857 年，随着连接美国和英国的电报线路搭建完成，一个新的时代悄然到来，电报在速度上完胜过去的人力传送，成为全球新闻传播的主要方式。

路透分享关于欧洲证券市场的信息，或把林肯总统遇刺等爆炸性新闻用作头条，读者不需要任何背景知识或解读就可以理解这些信息，路透就是靠这种方式取得成功的。而国内读者在浏览更为复杂的报道时，就需要借助背景介绍和解读了。伦敦《泰晤士报》记者威廉·霍华德·拉塞尔（William Howard Russell）从克里米亚战争前线发回的长篇报道为之后一个多世纪的驻外通信工作树立了典范。拉塞尔的本意并不是报道突发新闻，他的信件在战役打响几周后才发回伦敦，比其他第一时间发出的短篇报道要晚得多。

相反，拉塞尔的稿件生动地描述了前线战士和民众的疾苦，让万里之外的英国读者感同身受。历史学家认为，正是因为拉塞尔的稿件，铁路大亨塞缪尔·莫顿·皮托（Samuel Morton Peto）和其他英国铁路承包商才备受鼓舞，修建起通往塞瓦斯托波尔的铁路线，为前线输送了大量士兵。后来，塞瓦斯托波尔战役被视为克里米亚战争的转折点。南丁格尔也表示是受到拉塞尔的鼓舞，才组织一批护士前往克里米亚护理伤员，她的义举极大地降低了战地医院的死亡率，并由此开创了近代护理事业。

新闻行业对于联系和背景的需求仍然停留在“空降式报道”的时代，2010 年海地大地震发生后，凭借卫星设备和摄像机，几个小时之内，记者就可以从遭受重创的太子港发回报道。但是，发回这些报道的大多数记者都不会说海地当地的克里奥尔语，在地震之前对海地知之甚少；而能够发回高质量报道的记者基本上在地震之前就在海地生活和工作，并给美国和欧洲的报社供稿。比如《迈阿密先驱报》的记者杰奎琳·查尔斯（Jacqueline Charles），查尔斯是海地人，是特克斯群岛上的岛民，1986 年她还是个高中生的时候，就开始担任《迈阿密先驱报》的实习记者。2010 年地震发生前，查尔斯就报道过不少发生在海地的自然灾害，如 2008 年重创卡巴莱小镇的一系列热带风暴，只是当时完全没有引起国际媒体的关注。

查尔斯是个土生土长的加勒比海人，在北卡罗来纳州进修新闻学，正是驻外记者和超级连接者的理想人选。她既了解美国观众，又熟悉海地的风土人情，因此能清楚地为美国观众解读发生在海地的事件。很多新闻机构还没能从拉塞尔定式中走出来，仍然以这个为英国读者报道克里米亚战争的爱尔兰记者为标本；而以查尔斯为代表的新闻模式还没能为大多数新闻机构所接受。传统意义上的驻外记者需要旅居异国他乡，为国内观众发回驻地的新闻报道，而不是以当地人的身份，为国际观众撰写报道。

索拉纳·拉森（Solana Larsen）是出生在波多黎各的丹麦人，也是全球之声的总编辑。她在一次美国新闻界会议上，表达了希望驻外记者可以成为过去式的想法，新闻媒体应该更依赖于能为全球观众解读报道背景的当地记者。拉森的言论引发了一场争论，一些新闻工作者认为她的想法过于天真，是不负责任的表现。时任英国广播公司国际新闻部主任的理查德·萨姆布鲁克（Richard Sambrook）则站在拉森一边。他解释说，英国广播公司正从“空降式新闻”向新的模式转型，未来将会有无数当地的特约记者为英国和全世界的观众提供报道。

背景是关键。要是不清楚读者了解什么，不了解什么，从世界各地发回的报道可能完全没有意义。

2010 年 8 月，我们在全球之声网站上发布了一幅漫画，描绘的是俄罗斯领导人普京打电话时的场景。我们把其中的俄语对话翻译如下：“阿布拉莫维奇吗？你好！听着，你的游艇上有火灾报警器吗？哎，事情是这样的……你必须把它还回去。”除非你对俄罗斯新闻非常关注，否则的话，你可能需要再找个人把这段译文翻译一下。

2010 年夏天，俄罗斯西部遭受了一股强热浪的侵袭，一波接一波的森林火灾不计其数。大火摧毁了无数农村居民的房屋和财产，而烟雾加之酷热，让不少年老体衰的城镇居民没能挺过那个夏天。2010 年 8 月，每天大约有 700 名莫斯科民众去世，是正常死亡率的两倍。据慕尼黑再保险公司估计，大火直接或间接导致了 56 000 名俄罗斯人死亡。

俄罗斯政府，尤其是领导人普京，被认为没有采取有效措施缓解灾情而受到强烈指责。一位网名为“top-lap”的博主发表了一篇帖子，抱怨说在苏联解体以前，他所在的村庄抵御森林火灾的能力比现在强得多。

在帖子的最后，这位“top-lap”还不忘加上一句：“把我的报警器拿回来，把那该死的电话机拿走。”阿列克谢·维涅迪克托夫（Aleksey Venediktov）是俄罗斯最具影响力的反对电台莫斯科回声广播电台的主编，在他的推波助澜下，这篇帖子通过互联网在俄罗斯广为流传。显然，普京需要对此有所回应，他解释说，接连不断的大火是由史无前例的高温引起的，政府已经采取措施积极应对。最后他还向博主保证：“如果你提供地址，州长很快会把报警器寄还给你。”

不出所料，普京的这段回复让俄罗斯博主们忙活了一整天，而报警器，这个已经很少有人使用的旧词，一下子重回俄罗斯人的视线，成了裙带资本主义时代俄罗斯政府职能障碍的代名词。在漫画中，普京正给罗曼·阿布拉莫维奇（Roman Abramovich）打电话，阿布拉莫维奇是切尔西足球俱乐部的老板，资产过百亿美元，同时也是声名显赫且实力雄厚的寡头政治家。苏联解体后，阿布拉莫维奇借私有化契机以极低的价格收购了大量国有资产，如西伯利亚石油公司。为了归还火灾报警器，普京只好求助那些寡头资本家们。

自告奋勇出来解释这幅漫画的乌兹别克博主兼记者瓦季姆·伊萨科

夫（Vadim Isakov）为俄罗斯媒体和全球网民搭建起了桥梁，巧合的是，他和杰奎琳·查尔斯在同一所新闻学院就读。伊萨科夫担任过法新社驻中亚记者，在乌兹别克斯坦做过媒体培训，现在在纽约的伊萨卡学院教授传播学。也就是说，他清楚这篇报道中哪些地方能够吸引全球之声的读者：诙谐的语言，借助新媒体挑战权威，网络文化基因的传播，当然还有理解这幅漫画所必要的背景知识。

互联网为伊萨科夫这样的超级连接者提供了各种各样的工具，方便他们把俄罗斯人的网络幽默传达给全球读者。如果运用得当，这些工具能赋予超级连接者极大的力量。

我在解释普京和报警器的这幅漫画时（虽然大多数都是借用伊萨科夫的原话），运用了一项新闻行业公认的技巧，业内称为“新闻摘要”，即包含背景介绍的简单概括。在专题报道中，趣闻轶事的作用是阐释某个更大的事件，而新闻摘要则为其提供了语境；上述例子中，有关俄罗斯大火的背景介绍是为了让读者更好地理解后面的帖子。对于新闻报道来说，新闻摘要阐述了事件的最新进展：例如在一篇有关国会移民法案表决的报道中，新闻摘要就会对近几年来涉及外来移民的争论做出概述。

和很多新闻业的产物一样，新闻摘要的出现体现了对出版物形式限制的巧妙适应。报纸的版面空间通常都很狭小，一篇报道既要照顾到仔细阅读的读者，也要照顾到草草浏览的读者。网络媒体则不必受这些限制；我们可以把网站上的新闻摘要看成是一个“解释器”，可以扩充，也可以压缩。新闻学教授杰·罗森（Jay Rosen）解释说：“所谓解释器，是一项特殊功能，它既不提供最新的报道，也不跟进已有的报道；它的作用是弥补读者在理解上的缺陷：比如由于缺乏重要的背景知识而无法读懂新闻报道，或因为篇幅过长而找不到重要信息等。”

罗森以一部时长一小时的纪录片《巨型资金库》（*The Giant Pool of Money*）为例，阐释解释器的作用。这部纪录片由广播节目《美国生活》栏目制作，片中深入分析了 2008 年冲击全球金融市场的次贷危机，《巨型资金库》是《美国生活》开播以来最受欢迎的一部片子。而对罗森而言，这部片子还有另外一个作用：“在混乱的房贷市场和信用危机面前，我反倒成了动态新闻的消费者。其中的因果关系在节目的最后已做阐释。这个片子的解释做得十分到位，给了我足够的信息来了解事件背景。”

要是没有语境，新闻报道不过是传达了某个我们不太了解的信息，总会显得篇幅过长而难以理解，不足以凸显报道的重要性；参与式媒体的报道就更加难以理解了，如陌生国家发来的博客帖子、示威现场或战区发来的 Twitter 消息等。罗森指出，要是我们能够提供详细且引人注目的阐释、时间轴及背景介绍，过去常常被忽视的新闻报道就会吸引到更多观众。

文本和大量超链接能随意切换得益于互联网丰富的资源。照片和视频服务的兴起让超级连接者不仅可以用文字介绍重要的地点、人物和事件背景，还可以用画面展现出来。我在向读者解释西非的创业环境时，不必再费力地描绘当地人头举货物、沿街叫卖的场景，我只要在 Flickr 上同时搜索“加纳”“尼日利亚”“市场”三个词，再把搜索到的结果用幻灯片的形式展示给读者就可以了。这些图片都不是我拍摄的；加纳人、尼日利亚人或到这些国家旅行过的游客以“知识共享”的方式把它们贴到网上，因此我可以直接借用这些图片，不必支付版权费用，只要注明出处就可以了。

参与式媒体的作用远不止视频和音频的展示和阐述。给全球之声供稿的作者，为全世界的读者和他们所报道的群体搭建起桥梁，同时他们往往也是 Facebook 和 Twitter 等社交网络工具的忠实用户。如果伊萨科夫在俄罗斯社交媒体上发布的内容激起了我的兴趣，我就能加他为 Twitter 好友，再看看他还提到过哪些报道。除了他给全球之声提供的稿件，知道越多他的喜好，我就能更加全面地了解他。于是，一听到有关乌兹别克斯坦的报道，我就会把它们和这个通过社交媒体“认识”的朋友联系起来，尽管我从来没有和他见过面。这样一来，我就能离“所关心的问题”更进一步，而伊萨科夫的桥梁作用对我来说也更重要了，因为透过他的兴趣和关注点，我能知道他想要强调什么或可能遗漏什么；我还能从乌兹别克斯坦教授的角度审视全球媒体，他关注到的可能正好是我忽略的。

亲自做一回超级连接者一定会带给你错综复杂的体验，尤其是在战争期间。

和很多亚美尼亚人一样，活动家欧尼克·克里科瑞安（Onnik Krikorian）之前没有和任何阿塞拜疆人有过深交，尽管亚美尼亚和阿塞拜疆的紧张局势要追溯到 20 世纪初，但克里科瑞安这代人都记得纳戈尔诺 - 卡拉巴赫战争——即 1988 年到 1994 年间，两国为争夺一个争议省份而引发的战争。长久的冲突造成的紧张局势导致阿塞拜疆人和亚美尼亚人相互猜疑；一项调查显示，两国人都强烈谴责和“对方”交朋友的行为。

克里科瑞安认为，两国在现实世界的有效交集太窄是问题的关键。他在博客里动情地写道，格鲁吉亚首都第比利斯的茶馆里，阿塞拜疆歌手在为从高加索远道而来的客人演唱亚美尼亚的歌曲。

鉴于亚美尼亚和阿塞拜疆的年轻人鲜有机会出国旅游或留学，克里科瑞安只好鼓励他们通过两国共通的渠道 Facebook 建立联系。“两年前，亚美尼亚人和阿塞拜疆人在 Facebook 上交朋友还是件不可思议的事情。”克里科瑞安说。他通过开展网络工作坊，鼓励两个群体的成员在线聊天，运用大量线上线下的策略，帮助两国的年轻人建立起联系。“举个很简单的例子——我看到一个阿塞拜疆人跟他的亚美尼亚朋友说了句‘生日快乐’。可就是这么一件小事，直到最近才得以实现。”

扎弥拉·阿巴索娃（Zamira Abbasova）是阿塞拜疆的少数族裔，4 岁的时候，她随家人逃离亚美尼亚，前往美国，在那里遇到了很多亚美尼亚的留学生。但她花了很多年，才忘掉仇恨，开始结交新朋友。

“放下成见，融入新的圈子是很难迈出的一步。阿巴索娃在 Facebook 上袒露自己放下了对亚美尼亚人的仇恨后，收到了源源不断的谩骂邮件；另一名发表类似言论的用户甚至收到了死亡恐吓，邮件还附有一张照片，照片上是一具血淋淋的尸体。”克里科瑞安解释说。互联网能为积怨已久的人创造联系的条件，但并不保证能起到作用，即使确实增进了双方的联系，也有可能产生负面效果。克里科瑞安和朋友在做的，是在网络上搭建桥梁，而不是在格鲁吉亚的咖啡馆里为人们穿针引线；他们的事业不仅困难重重，有时还相当危险。只有甘愿面对非议、抵抗和威胁的人才能成为数字时代的桥梁人物。

真人图书馆

最近，我待在肯尼亚首都内罗毕，搜索有关贫民区用电情况的资料。肯尼亚有很多不错的旅游指南，甚至还有专门的“基贝拉贫民窟旅游攻略”。但到目前为止，我还没找到哪本旅游指南或哪个向导网站，能告诉我怎么才可以造访贫民区里大大小小的店铺，向店主询问他们是否用上了电网或有发电机供电。有时候，你需要的不过是个向导，而不是问题的答案。

在这个相互联系的世界里，如果说超级连接者是解读语境的关键，那么要找到合适的向导仍是件棘手的事情。我很幸运，内罗毕最穷的贫民区里有一家艺术中心，正好由我一个学生的朋友管理。她帮我们联系了一位巴巴多哥社区的音乐家，这位音乐家带我们走遍了他居住的社区，遇到愿意回答问题的店主，就把我们多管闲事的问题翻译给他们听。

我要找的向导，首先要了解我的研究课题，其次还要对内罗毕的居民区了如指掌。新一波的互联网服务也尝试着用类似的方法解答问题，研究者把问题抛给一群人，然后尽力寻找帮得上忙的专家向导。

我最近的一趟旅行是去澳大利亚的阿德莱德，出发前，我在新推出的服务网站 Härnu 上贴出一个问题（Härnu 是根据瑞典语“这里”和“现在”两个单词命名的），询问除了通过和当地政府官员沟通，我还可以在哪些网站上了解到这座城市的地方政策。不过几个小时，我就收到了 6 条回复。我的问题被贴在一张虚拟地图上，就标在阿德莱德的位置上。理论上任何人都可以回答我的问题，但一般来说，只有关注了南澳大利亚州的 Härnu 用户才会给我答复。于是，我也开始关注这个网站，试着找一些关于马萨诸塞州西部和西非的问题来回答，因为我对这两个地方还是相当了解的。

要是我想得到“专业级”的答案，就应该寻求 Quora 的帮助。史蒂夫·凯斯（Steve Case）和马克·安德瑞森（Marc Andriessen）这样的科技巨头都在 Quora 上帮人解答过问题，就连 Facebook 的创始人马克·扎克伯格（Marc Zuckerberg）也曾在 Quora 征集意见，询问哪些公司值得 Facebook 收购。但无论其用户是名震硅谷的企业家，还是乐于助人的南澳大利亚州人，这些互联网服务的运作宗旨都是一样的：帮问题找到答案。另外，它们还根据用户的满意程度给不同话题的各条专业回答排名。

也有一些网站试图根据用户对特定话题的社交媒体影响力来判断其专业水平。例如 Klout 就会追踪个人用户在 Twitter 和 Facebook 上发布的帖子，再根据这些消息的转发率，给出可以量化用户影响力的分数，这被称为 Klout 指数。基于对用户的了解，Klout 会向用户推荐他们能发挥影响力的话题（想必也是擅长的话题）。比如 Klout 判断我在创业、非洲（也许吧）等话题上有一定的影响力，对学术和监狱也有所了解（后者的可能性较小）。可以预见，这类服务很可能演变成为搜索引擎，用以判断用户在核心话题上的专业水平（或者告诉公关人员，那些以期影响“业界翘楚”的大量新闻稿应该发给哪些人）。

把这类服务付诸实践的专家也属于超级连接者的一种。他们把公众和专业领域的知识联系起来，解决了众多关于语境的难题。这些网站预示了互联网发展的未来，不仅要把人和信息联系起来，还要把普通公众和掌握专业知识的群体联系起来，也就是说，要把牵线搭桥、情境解读、背景阐释推向网络互动活动的中心。未来，优秀的超级连接者会成为创造和传播知识的中坚力量。

促进人与人之间的联系已经不是什么新想法了。苏格拉底通过对话进行教学，并不需要书面教材；和别人不同，柏拉图的著作以对话录为主,道理也是一样。20 世纪 90 年代初,为应对哥本哈根的城市暴乱问题，一群活动家设立了由“真人图书”组成的“真人图书馆”：如果你想和某个不同背景的人交谈，可以用一段简短的对话与他“接头”，以此打消彼此的顾虑和偏见。澳大利亚和加拿大的一些社群随后也借鉴了这种做法，他们借助真人图书馆来引进了解社群历史的专家以及其他民族和宗教社群的代表。

我的家乡是马萨诸塞州乡村的一个大学城，我们那儿的图书馆举办了“真人图书馆日”的活动，我也参加了。我本打算和一名加纳来的年轻大学生“接头”，因为 20 世纪 90 年代初期，每隔一段时间我就要前往加纳。我本想着先向他介绍自己，再提出我愿意带他参观了解我们当地的社群，但我并没有机会和他说上话。这个项目的人气很高，我看中的加纳学生早就预定爆棚，很多新英格兰人都希望从他那里了解西非的情况。当天其他所有的“真人图书”也在活动开始后不到一小时就被一抢而空了。

但也不是所有以真人图书馆自居的项目都名副其实。现成的教育机构不可能面面俱到地传授知识，他们涉及不到的领域就需要专业的向导来弥补。印度知识产权倡导者、维基媒体基金会顾问阿恰尔·普拉巴拉（Achal Prabhala）尝试收集大量网络百科资源，来证明“人就是知识”这个复杂的道理。维基媒体基金会出资拍摄的一部纪录片里，普拉巴拉和他的搭档探究的问题是，维基百科在从印度和非洲的社群吸纳知识时遇到了哪些难题。他们发现，当地很多重要的知识都没有记录成文字出版发行，而是以各种分散的形式保留在农村妇女的菜谱、长者口述的故事、学童玩耍的游戏里。这样一来，维基百科奉行的规则，不采纳原始材料，只引用出版物中或网络上的内容，就行不通了。普拉巴拉建议维基百科借助视频和音频采访把这些社群的知识记录下来，这样既可以把之前不成文的知识以索引的形式整理出来，又能为掌握这些知识的个体和世界其他地区的人搭建起桥梁。

这个案例中，普拉巴拉和与他一起共事的长者都承担了向导的职责。在长者的帮助下，普拉巴拉认识了一些专家，得以了解当地没有文字记载的文化；而普拉巴拉又帮助维基百科打破桎梏，让全球观众都能了解当地文化。

真人图书馆的实践和普拉巴拉对维基百科的扩展提醒我们，能在不经意间学到知识的地方远不止互联网。互联网的独到之处在于，它让世界各地的信息流通和人际交流变得极其容易，只要我们愿意，就能够做到。但是，我们并不能总是遇到像普拉巴拉这样有经验的向导，或像真人图书馆这样精心安排的活动。**在考虑重新连接互联网以增进联系时，我们需要想想如何建立对超级连接者和崇外者有帮助的平台和机构。**

做一个热情的崇外者

为了让超级连接者切实发挥作用，必须有人跨越他们建起的桥梁。如果建桥人发出邀请，欢迎大家探索和了解异地文化，崇外者一定会欣然接受。

从辛辛那提猛虎队退役的中后卫球员达尼·琼斯（Dhani Jones）就是一个崇外者。琼斯的经历非常丰富：2010年春，他还在克罗地亚打水球，之后跑到了苏格兰掷木桩，再后来又到塞内加尔首都达喀尔的沙滩上，跟一个绰号“庞巴迪”的大块头摔跤运动员学一种叫作 Laamb 的古典摔跤运动。琼斯有一档自己的节目，名为《挑战全世界》（*Dhani Tackles the Globe*），这档节目的理念很简单：琼斯经常会花上一周时间访问某个国家，和当地顶尖的运动员一起训练，参与一项他从未涉足过的体育竞技。

经过一周的训练和体验，就想走进拳击场，和专业的泰拳运动员来场较量是需要极高的运动天赋的，但琼斯的身上有与众不同的特质，但凡与他接触过的运动员，甚至每一个他在录制节目时见过的人，都能和他保持联系。琼斯的率直、好脾气和平易近人的态度让人很愿意和他接近，继而把当地文化最有意思的一面介绍给他。

一次，琼斯前往俄罗斯学习桑搏，他站在圣彼得堡的一座桥上，想往水面上一块狭窄的礁石上扔硬币。据说如果你的手脚足够灵活，能把硬币扔在石头上的话，就会有好运降临。一位长者经过，一边微笑一边摆手势，琼斯于是向他求助。两人一个接一个地把硬币投在礁石上，老人的手微微颤抖，琼斯的手强壮有力，他们还击掌庆祝，相互拥抱。这一举动或许不像在球场上跑后卫那样需要娴熟的技巧，但让人终身难忘，每一个希望在旅途中建立起跨国友谊的人都能体会到这种感觉。

琼斯不是超级连接者，他只是个出色的旅行家。他在自传里回忆道，4 岁随父母到巴黎和东非旅行时，他就爱上了旅游。琼斯在美国出生和长大，在塞内加尔和新加坡度过的时光让他心潮澎湃，但要把这些国家博大精深的文化阐释给全世界，琼斯终归不是合适的人选。他向往的是丰富多彩的人生阅历，他更愿意跨越一座座桥梁，去领略更广博的世界。

热情能让人与文化相遇，这并非出于偶然：保罗·西蒙对巴甘加音乐的痴迷，达尼·琼斯对英式橄榄球和牙买加板球的狂热，都是很好的例证。向琼斯购买了20集节目的旅游频道最著名的一档节目叫《美味情缘》(*No Reservations*)，节目里，主厨安东尼·波登（Anthony Bourdain）吃遍世界，他还常常找来自己欣赏或结交的当地大厨陪他一起品尝美食。当然，波登是超级连接者，他可不是崇外者。在《厨房机密档案》(*Kitchen Confidential*)等书里，波登带领我们走进餐厅主厨的神秘国度，回忆了他在专业厨房里度过的日子。

热情的力量能跨越国界，而共同的热情，尤其是付诸实践的热情，还能促进人们相互交流。否则琼斯在回想自己当初做运动员的动机时，也不会说出这番话："我想我从事体育事业是因为它为我提供了联系的平台……通过竞技体育，我和很多人建立了深厚的关系，这些人可能从来都没和黑人说过话，更别说我只是个橄榄球联盟的球员。"

数字媒体不仅为超级连接者解读文化背景提供了方便，他们还彻底改变了崇外者的生活。20世纪80年代末90年代初，西蒙把几张非洲的唱片引进美国后，我被非洲节拍和珠珠调迷住了，我想尽一切办法了解西纳·彼得斯（Shina Peters）等尼日利亚音乐家。于是，我乘火车到纽约市，反复询问稀里糊涂的唱片店店员，终于发现在南布朗克斯区那些加勒比黑人开的杂货店里最有可能淘到我想要的唱片。今天，用谷歌快速搜索西纳·彼得斯的名字，会看到一长串人物简介和唱片目录，过去很难找到的专辑在eBay上都有销售，还有很多演唱会录像也不难寻觅，要知道20年前我为了找这些东西简直是煞费苦心。

现在，很多艺人的唱片公司都有能力联系到其他国家顶级的音乐家，因此把不同文化背景的音乐融合在一起的尝试早就不成问题了。“高科技音乐理论家”韦恩·马歇尔（Wayne Marchall）研究的是“nu-whirled音乐”，这种怪异的音乐形式是文化糅合的产物，也只有在YouTube等社交网站独当一面、主导文化影响力的时代，它才有可能产生。哈佛大学的一场讲座上，马歇尔追溯了洛杉矶街舞形式Jerkin’的发展历程：第一段视频回放了身着霓虹色衬衫、紧身牛仔裤和各色匡威鞋的年轻舞者跟着合成音乐的节拍摆出各种稀奇古怪的造型。第二段视频切到了巴拿马，他们把嘻哈二人组（New Boyz）创作的歌曲《你是个混蛋》（*You're a Jerk*）和西班牙语说唱乐重新融合，在巴拿马掀起了一股跳Jerkin’舞的风潮。巴拿马的孩子还以嘻哈二人组的录像为脚本，截取了一段视频，加入了他们穿着自己最好的Jerkin’服装的场景。这两段视频过后，镜头又切到了多米尼加共和国，当地人把Jerkin’和他们根据牙买加雷鬼顿音乐改编的音乐形式“dem bow”再度融合，形成了名为“Jerkbow”的新音乐。现在，生活在纽约的多米尼加孩子穿着洛杉矶霓虹装，在积着雪的操场上，到处炫耀他们的Jerkin’舞步。

新一代的音乐崇外者从“全球贝斯音乐”这个流动的领域汲取养分，进行艺术创作，马歇尔戏谑地把它叫作“全球街头铁克诺”。迪普罗就是这一音乐领域的其中一个代表人物。迪普罗的本名是韦斯利·本茨（Wesley Pentz），他在密西西比州长大，从小对舞蹈音乐风格“迈阿密贝斯”十分痴迷，后来他成了流行音乐节目主持人，也是一名音乐开拓者，他把全球舞蹈音乐融入了费城的DJ派对。迪普罗凭借对“疯克舞”的热爱和了解声名鹊起，疯克舞重新融合了迈阿密贝斯的元素，是为里约热内卢的贫民创造的音乐形式。

在迪普罗为英国歌手玛雅·阿鲁普拉加萨（Maya Arupragasam）制

作完《巴奇造枪》（*Bucky Done Gun*）这首歌以前，疯克舞在巴西以外还名不见经传。玛雅的双亲是斯里兰卡人，人们对她的艺名 M.I.A 更熟悉一些。这首歌的小样发布在风靡的混音带《海盗滋生恐怖主义》（*Piracy Funds Terrorism*）里，其中很大一部分是从黛西·第格罗纳（Deize Tigrona）的疯克舞曲 *Injeção* 里节录的，而黛西的这首歌又节录了电影《洛奇》主题曲里用号吹奏的小过门。这首流行歌曲的创作过程很有意思：时光把迪普罗带回 30 年前，他一路游历，邂逅了疯克舞、迈阿密贝斯、底特律电音，遇到了美国早期嘻哈教父非洲邦巴塔（Afrika Bambaataa），还有德国前卫音乐团体发电站乐队（Kraftwerk）。

迪普罗和 M.I.A 的行事方法都遭到了批评家和同行的猛烈抨击。从各种音乐文化中汲取养分，再把它们融合成为新的、混合的音乐形式，这种做法是否可取或值得推崇？

一名巴西的记者问道，这么做是否会降低经典音乐的价值，使之成为“昙花一现”的浮云呢？迪普罗的回答是：

> 我不过是个 DJ 和演员，不是社会学家，况且我把自己的本职工作做得很好。我收集让人耳目一新的音乐，把它们推荐给听众。过去，嘻哈音乐的 DJ 发现了新奇的音乐还要故意把唱片标签遮住，以防同行看到，抢了先机。但自从这些亚文化走进了我的生活，成为我工作的一部分，我确实也做了些事情来推动它们的发展。

迪普罗所说的“事情”包括和年轻的澳大利亚原住民合作，制作了传播当地舞曲的一部纪录片和一档节目。

显然，迪普罗觉得自己应该充当起传播全球贝斯音乐的大使。不管他做的事情是否全部正确，在看待世界主义者的使命这件事上，迪普罗无疑是很严肃的。无论是在网上找到的，还是游历世界时发现的，迪普罗把这些音乐文化产物毫无保留地传承下去与推广开来。

这种使命感就是崇外者或包容的艺术家和那些只会自己欣赏的音乐旅行者之间的区别。要培养这种使命感，往往得花上一段时间。

2003 年，美国电子游戏设计师马特·哈丁（Matt Harding）辞去在澳大利亚的工作，开始周游世界。他去往世界各地，每到一处，就拍下自己一成不变的滑稽舞蹈动作。他用几十段短片剪辑合成了一部独特的旅行纪录片。片中，马特站在画面的中心，跳着实在算不上优美的舞蹈，与不断切换的壮观背景形成鲜明对比。他给片子起名为《马特究竟在哪里：他和全世界的人们舞蹈》（*Where the Hell is Matt?*），然后把片子放到自己的网站上，又把链接发送给了几个朋友。他的第一段视频放到网上后，没过几个月，就像病毒一样蔓延开来，马特还接到了一份全世界最奇怪的工作，有人赞助他到世界各地去“跳舞”，并把这些滑稽的场景录制下来。于是，2006 年和 2008 年，他又先后上传了两段视频。

马特的第二段和第三段视频发生了显著的变化。前两段视频中，他都是一个人在壮观的背景前跳舞；第三段视频播放到一分钟时，一群舞者涌入画面，把马特挤了出去，接着视频中出现了一波又一波的人群，在公共场合欢快地跳舞，从马德里到马达加斯加，画面中的背景不断切换。提起第三段视频的录制过程，马特回忆道：“我发觉一个人在异国风情前独舞太单调了，我应该邀请大家和我一起跳。”

前两段视频描绘的是一个人环游世界的奇特体验，而第三段视频的主题是人与人的联系，主角变成了全人类。马特和他的女朋友通过电子邮件整理这些录像，他们每到一座城市，就邀请粉丝和马特一起跳舞。在也门首都萨那等地方，马特在网络上的名气还没有在公众中传播开来，他就邀请社区里的孩子和他一起跳舞。2008 年发布的视频中最感人的一幕是，镜头从马特和特拉维夫市的一大群民众共舞，切换到东耶路撒冷的一条小巷里，马特和他身旁的一小拨巴勒斯坦孩子一起跳舞；镜头间隙，一位参与拍摄的以色列民众嘱咐马特："把他们排在一起，他们一定要肩并肩，一个挨着一个。"

马特的第二段和第三段视频还有另外一个区别：音乐。最初，马特给他的视频选择的背景音乐是黑森林乐队的《甜蜜摇篮曲》（*Sweet Lullaby*），这首歌是法国电子音乐人很久以前创作的，一直以来备受争议。黑森林乐队的成员把自己叫作"声音记者"，称他们的专辑是为非洲的俾格米人发声的：他们首张专辑里第一首歌的歌词，描写的就是生活在丛林里的男人和女人，暗示这些人的生活状态既是我们的过去，也可能是我们的未来。

或许我们的未来也不会像丛林里的那些人一样，但要他们哼唱《甜蜜摇篮曲》确实不太现实。《甜蜜摇篮曲》取材于一首叫 *Rorogwela* 的民歌，演唱者是当地妇女阿福那科娃（Afunakwa），她居住在距离中非半个地球远的所罗门群岛上。唱段的采样工作由传奇人种音乐学家雨果·曾普（Hugo Zemp）博士完成，黑森林乐队向曾普博士提出想要使用这段录音时，遭到了拒绝。不过他们终究还是把这段旋律拿来用了，为此曾普还写了不少学术论文，表达自己的愤怒，指责黑森林乐队的文化侵权行为。但这段口头传唱音乐引发的流言蜚语并没有影响乐队的唱片大卖。我敢说，根本没有人想过要联系阿福那科娃，分点儿版税给她。

马特听说了这件事，于是他决定在第三段视频中，好好利用下这段音乐。他委托作曲家加里·斯加曼（Garry Schyman）创作了一支交响乐曲，找来孟加拉少女帕尔芭莎·丝蒂奇（Palbasha Siddique）演唱，歌词则由泰戈尔的一首诗改编。马特并非没有考虑过这么做的后果，他的视频已经很受欢迎了，但坚持使用这段音乐，黑森林乐队可能起诉他侵权，马特需要衡量是否有必要为此承担风险。然而，马特的下一步举动证明了他是个负责任的崇外者。

2008 年的这段视频中，最亢奋的一幕是在所罗门群岛奥基的一间屋子里，挤满了欣喜若狂的孩子，马特在和他们一起跳舞。第三段视频拍摄途中，马特暂时搁置了环球旅行计划，着手拍摄一部题为《阿福那科娃究竟在哪里？》（*Where the Hell Is Afunakwa?*）的短纪录片。这部片子的销量自然比不上他的舞蹈视频，却是解决文化借用问题的一次伟大尝试。马特在片中讲解了《甜蜜摇篮曲》背后的故事，他还拜访了阿福那科娃的子孙，得知阿福那科娃在 1998 年就去世了。

2011 年，马特再次前往所罗门群岛，寻找阿福那科娃的儿子杰克。经过一段长途跋涉，还坐了平板卡车和摩托艇，马特终于见到了杰克。他和杰克的孩子一起设立了一个特别基金会，负责接收拍摄视频所获得的一部分收益，用这些钱来支付阿福那科娃子孙后代的医疗费和学费。离开前，马特在博客上写下这样一段话：“中途，我顺道找到校长，给阿福那科娃家里所有到了上学年纪的孩子交清了一年的学费，这些钱加起来大概比我一个月的有线电费要稍贵一些。”

现在，马特会定期给阿福那科娃的孙子戈弗雷发邮件，询问他们有什么需要，并以电汇的方式从美国给阿福那科娃的家人汇钱。起初，马特只是想游遍世界美景，后来却成了行侠仗义的侠客。身为一名崇外者和网络名人，马特以责任的名义，和南太平洋上的一个小村庄建立起了联系。

2012 年，马特发布了第四段视频，说明他从橄榄球运动员演变为崇外者的旅程还在继续。视频以他在基加利和塞维利亚学习舞蹈课程开场。音乐渐入高潮，马特不再表演他那滑稽的舞蹈动作，而是在沙特阿拉伯的沙漠里，跟着穿迪史达什长袍的男人做各种动作，或在太子港的人群中，跟着大家一起抖动臀部。在平壤，马特手忙脚乱地和一位身着长袍的优雅女子跳华尔兹，视频看得出马特仍然不擅长跳舞，但现在，他却在教全世界的人跳舞。在开罗、塔林、赫尔辛基、中国香港，人群把他们的手臂指向天空，模仿着彼此的动作。这段视频的逻辑于是清晰浮于眼前：马特试着到世界各地交朋友，邀请大家一起跳舞。

最有天赋的舞蹈教练也无法解决人类之为物种所面临的挑战。但马特的尝试向解决国际交流中最棘手的问题迈出了第一步。如果我们接受罗纳德·伯特的邀请，去寻求填补结构洞的创造性方法，缩小我们在认知世界上的差距，我们就应该从异地文化中汲取思路和灵感。但我们很快就会遇到伊藤穰一“关心的问题”：如果没有和世界各地的人建立人际关系的渠道，那么我们很难重视他们的观点和见解。

以共同的兴趣为基础来接触和了解世界，是把我们和其他人群联系起来的捷径。有些人我们本不认识，他们居住的地方我们也从来没有去过，要提起兴趣关注跟他们有关的新闻，对我们来说相当困难。找到共同的兴趣是从陌生事物中寻得灵感和见解的第一步。这一步，哪怕只是慵懒的舞步，却是解决问题的关键，它体现了多样的思维方式，能够弥补我们思维的局限。

崇外者和超级连接者在思想交流的过程中起到了重要作用，但他们势单力薄，并不能消除媒体固有的缺陷，也不能纠正我们对世界的看法。追随他们的脚步，探索更广阔的世界，光靠纸上谈兵是不够的。我们还需要借助一种强大却很难解释得通的途径，那就是意外收获。

06

获取意外收获，从城市空间中学习

我们希望城市能够催生意外收获。把各式各样的人和事物凑到一起，意外收获的可能性就会更大，城市里的基础设施则为意外收获创造了条件。意外收获是开放、有准备的头脑和有利环境合力作用的产物。如果我们想增加意外收获在网络空间出现的可能性，就要从城市中学点儿门道。

REWIRE

Digital Cosmopolitans in the Age of Connection

大城市的刺激与诱惑

威廉·吉布森（William Gibson）1984年出版的小说《神经漫游者》（*Neuromancer*）为我们提供了一个新的视野：吉布森把互联网想象成实体空间，把高楼林立、花花绿绿的大城市看作跨国公司掌控的计算机服务。只有吉布森笔下的黑客英雄“计算机牛仔”才能利用智能软件“黑入”互联网，进入这个虚拟空间。对他们来说，网络空间就像任何一座现实世界里的城市一样，广阔而错综复杂。

8年后，尼尔·斯蒂芬森（Neal Stephenson）的《雪崩》（*Snow Crash*）问世，创造出了“虚拟实境”这一互联网概念。虚拟实境是由数字化身组成的三维实境，用户佩戴3D眼镜和专用手套就能对其化身进行操控。斯蒂芬森的虚拟实境是一个辽阔的、几乎空无一人的黑色星球，其主要居住空间是环绕星球的带状城市，叫作“大街”，用户进入星球后，就在这里相遇，继而在虚拟环境里接触和交流。

为什么这些作家都要把互联网想象成城市呢？我们完全可以把数据想象成森林或海洋，也可以是堆满文件的桌面，没完没了地延伸，就像博尔赫斯的无限图书馆。城市是将数据可视化的疯狂之举。我们在构建无限“空间”时，为什么要强迫人们建立紧密的联系呢？要理解数字城市的吸引力，我们首先要考虑现实世界的魅力何在。

马科科街区被称为“尼日利亚的威尼斯”。拉各斯潟湖的水面上，有很多木板桥，连接两岸的房屋、商铺和教堂。马科科人口密集，潟湖上的独木舟并不搭送游客，也没有会唱歌的贡多拉船夫，它们穿梭于楼房间，舟上装的是从潟湖里打捞上来的鱼，还有从伐木场运来的木板，用来铺在潟湖上。另外，他们也把商品运往市场，把孩子送到学校。

作为尼日利亚的经济中心，拉各斯的拥挤是出了名的；最早，马科科只是拉各斯市郊的小渔村，现在已经算得上是这座城市人口最密集的街区了。尽管统计结果不尽相同，但大多数人认为，目前至少有 10 万名拉各斯人居住在马科科街区，他们的生活空间已经向拉各斯潟湖延伸了一公里。人们涌入马科科不是因为它有很高的声誉（马科科被视为拉各斯最危险的街区之一），也并非中意它的水滨风景；这里没有便利的设施，没有自来水，公共厕所的污水直接排入潟湖；要从岸边的电线偷电，总是供不应求还很不安全；霍乱等疾病非常普遍。2012 年 7 月，拉各斯的地方官员下令拆除大批违章建筑，强拆了大量房屋，很多人因此无家可归。

实际上，人们涌入马科科是因为看中了拉各斯的发展潜力，况且他们也没有其他去处。每年迁入拉各斯的人口约有 275 000 人，而早在

1950 年，这座城市的人口总共也只有这些。有人推测，拉各斯目前的人口数量约为 790 万，已经超过伦敦。现在，马科科已经有了翻天覆地的变化，这座小岛已然成为拉各斯的经济和政治中心，可怕的交通拥堵让人们不再愿意居住在郊区。新到马科科的人就自己动手，开拓空间。他们转移填埋场里的垃圾（以 50 美分一卡车的价格运走），从附近的伐木场运来木屑盖在上面（可以掩盖恶臭），再用沙子填埋开垦过的土地，然后用木材和瓦片盖起了房子。

马科科的居民为全球城市化进程出了一份力。截至 2008 年，城市人口已经占到世界总人口的大多数。高度发达国家（经济合作与发展组织的成员国）的城市化率已经达到 77%，而在最不发达国家（根据联合国的界定标准），城市人口仍然只有 29%。仅凭城市化水平来衡量国家的发达程度是片面的，但提起 19 世纪到 20 世纪的经济发展，人们首先想到的就是农村人口转变为城市人口，随之而来的是自给自足的农业向制造业和服务业转型，由小部分留守的农村人口为大批城市人口提供粮食。发展中国家的工业化进程仍在继续，农村人口向城市迁移的过程还将稳步推进。

早在 1800 年，世界城市人口仅为 3%，大多数都在伦敦和阿姆斯特丹等欧洲国家的首都，即便在这些国家，农村人口还是占到了大多数：英格兰为 80%，荷兰为 75%。一个世纪过后，世界城市人口比例增长到 14%。1950 年起，城市人口的增速大大超过了农村人口。联合国经济和社会事务部《全球城市化发展报告》预测，城市化进程仍将继续，农村人口还会进一步减少；最终，城市将遍布地球的每一个角落，四周耕地环绕，最初在发达国家实现，而后拓展到发展中国家。

居住在发达国家的人可能不太感受得到城市化带来的变化，但像拉各斯这样的城市，即使有很多不尽人意之处，对尼日利亚的农民来说，还是极具吸引力的。在大多数发展中国家，城市的教育和医疗水平要比农村好得多，尽管失业率居高不下，但城市里赚钱的机会还是要比农村多得多。

城市生活之所以吸引人，还有个更根本的原因——刺激。上哪儿去，去看什么或做什么，城市居民往往拥有更多的选择。我们很容易忽略一个事实，那就是有时人们迁往城市是为了消愁解闷，这其实是个很重要的原因。阿玛蒂亚·森（Amartya Sen）在他的开创性著作《以自由看待发展》（*Development as Freedom*）中指出，人们不止是想摆脱贫困，他们还想获得更多机会，更多的自由和更好的生活。城市能给人带来希望，也往往提供给人更多的机会和选择。

回想起来，要解释为什么 16 世纪到 19 世纪人人都想搬到伦敦还真有些困难。当时，伦敦经历了快速而长足的发展，一举成为 19 世纪最显赫的大都市。而这座城市有几个主要缺陷，尤其是它很容易招来大火。1966 年的伦敦大火让 20 万人无家可归，这场火灾算得上是伦敦历史上最严重的一次。事实上，这座城市一直火灾不断，由于那时城里有很多用木头和茅草盖起来的房子，互相挨得很紧，靠烧煤和柴火取暖，好几次大火都差点把房子烧成灰烬。要不是因为伦敦老鼠肆虐，1965 年的鼠疫夺去了 10 万人的生命（当时伦敦人口的 1/5），大概还会有更多伦敦人受到 1966 年大火的影响。

在狄更斯生活的年代，对伦敦威胁最大的还不是火灾，而是水网。露天下水道里满是生活污水，混杂着无数拉车用的马排出的粪便，然后全部直接排入泰晤士河，要知道，泰晤士河可是这座城市最主要的饮用水源。1940年到1960年，霍乱横行，尤其是1958年的酷暑，让整座伦敦城弥漫着一股恶臭，为此，议会展开了一系列调查。历史学家把这次事件称作“大恶臭”，最终，伦敦市政府在20世纪60年代更新了污水管道系统。

无论如何，18世纪到19世纪，还是有大批民众不顾健康问题，蜂拥到这些大城市。19世纪50年代，利物浦男性的平均寿命是26岁，居住在乡村集镇的男性却差不多可以活到57岁。但伦敦这样的城市和如今的拉各斯到底还是有区别的，当时的伦敦有更多赚钱的机会，尤其是对没有地产的农民来说；以通商口岸为渠道的跨国贸易也带来了大量就业机会；另外，大学对知识人才的需求以及咖啡馆提供的岗位也颇具吸引力；当然，还有些人是为了走出封闭的农村，找个城里人恋爱结婚才搬到城市的。

人们从农村迁往城市，其中一个原因是农村生活与世隔绝，而在城市里可以遇见农村里遇不到的人：有人值得学习，有人值得崇拜，有人会和你做生意，还有人值得托付终身。到了城市，你就成了世界的一分子，成了世界主义者。

城市还时时吸引着那些探索知识的人，犬儒派哲学家第欧根尼前往雅典为真理而辩就是很好的例证。在电信技术兴起以前，如果你想要走出思想的桎梏，了解一些截然不同的想法，最好的办法就是搬到城市里。那时，城市的作用就相当于强大的通信科技，让不同的个人和群体能够实现实时交流，也能促进新思想、新实践的快速传播。就算在即时数字通信高度发达的今天，城市依旧是帮助我们和陌生人、陌生事物保持联系的有效平台。

既然城市和通信技术有异曲同工之妙，那么吉布森和斯蒂芬森把城市比作赛博空间也就说得通了。互联网是如何拿危险、怪异、出人意料的事情（有时也有些无关紧要、司空见惯的事情）来牢牢吸引人们的注意力的，吉布森和斯蒂芬森对此都表现出了浓厚的兴趣。

让两位作家都如此感兴趣的虚拟空间究竟是什么样的呢？在虚拟空间里，由于人们要去往同一个目的地，途中撞见了彼此，于是不得不产生互动。他们认为，人们有意把城市里的一些交往方式应用于赛博空间，不过首先要超越感官的阈值，在范围和程度上抑制感觉能力，还要从分散注意力的信息中费力辨别出信号和噪声。

我们希望城市能够催生意外收获。把各式各样的人和事物凑到一起，获得意外收获的可能性就会更大，城市里的基础设施则为意外收获创造了条件。对比城市的基础设施和信息流通的方式，我们会发现这些资源并没有得到充分的利用。那么，城市真的能增加意外收获的概率吗？

1952 年，法国社会学家保罗 – 亨利·雄巴德劳维请了政治系的一名年轻学生参与他的城市研究课题，要求她把日常行踪记录下来。雄巴德劳维的课题叫作《巴黎和大巴黎》，他在巴黎地图上标记出这名女学生的行踪，得到了一个三角形，三个顶点分别为她的公寓、学校以及钢琴老师的家。她的活动路线表明“巴黎在个人实际生活中是多么狭窄”。

从事社会科学研究的学者对家庭、工作、喜好三点一线的模式再熟悉不过了，这里的喜好既可以是像钢琴课这样相对安静的活动，也可以是社会学家雷·欧登伯格（Ray Oldenburg）所说的开展社会活动的“绝好的地方”。我们大多数人的活动其实很容易预测。麻省理工学院媒体实验室的两名研究员纳森·伊格尔（Nathan Eagle）和桑迪·彭特兰（Sandy Pentland）对“现实挖掘”的想法进行了研究，伊格尔收集了手机通话记录等大量数据，仔细分析这些数据，他能够推断出生活比较规律的人可能会在哪里，准确率差不多可以达到 90%~95%。像我这样没有固定行程，行踪比较随性的人，预测的准确率大概只有 60% 左右。

人们可以说，我们的行踪很好预测，是因为我们把生活经营得井井有条；当然，也可以站在境遇主义者、文化批评家居伊·德波（Guy Debord）一边，赞同“可悲的是，任何人的生活都受到诸多局限”的观点。不管持有哪种态度，我们的日常行踪都可能越来越向地图呈现的模式靠近。

《华尔街日报》外联编辑扎克·西沃德（Zach Seward）是手机服务网站 Foursquare 的忠实用户，Foursquare 能追踪到用户在哪些公共场所“签到”，然后推荐餐厅或其他地点给他们。西沃德总是在纽约市内及周边场所活动，于是网站根据他的活动范围生成了一张“热图”。从图上不难看出，西沃德居住的曼哈顿维尔区和工作的中城区所覆盖区块颜色特别浓。再看得仔细一些，我们会发现他经常去东边，除非要去拉瓜迪亚机场乘飞机或者去观看棒球比赛，西沃德一般不会前往外行政区。在布朗克斯区，西沃德最常去的地方就是洋基体育场，就冲这一点，我们可以打赌说西沃德是洋基队的球迷。

如果你也在用 Foursquare，那么网站也会根据你提供的数据制做出一张类似的地图。希腊的一名研究生伊安尼斯·卡卡瓦斯（Yiannis Kakavas）开发了一款叫作 Creepy 的软件程序，用户或者监视用户的人利用这款软件，就能从 Twitter、Facebook、Flickr 以及其他自带定位服务的网站获取信息，制做出类似的地图。更让人毛骨悚然的是，就算你没有开启任何定位服务，手机的基本功能也会把你出卖。你可能没有兴趣像德国政治家马尔特·施皮茨那样把手机运营商告上法庭，但手机运营商却能够非常精准地追踪到你的行踪，并把这些数据上交给执法机关或根据你的行为偏好推送各种广告给你。

西沃德仔细看了看他的签到图，发现有个问题连他自己都没有注意到：种族。地图上，西沃德的足迹遍布哈勒姆区，他的活动范围恰好说明了各个街区的种族构成，因为他所到的哈勒姆大多都是白人的地盘。西沃德说："户口资料显示出我居住的街区会把不同种族的人隔离开来，而定位数据让我知道了种族隔离如何潜移默化地影响我的生活。"

西沃德不是个种族主义者，他也没有受到德波所说的"可悲的局限"。我们每个人都有固定的住处和定期的去处，也有从来不去的地方；总有些地方我们非常熟悉，也有些地方我们相当陌生，这取决于我们生活、工作的地点，以及我们喜欢和谁待在一起。要是能收集到足够多纽约人的出行数据，我们就能在纽约地图上划出各个群体的活跃区块，多米尼加的、巴基斯坦的、中国的，还可以按黑人和白人划分。我们在城市里留下的足迹，说明了我们是谁，知道什么，会做什么；总的来说，足迹的地图代表了个人以及群体的同质性。

提到城市，我们并不认为它们等同于世界性的文化大熔炉。我们承认有些社群带有种族特征，也知道无论从外部形态还是从行为上看，贫民区和城市其他地方都是泾渭分明的。但从社会的角度看，我们希望能和各阶层的民众随机接触，在此基础上建立弱关系网，来增强我们的社会参与感，罗伯特·帕特南在他的《独自打保龄球》(*Bowling Alone*)中就提到了这一点。另外，我们还担心在陌生的环境里，会觉得自己像个局外人，于是做事谨小慎微，不敢轻举妄动，帕特南的研究也指出了这个问题。

当然，在网络世界里，隔离同样存在。第三章里提到过，广播媒体和监管媒体的偏见让世界上某些地区没有受到应有的关注。导航搜索的方式又强化了我们的个人偏见：我能了解到我关心的话题，比如日本相扑、非洲政治和越南烹饪，但也可能因为把注意力过多地放在了我感兴趣的方面，忽视了记者和信息管理者的存在，因而错过那些我应该了解的信息。

近年兴起的一波网络工具试图从朋友入手，把我们引向新话题。以社群为基础的工具已经形成了建立在共同兴趣之上的群体，其表决系统和信誉系统会选出群体认为有价值或有意思的新闻，分享给其他成员。在这方面 Twitter 和 Facebook 做得更为细致，尤其是 Facebook，我们的朋友知道些什么，关心些什么，都能在网站上体现出来。布拉德·德朗(Brad DeLong)指出，Facebook 对“我需要知道什么”这个问题做出了与众不同的回答：“你需要知道你的朋友，以及你朋友的朋友早就知道，而你却不知道的事情。”

除非你交友甚广，而且你的朋友全都消息灵通，否则他们的“集体智慧”总会有些“盲区”。读过《卫报》专栏作家保罗·卡尔(Paul Carr)的亲身经历，你应该会受到些启发。一天，卡尔回到旧金山的某家酒店，奇怪地发现自己的房间和酒店其他房间都没有被打扫过。原来，酒店的员工都去抗议《亚利桑那州 SB1070 号移民法案》去了。Twitter

上关于这项法案以及抗议示威的讨论沸沸扬扬，卡尔对此却浑然不知，直到回到酒店看见凌乱的床铺，才意识到自己一直沉浸在“我的‘Twitter泡沫小世界’里；种族、政见、语言、社会地位——我和我的 Twitter 好友总会有些共同之处”。这个泡沫真的能从互联网给我们带来我们所期待的意外收获吗？如果不能，我们就要想办法躲开它。

意外收获，设计与偶遇

罗伯特·金·默顿（Robert K. Merton）和埃莉诺·芭博（Elinor Barber）倾注心血，以意外收获为话题写了一本名为《意外收获之旅和奇遇》的书，但这部著作在他们逝世后才出版。默顿是著名的社会学家，他对这一领域表现出的浓厚兴趣在我看来有些奇怪，然而默顿的贡献还不止于此，他还对“意外结果”做了考证，发现这些意外结果的背后，往往是有效的人为干预。例如，兔子的引入为澳大利亚的早期白人殖民者提供了主要食物来源，却无意中给农民带来了沉痛的灾难，澳大利亚政府不得不圈起 3 000 公里的防兔围栏，以防止庄稼被毁。

乍看之下，意外收获表现了意外结果积极的一面，是令人欣喜的意外。然而这并不是它本来的意思，至少一开始不是。这个词由 18 世纪英国贵族霍勒斯·沃波尔（Horace Walpole）创造，沃波尔是小说家、建筑师，同时他还是个爱说长道短的人。沃波尔最为后人熟知的是他的信札，一共 48 卷，这些信件让人们看到了当时贵族眼中的世界。

1754 年，沃波尔在写给霍瑞斯·曼（Horace Mann）的信中提到“意外收获”这个词的创造过程：基于丰富的纹章学知识，沃波尔从一篇波斯童话故事《锡兰三王子》（*The Three Princes of Serendip*）中受到启发，故事里的主人公“总是能凭借运气和智慧意外发现珍宝”。沃波尔此举一石二鸟，顺便显示自己既聪明又好运，才能发明这个新词。

尽管沃波尔的想法很实用，但“意外收获”这个词却是最近几十年才流行起来的。据默顿统计，到 1958 年为止，这个词在正式出版物中一共只出现过 135 次。而随后 40 年里，57 本书的书名用到了这个词，仅 20 世纪的最后 10 年，这个词就在报纸上出现了 13 000 多次。用谷歌搜索“意外收获”，会跳出 1 100 万个相关页面，餐馆、电影、礼品店都拿它来起名，但大多数都只看到了“意外”这层意思，很少有人顾及意外背后凝聚的智慧。

默顿是平坦世界的重要推动者，1946 年，他撰写了关于“意外收获模式”的文章，以此来解释意外科学发现的过程。1928 年，亚历山大·弗莱明（Alexander Fleming）爵士在检查受污染的培养皿时，发现了快速生长的葡萄球菌，弗莱明受到启发，鉴定出这种霉菌属于青霉菌的一种，继而研制出了青霉素。虽然培养皿里出现霉菌纯属意外，但弗莱明的发现却并非纯属偶然，而属于意外收获。要是弗莱明没有培植细菌，他就不会注意到“误入歧途”的霉菌，要是不对细菌的生长过程有深入了解，即我们说的智慧，也就发现不了青霉素的抗生作用，那么，这项 20 世纪上半叶人类卫生技术领域最重大的进步就要落空了。

路易斯·巴斯德（Louis Pasteur）说:“在观察的领域里，机遇只垂青有准备的头脑。”默顿相信，有准备的头脑、有利的环境与体系都是意外收获产生的必要条件。在《意外收获之旅和奇遇》这本书里，默顿和芭博深入化学家威利斯·惠特尼（Willis Whitney）领导下的通用电气公司研究实验室，发现在惠特尼倡导的工作环境里，乐趣和成果同样重要。要想取得科学发现，需要组织和自由的协调，过分严密的计划只能把想法扼杀在摇篮里，因为“四平八稳的原则注定是要失败的”。

意外收获是开放、有准备的头脑和有利的环境合力作用的产物，这个想法可以追溯到1754年沃波尔描述的童话故事。故事里的三位王子在“道德、政治和所有礼貌教育”上都有很好的教养，但要不是他们的父亲加法尔皇帝派遣他们出国，去“周游世界，学遍各个民族的礼仪与风俗”，他们也不会获得意外发现。正是因为他们做好了万全的准备，又恰好遇到了有利的环境，意料之外情理之中的发现才会降临：王子们识破了一个企图给皇室成员下毒的不轨之徒，还帮其他国家的一个王国想出了击败神秘巨手的策略。

今天，我们在用“意外收获”这个词的时候，多指“令人欣喜的意外”，或多或少地忽略了它原本包含的智慧、准备与体系的那层意思。词义上的改变也让我们渐渐忘记了，我们本可以为意外收获做些准备，个人准备也好，体系上的准备也好。我猜想我们，甚至默顿，对所谓准备的理解都只是皮毛。我的朋友、法律学者温迪·塞尔泽（Wendy Seltzer）对我表示，要是我们不了解意外收获的体系，它不过只是侥幸罢了。

如果我们想增加意外收获在网络空间出现的可能性，就要从城市规划中学点门道。

20世纪60年代初，爆发了一场关乎纽约市未来的战斗。事件的导火索是修建曼哈顿下城高速公路的计划。计划中的曼哈顿下城高速公路是一条十车道高架高速路，让驾车者可以从荷兰隧道（在哈得孙河下方连通曼哈顿和新泽西）直接抵达曼哈顿和威廉斯堡大桥（连通东河两岸的曼哈顿和布鲁克林）。这项计划需要拆除小意大利和休南区布隆街沿街的 14 个街区，约有 2 000 户家庭和 800 家商户需要动迁。

罗伯特·摩西（Robert Moses）是这项计划的倡导者，摩西是个传奇人物，手里握有纽约市政建设的大权，纽约的很多公园和公路系统都是他的杰作。摩西最强劲的对手是简·雅各布斯（Jane Jacobs），她是社会活动家、作家，同时也是 1962 年抵制曼哈顿下城高速公路联合委员会的主席。雅各布斯和摩西针锋相对，为后人留下的不仅是布隆街，还有她的著作《美国大城市的死与生》(*The Death and Life of Great American Cities*)，这部著作批判了“理性主义者”的城市规划，是保留和推崇城市多样性的宣言。

雅各布斯领导的众多针对城市规划的战役都秉持着一个总体思路：这么做对城市里的人和车有没有好处？她指责摩西的计划对市民的利益漠然置之。客观来说，在城市规划问题上，摩西是从全局出发，放眼全市，而雅各布斯的视角，和每天行走于这座城市大街小巷的行人是一致的。在摩西看来，纽约市政规划最大的难题在于如何让人们快速地从郊区的家里到达中心商业区，又能轻松地去往“城市的项链”，也就是公园，这是他煞费苦心在外城修建公园的初衷。

指责摩西时，雅各布斯列出了两行问题，其中一组是从政治角度出发的：城市的主体是谁？做城市规划决定时应该考虑谁的诉求？摩西是人们眼中公正、客观的城市规划专家，雅各布斯通过挑战他的权威，让读者看到摩西所做的那些决定，其实背后是隐藏着政治偏见的，它们维护了富有郊区居民的利益，损害了贫穷内城居民的权益。

另外一组问题是关于意外结果的。例如，摩西根据用途划分城市功能区的原则，即住宅小区和商业区、娱乐区分离，城市的活力就被削弱了。雅各布斯用她居住在格林威治村的亲身经历告诉我们，抬头不见低头见的邻里关系才是让城市更有创造力、更适宜居住、从而更安全的关键。在那些由小街区组成的社区里，路人都很热情，住宅区、商业区和娱乐场所连成一片，氛围十分活跃；而在只有住宅楼宇的社区，或一到下班时间就人去楼空的城市中心是感受不到这种氛围的。生活方式各异的人们同住在一个社区里，每天都有可能遇到各色各样的人，只有这样，城市的活力才能体现出来。

雅各布斯关于宜居城市的设想对 20 世纪 80 年代初期以后的城市规划产生了巨大影响，新城市主义和宜步行城市运动随之兴起。这些城市在设计时更侧重完善公共交通系统，而不会过多考虑私家车的利益；城市里的社区集多种用途于一身，行人可以在街上边走边购物，同时给纵横交错的人行通道预留了足够的空间。城市规划师戴维·沃尔特斯（David Walters）表示，他们的设计是为了让人们放慢脚步、打成一片。“在共同的生活空间里偶然相遇是社区生活的核心，要是城市空间设计得很糟糕，人们就会步履匆匆，擦肩而过。”

要为街道设计制定一条首要原则的话，就是要最大限度地避免人与人的疏离。生活在宜行走城市，你一定会想要到公共空间去走一走，而不是成天宅在家里或窝在自己的车上；这样一来，恐怕大家都想把私家车卖掉了，因为走路要比开车方便。不过，宜行走城市可能也没有想象中那么方便，在个人通行效率上，受雅各布斯称道的那些社区显然没有什么优势，城市的活力和效率也不是截然对立的，尽管二者之间的冲突很明显。

城市的规划体现了设计者的政治决断，也体现了这些决断所带来的意外结果；网络空间亦是如此。如今，城市规划师也越来越倾向于公开他们的工作议程，向人们表明创建宜行走城市的初衷。因为他们认为，提高公共空间的利用率能够改善市民生活。从最乐观的角度看，实践会证明哪些想法行得通，哪些想法行不通。比如，实践证明，在宜行走城市，私家车的数量依旧不会减少。

然而，网络工具设计师的心思可没有那么好猜，很难说清楚他们做决定的目的是什么，是否有政治因素的考虑；有时，连他们自己都意识不到提出的想法有什么依据。Twitter 创建之初，只是针对分布式工作组的项目管理工具，后来发展成为强大的社交网络，变成了提供分享观点和链接的平台。由于网络的信息量实在太大，把推文归档索引的想法始终难以实现。虽然 Twitter 的政治价值日益显现，但 Twitter 对话的影响力始终只是昙花一现，这说明在社交媒体上传播的重要事件还是会随着时间的流逝而淡出人们的视线，不能被搜索引擎收录其中。这个结果是否在 Twitter 设计者的意料之中呢？还是他们有意想让网络交流以更轻松、更快捷的方式展开，不需要留下持久的影响呢？

一些设计师喜欢按部就班，意外结果会让他们感到很不舒服。大多数在线网络允许用户匿名注册，Facebook 则不然，注册或登录 Facebook 账号必须使用真实姓名。这一规定要追溯到 Facebook 的起源，最初它就是为了替代大学里签发的纸质“头像”，方便学生交流。后来，人权倡导者提醒，实名登录可能会给持不同政见的人招来报复。在这个问题上，Facebook 没有做出让步，他们坚持认为“实名文化”对保持网络讨论的高质量至关重要。

网络空间也需要像雅各布斯这样的人来揭露其隐藏的政治因素，

提醒人们留心意外结果。当然，对历史背景的敏锐判断力也是不可或缺的。

一些网络空间设计师试图扩大信息的范围，催生意外收获，但这很难做到，主要原因是建立网络空间实在太容易了。城市规划师要想对城市布局做些调整会受到各种外力的围追堵截：要保护历史建筑，要考虑居民、商户的利益和需求，还要受项目经费的制约。于是，城市的发展进程十分缓慢，我们也得以充分了解早期的城市居民、建筑师和规划者是如何解决这些问题的。

Facebook 的规划者想从聚友网吸取经验教训可不容易，因为 Facebook 从聚友网挖走了大量用户，让聚友网成了名存实亡的空壳。更别说兰达姆等更早的网络社区了，兰达姆是一个以文本为基础的虚拟网络，绑定在施乐公司旗下的传奇研究机构帕克研究中心的服务器上运行。我常常想起 20 世纪 90 年代末我参与创建的原始社交网站 Tripod。1997 年到 2000 年，网站档案馆收录了几十张该网站的网页快照，给人们提供了些许新观点和新思路，但它并没有对用户创建的内容做出深入解读，虽然 1998 年网站的用户数量已经达到了 1 800 万。Tripod 的竞争对手地球城做得更好一些，但 2010 年它也彻底退出了历史舞台，只留下了不到 23 000 个网页，还在网站时光倒流机器里储存着，时光倒流机器从 2001 年年中开始放手尝试备份全球网站这项不可能完成的任务。

如果我们能从现实世界的城市里学点儿东西，而不是执着于废弃的数字社区，我们又能学到什么呢？

雅各布斯说起自己喜欢漫步街道的习惯时总是兴致勃勃，“就好像在城市的人行道上跳芭蕾舞”。她一再强调发挥空间多重用途的重要性，正是因为人来人往，社区才能发挥作用。要不是住处附近有沿街店铺，她又怎么可能在上班路上和商店老板偶然相遇呢?

使用 Facebook 等虚拟环境的方式多种多样。对大多数美国人来说，Facebook 的用途是计划周末和朋友的聚会，或了解某个旧情人的生活近况；因此当他们发现哥伦比亚人用 Facebook 来组织反对哥伦比亚革命武装力量的抗议游行时，不免大为惊讶。美国人安排周末计划和哥伦比亚人组织游行用的是同一“空间”，但彼此毫无交集，除非他们刚好在对方的朋友圈里。结果，Facebook 倒成了目的单一的空间，它的作用取决于用户的目的。我们每个人都是广阔公共空间的组成部分，但认识的人、做的事还是会把我们隔离开来，就像最早的时候，Facebook 的用户大多只聊些跟大学校园有关的话题一样。

美国的大多数 Facebook 用户都不想在照料他们的开心农场时谈及政治性很强的话题。而雅各布斯和摩西的争论提醒我们，警惕以人与人的疏离为代价来换取城市的便捷。从我在坎布里奇的公寓开车前往我的办公楼当然要方便许多，但这样一来，我就只能匆匆路过沿途的几个社区了。我们在第三章里探讨过，一些针对社交网络的批判，比如伊莱·帕理泽所说的过滤气泡，担心无论是从个人层面还是社会层面来看，人们的关系都会越来越疏远。帕理泽指出，谷歌的个性化搜索也好，Facebook 采用的算法也好（根据我们的好友和在线体验管理新闻），都在不断拉开人与人之间的距离，而我们可能因此丧失收获意外惊喜的机会。过滤气泡让人觉得舒适、宽慰、便捷；但它们严重束缚了我们的自由，让我们和惊喜绝缘。换句话说，它们是匆匆而过的私家车，而不是人来人往的公共交通系统或熙熙攘攘的人行通道。

随着 Facebook 的“喜欢”按钮在网络上风靡起来，个性化服务越来越受到推崇，连《纽约时报》这样一本正经的网站也效仿其做法。我既可以读到任何我想读的报道，也可以知道哪些朋友也“喜欢”我读的这篇报道，除此之外，他们还喜欢哪些报道，我也能知道，因为Facebook会给每个用户量身定制一个“为你推荐”清单。不难想象，未来“喜欢”功能还会给我们提供更多信息。我期待在不久的将来，无论我走到哪座城市，只要一打开网络地图，就能知道我的朋友最喜欢哪几家餐厅。其实，类似的服务早就有了，一个名为Dopplr的旅游服务平台就能把我的行程和旅游攻略分享给朋友；但我相信用不了多久，这就会成为谷歌地图的一项默认功能。

这项功能的前景是喜是忧取决于人们是不是只能看到好友的推荐。要是其他社群的喜好也能进入我们的视野，效果就大不一样了。帕理泽认为，我们真正要担心的是推荐功能背后的暗箱操作和默认操作。在一张温哥华地图上，朋友的推荐是一回事，而因为暗中收取了餐厅的广告费而向用户推荐就完全是另一回事了。我希望看到的地图不是只拿朋友的偏好来敷衍了事，而要标注出各个群组的喜好：第一次游览这座城市的旅客；土生土长的温哥华人；美食家；日本、韩国、中国的游客等。

对我来说，游览温哥华最有用的地图既要知道我喜欢什么，还要能帮我找到那个地方。它要知道我喜欢吃法式面包三明治，喜欢喝当地酿造的啤酒，还喜欢逛卖廉价唱片的商店。今天，要创建这样一张地图并不困难，甚至地图上还能标注出我的朋友游览温哥华时喜欢去的地方；在飞机降落前，我就能和“我的温哥华”见上面。但除非我能仔细查看这张地图，比较人们游览这座城市的不同体验，否则这趟旅途恐怕就没那么舒坦了。同理，我们在设计网络空间时，也要想清楚要是把网络空间设计得太随意、太简单，会造成什么后果。

从期望路径到有组织的漫步

任何有人居住的地方，人们都会在他们所处的地方到他们想去的地方之间修建道路。这些专用通道反映了人类对效率的偏重（也可以说是惰性），城市规划者把这些道路称作“期望路径”。期望路径提供了宝贵的信息，回答了人们想去哪里以及想怎么去的问题。聪明的设计师早就在大雪过后用照片记下了人们踩出的小道，或者借助延时摄影的手段收集了图片，这样他们就能在这些期望路径上铺设道路，不用眼睁睁地看着人们践踏茂盛的草坪而无可奈何了。

人们以期望路径的方式在某些地方留下自己的足迹，走的人多了，痕迹就明显了。上上下下无数趟在台阶上留下的凹痕，人行道上的烟蒂、丢弃的口香糖和垃圾，扶手上的铜锈，人们去哪里或不去哪里，做什么或不做什么，都体现在这些细微而重要的信号里了。我们走过一座城市，可以发现人类活动的迹象无处不在：这个公园里到处是婴儿车，看来很受大人和小孩的欢迎；那个公园里遍地都是空瓶子，想必吸引的是一群完全不同的游客。无论这些信号是即时产生的，还是通过午餐时间一拥而出的人群体现出来，或者要随着时间的推移才能慢慢显现，它们都代表了人们真真切切的行为，而不只是设计者和规划者的预期。

人们既可以用 Facebook 来推高乐队和品牌的人气，也可以用它来和高中时的伙伴保持联系，除此之外，Facebook 还推出了一项区别于传统个人档案的新功能——Facebook 页面。有了这项功能，你可以关注一位音乐家、一名公众人物、一部电影或者某个建立了主页的文化现象。2007 年，页面功能才刚刚推出，没过多久，Facebook 就做出了页面字母目录,附于使用频率不高却相当庞大的Facebook用户字母顺序表,这个顺序表可能是全世界容量最大的虚拟电话簿了。

翻开页面目录，你就能看到与给定字母相关的最热门话题。比如字母V目录下最热门词条就是范·迪塞尔（Vin Diesel）和维多利亚的秘密。当然，其他一些小有名气的人物也能找得到:土耳其歌手沃尔坎·卡纳克（Volkan Knonak)，意大利摩托车赛车手瓦伦迪诺·罗西（Valentino Rossi)，菲律宾脱口秀主持人薇丝·干达（Vice Ganda)，墨西哥病毒视频制作团队Vete A La Versh等。页面目录是Facebook上的预期路径，基于庞大的用户资源，它能找出当下全球最热门的话题；用户还能顺带了解尼日利亚、哥伦比亚、越南有哪些名人，不过北美和欧洲就另当别论了。

几个月后，我在准备一个关于意外收获和发现的演讲时，打算拿Facebook的目录做例子，而我重新打开Facebook时，发现页面有了很大的变化，上面显示了一些我曾经浏览过的网页，还给我挑选了我可能感兴趣的话题。因为我有很多中东的朋友，“阿拉伯之春”运动高潮期间我又做过相关的调查，所以大多数推荐页面都和埃及政治团体有关。后来，我退出了Facebook账号，以随机用户而不是伊桑·祖克曼的身份访问页面目录，Facebook只知道我用的是马萨诸塞州的IP地址，于是给我推荐的页面不是关于波士顿体育团体的就是关于唐恩都乐甜甜圈连锁店的。这样一来，我倒是省了区分波士顿红袜队和皇家马德里队的工夫，但Facebook的做法迫使我接受定制化服务，而埋没了我的信息期望路径。定制化服务可以让我享受到更舒适的上网体验，但发现新内容的可能性却大大降低了。

也不是所有社交媒体网站都效仿这种做法。Twitter 主页上的热门话题就只会提供非常简洁的关键词，稍不留意就会错过。比如，你看到热门话题栏里写着“闭嘴吧，加尔旺”，虽然你可能不知道它是什么意思，不过要是有兴趣，你可以了解更多相关信息。Twitter 也会给某些用陌生语言写成的话题附上一行字的摘要，让用户更容易理解其大意。不过，这种做法也有局限性，用户要是对巴西或日本的消息不感兴趣，可以选择只看当地的热门话题。突发性新闻总是更容易成为热门话题，像占领华尔街这样周期漫长的事件很难登上热门榜单，因此，不同事件受关注的概率迥然有异。

即使某个事件引起了人们的热烈讨论，也不能保证它就能吸引更广泛的人群参与其中。2010 年的某个周末，两位世界一流的信息设计师马汀·瓦腾伯格（Martin Wattenberg）和费尔南达·维埃加斯（Fernanda Viegas）做了一项关于热门话题的调查。他们挑选了 10 个在美国颇受关注的 Twitter 话题，想要根据参与者的头像来弄清楚到底是哪些人参与了这些话题的讨论。结果，他们发现了鲜明的种族分化。非洲裔美国青年是大多数热门话题讨论的主力军，他们不仅是 Twitter 的早期用户，使用 Twitter 的方式也和其他用户很不一样。话题“不适合在教堂唱的歌曲”的讨论区里稀奇古怪的建议不胜枚举，罗列了各种周末牧师不会安排唱诗班唱的曲调，有些是拿现成的赞美诗开玩笑，说些不雅的俏皮话，还有些纯粹是逗人发笑的胡言乱语。从来也没什么规定说不让白人用户参与 Twitter 上的讨论，但瓦腾伯格和维埃加斯发现，参与线程讨论的用户 94% 都是黑人，只有 6% 是白人。比较混淆视听的是另一个关于“石油泄漏”的话题，参与讨论的白人用户有好几十个，但只有三位黑人作家加入了他们的队伍。只有那些“多角”话题，所有美国人都不用避讳，不管是黑人还是白人。

Twitter 热门话题是局部利益最大化的一种表现形式，预示了特定人群在特定阶段的流行趋势。正因为不需要体现最大化的全球利益，它们的作用才得以发挥。要是 Twitter 呈现给我们的热门话题是从全球范围搜集的，我们恐怕会被贾斯汀·比伯（Justin Bieber）模因纠缠得没完没了。搜索今日热门话题，我们既能看到意料之中的爆炸性新闻，也能发现始料未及的意外惊喜。

我的朋友戴维·阿诺德（David Arnold）是分子料理界的名人，也是纽约法式烹饪学院的烹饪技术总监。阿诺德就是那个在盛有杜松子酒的打奶油器加入奎宁水充气，再倒入用液氮冰镇过的玻璃杯里，做出金汤力鸡尾酒的人。我认识阿诺德的时候他还是个高中生，是鲍勃·马利（Bob Marley）的铁杆粉丝，那时他还没有表现出对烹饪的痴迷。当时美国高中里，大多数追捧马利的白人学生都被认为心怀鬼胎，总有一天会成为扎着“骇人长发绺”的拉斯塔法里教徒 。但其实阿诺德只是喜欢马利的音乐，然后收集了大量马利的早期唱片而已。

一次，我问阿诺德，他是如何喜欢上马利的音乐的。“我走进唱片店，看见整个架子上都是雷鬼音乐的唱片，而我对其一无所知。我走近一看，发现马利的专辑比其他人都多，自然认为他是最棒的雷鬼音乐人，然后我就买了一张他的专辑拿回了家。”

有些时候，已经有人帮你做好了信息分类的工作，在这种情况下，阿诺德的逻辑对探索陌生领域就相当管用了。你对法国印象派绘画一窍不通吗？试试了解莫奈。要是无济于事，不妨再查查雷诺阿。如果他们都不能让你提起兴趣，那你还是趁早作罢为好，也可以把注意力转向立体派或者抽象派。你不用知道德拉克罗瓦是谁，只要从各个艺术流派精选几幅作品看看，就能决定是否想要深入了解。计算机科学家把这种做法叫作“宽度优先搜索”，用户通常会先扫视一遍可能感兴趣的话题，然后再决定对某一类做详尽的研究。

你想在一座城市里随便走走，找些不同群体喜欢去的地方逛逛，这时局部利益最大化的策略也能派上用场。知道时代广场是纽约最热门的旅游目的地，最大的好处就是提醒你不要去凑热闹。但要是知道海地的出租车司机都喜欢去哪里喝山羊汤，你就能轻松找到海地菜做得最好的餐馆。你还不清楚自己是不是喜欢吃海地菜吗？找三两家当地最好的餐馆试一下，然后你很快就会有答案了。这么做的好处在于你找的是当地人气最旺的餐馆，因此不大可能因为食物做得不好吃而影响了你对海地菜的印象。

但局部利益最大化的策略也有局限，山羊汤或许不是最容易下肚的海地菜。超级连接者（可能是个有经验的餐厅女服务员）在向外国友人推荐海地菜肴时，应该还有更好的建议。要想让你的发现之旅与众不同，第一步就是要找个出租车司机，跟着他逛。除了你的朋友或当地百姓最喜欢的地方，你还想到其他地方一探究竟的话，就要找到在文化上离你够远的信息管理者，他们对自己的城市会有独到的见解。

回到 Twitter 上，Twitter 空间也能鉴别局部最大化利益，对你的网络漫游去粗取精。通过像“3 月 23 日运动”这样陌生的热门话题，你很快就会发现某些用户的声音要比其他用户响亮得多（“3 月 23 日运动”是刚果民主共和国一次冲突的名字，据称叛军得到卢旺达政府的支持）。这是因为他们通常是事件的亲历者，或者能够代表当局发表对相关话题的评论。比如豪斯大学教授劳拉·西伊（Laura Seay）。西伊是从事非洲研究的学者，在Twitter前100名用户排行榜上没有她的名字，就连前1 000名她也排不上。但如果你关注的是关于中非冲突的话题，她的话很有可能就是权威而广泛的引用来源。只要关注她的动态，你就能知道自己对这个话题是否感兴趣，还能进一步知道她关注的人和引述的来源。也有可能，你很快断定自己对这个领域不怎么感兴趣，于是拓宽搜索范围，寻找新的灵感。

城市的危险性在于我们会陷入雄巴德劳维所说的“个人实际生活的狭窄空间”，比如“狭窄的巴黎”；而网络空间的危险性则隐藏于帕理泽的过滤气泡理论，即朋友给我们提供的舒适媒体环境。解决这两个问题在一定程度上要依靠漫步，我们要有意识地避开日常路径，给自己创造一些体验陌生事物的机会。带着目的漫步是有可能实现的。漫游者把漫步街头视为接触和了解一座城市的策略。我们也可以借此来寻找意外收获，把熟悉的问题带入陌生的领域，期待能像弗莱明一样，也能在我们的培养皿上发现些“不速之客”。

居伊·德波是谴责人们的城市生活受到“可悲的局限”的法国社会理论家，他提出了“漂移”理论，即人们无组织地从某个景观漂移到另一处，借此来克服社会生活中的局限性。

在漂移实践中，总有一人或多人会在某一时段抛开工作，放弃休闲娱乐，离开他们熟悉的人，停止一切寻常的活动和行为，任凭他们自己沉迷于所到之地的景观和偶遇的事物。在这项活动中，机遇无关紧要，重要的是从漂移的角度来看，可以根据心理地形学的方法画出城市的等高线地形图，这些等高线围绕固定的中心，连成一圈圈闭合曲线，有如旋涡，想要从某个区块进或者出都相当困难。

要是你担心自己不能对所在城市的心理地形学等高线地形图做出准确判断，或者抽不出一整天的时间来漫步，意外收获器或许能帮上你的忙。意外收获器是马克·谢泼德（Mark Shepard）设计的一款手机和网络应用软件，你只要告诉它你在哪里，想去哪里，有多少空闲时间就可以大功告成。意外收获器不像谷歌地图那样计算两点之间的最短距离，而是根据用户设定的时间，帮助他们规划一条通往目的地的曲径，要是基于理性，没有人会选择这样一条路线。有时意外收获器规划的路线不很靠谱，你当然不会对它言听计从。软件的最新版本偶尔会提示你招一辆过路的车停下，问问车主能把你载到哪里。但不管怎么说，意外收获器都称得上是一件艺术品，而不仅仅是一款应用软件。要是我们已经忘记了如何漫步，意外收获器能有效地激起我们的想法，在这方面，软件总能起到作用。

德波和谢泼德设计的方法就其本质而言都具有任意性，一不小心就会胡乱出些荒唐的主意。不过有时候，你又不得不试试这些随机提出的方法，因为它们也是地域文化的特征之一。在加纳，基本上人人都知道他们是星期几出生的；因为在包括阿散蒂文化在内的众多加纳文化里，你出生在星期几决定了你的小名叫什么。我儿子德鲁出生在星期六清晨，所以小名夸梅，要是他早那么一点降临人世，那他就是星期五出生的科菲了。我在阿克拉的教堂里，听到有人喊亚乌或者亚时，就该起身献祭了，因为所有星期四出生的人都叫这名字。牧师叫到一周中的某一天时，那天出生的男男女女都要上圣坛跳舞和献祭；随后，神父会告诉大家哪一天出生的人献祭最多，大家就知道谁更慷慨谁更吝啬了，不过这只是善意的玩笑话罢了。

向陌生的加纳群体介绍我的小名叫亚乌，能让我轻而易举地和他们中的一些人建立联系。在大多数群体里，叫亚乌的人肯定不止我一个，我们会握个手，交换个眼神，互相开些玩笑；我们之间总能找到些共同话题，毕竟我们有同一个名字。无论阿散蒂的首领是否有意推广小名体制，来积累社会资本，或者加纳人一直保留着这种做法是因为它能给社会带来些好处，这些好处说不清道不明，但无疑是确凿存在的，要不是它，我肯定不能认识这么多加纳人。

为避免读者以为只有在西非部落，通过日期这样的随机因素建立社会联系才行得通，我们再来看看生产月群组。怀孕的女性（一般是怀头胎的）通常会根据她们的预产期，加入社交网站 LiveJournal 创建的群组。比如所有将在 9 月生产的准妈妈们会加入一个共同的群组，然后她们就能随时保持联系，在待产的几个月里交流彼此孕期的进展和体验。其中不少群组在孩子出生后还会保留很长一段时间，新晋妈妈们会通过这些群组交流孩子从婴儿期开始的成长历程。加入同个群组的女性只有两个共同点：一是她们都是 LiveJournal 的用户，二是她们都在差不多的时间怀了孕。许多群组里既有无神论者，也有虔诚的信徒，她们来自不同的种族或民族。生产月份的巧合以独特的方式把她们凑到一起；亲眼见证彼此成为母亲激起了她们深刻的情感共鸣，进而积累了社会资本，还常常能收获意想不到的友谊。

随机组织不仅适用于建立群组联系，对漫步者也很管用。多年前，乔纳森·古尔德（Jonathan Gold）给自己设定了一项完全无法事先安排的挑战。古尔德在一家法制报社做文字编辑，家住以多元文化著称的洛杉矶皮科大街，他决定下班路上每周提前一站下车，把沿街的餐馆吃个遍，埃塞俄比亚菜、韩国菜、古巴菜、柬埔寨菜、犹太菜都去尝尝。这项试验花了他整整一年时间，后来他写成了一篇漂亮的文章，刊登在《洛杉矶周刊》上，标题是《我在皮科大街吃饭的那一年》(*The Year I Ate Pico*)。从此，古尔德转行餐厅评论家，他的传奇职业生涯由此展开，他的专栏“反情报：我们在洛杉矶到底能吃到什么”着眼于洛杉矶弱势族群的菜肴。古尔德最终因这部著作获得普利策奖，他也是第一位获此殊荣的美食评论家。

“全金属资源”是重金属音乐领域首屈一指的博客，它发起了一个非常独特的网络项目，我在里面看到了古尔德随性的影子。该博客的幕后作者宣称 2011 年 4 月为“全球死亡金属月”，并试图从 195 个联合国承认的主权国家寻找死亡金属乐队。他们并不亲自飞往各个国家，只是在 YouTube 上做大量搜索。事实证明，重金属乐队的成员都是社交好手，而且他们很希望从其他国家的歌迷那里得到反馈。这个项目的组织者没有达到预期的目标，但他们获得了一些惊人的发现，其中就有博茨瓦纳乐队 WRUST。WRUST 乐队吸收重金属音乐的元素，乐队成员身着黑色皮衣，头戴牛仔帽，看起来像是把西非搬进了末日后题材的西方电影里。博茨瓦纳的死亡金属合不合你胃口并不重要，关键是要挑选一个你感兴趣的话题，放眼全球。网络博主琳达·蒙那奇（Linda Monach）每天都要给家人做晚饭，而且她的父亲每顿都要吃肉类和土豆做的菜。每天重复做同样的菜让琳达感到厌烦，于是她决定花一年时间学做世界各地的汉堡——用羔羊肉和扁面包做的阿尔巴尼亚汉堡，还有亚美尼亚人涂了杏梅果酱的汉堡。琳达面临的限制是：每餐都要有肉类和面包。有可能实现吗？这就要看人类的餐饮文化够不够博大精深，还有当地超市的食材够不够丰富了。

在网络和现实世界漫游的区别提醒我们，把城市的地理隐喻延伸得太远是有风险的。虽然我们可以直截了当地表达自己的想法，比如想做一次徒步旅行或一定要喝到最棒的山羊汤，但从布朗克斯到斯塔滕岛还得花上好长时间。数字空间则不然，我们可以打破距离的束缚；我们可以随心所欲地挑选信息，用能够想到的任何方式重组城市；我们可以把所有社区都设在滨水地区，都有公园，都是 1920 年建的 8 层楼的砖砌建筑，然后看看我们在这新环境里能遇到些什么人什么事。

戴维·温伯格（David Weinberger）的著作《万物皆无序》（*Everything Is Miscellaneous*）写到了互联网的力量及潜力，在书中，他探究了要是信息不再受到物理约束，世界将会有怎样的改变。现实世界里，一本书不可能同时出现在两个地方和两个体系中，但在数字世界里，你想如何处置你的藏书和资料都不会受到任何限制。模拟世界偏向于等级体系和树状结构，而数字世界则鼓励我们“把每片叶子放在尽可能多的树枝上”。

温伯格是哈佛图书馆创新实验室的成员，他有图书分类的经验并不奇怪。在信息探索领域，图书馆书架算得上是最有代表性的结构之一。不管采用的是美国国会图书馆分类法，还是杜威十进位分类法，温伯格引用克莱·舍基的话说，图书分类都迫使我们以一种单一而普遍的方式整合知识体系。这意味着我们的主观成见会暴露无遗：温伯格指出，根据杜威的十进位分类法，100 个宗教话题里 88 个是有关基督教的，佛教和印度教加起来也只占到个位数。

尽管这种整合知识的方式也有缺陷和不合常理之处，但我们徘徊在开放式图书馆时，它总会给我们带来些惊喜的发现。我们想着图书馆的书籍是按照主题归类的，于是首先查找事先想好的书籍，然后随着视线的移动，扩大搜索范围。我们在扫视书架的时候，能从书的外观了解到一些信息，比如年代和开本。另外，书的厚度告诉我们篇幅是长是短，书放置的高度常常暗示了里面是否有插图（一般放置比较高的书都配有彩色插图）。

书架生活是哈佛图书馆创新实验室研发的一个网络工具，它能根据书籍的物理属性（开本、厚度、高度、年代）以及主题、作者、在教授群体或学生群体中的受欢迎程度等数据给出重新排放图书的方案。这么做的目的是为了找出实物组织方式的优势和暗含在体系中的信息，从而结合数字信息组织方式的灵活性。这样，有了从城市结构中得出的经验加上重组数字信息的能力，我们就能够运用各种有效的方式设计网络空间的意外收获了。

我们如何才能让书架上的意外收获最大限度地发挥出来呢？我们如何鼓励读者避开常规路线，尝试那些可能会让他们收获意外发现的方法，而不是简单地增加无规律的随机性呢？

推荐最受欢迎书籍的做法同我们社交生活中搜索信息的方式并无二致，社交生活中存在的问题在这里一个也没有得到解决：要是图书馆的其他读者跟我们有很多共同之处，我们就又会陷入另一个同质性的泡沫；就算书架生活确有非常多样化的用户群体，系统还是需要知道我们感兴趣的内容和我们已经了解的内容，才能提出高质量的建议。网际奇遇离不开必要的监管。

自我追踪和自我发现

我们一起来看看赛斯·罗伯茨（Seth Roberts）吧，他是一位把每件事情都一一记录下来的学者。1980 年起，罗伯茨教授开始想办法解决自己睡眠质量差的问题，他把每天熟睡的时间、饮食、体重、锻炼、心情和其他各种健康因素都记录了下来。他的实验给“失配性理论”提供了例证，也就是说我们对现代生活某些不适的根源在于我们的日常生活和实践已经和石器时代大不相同。罗伯茨尝试不吃早餐（模仿采猎者的饮食方式），每天早上在电视上观察人的面部（人类学家认为石器时代的一大特征是人们会在早晨闲聊和社交），除此之外，他还每天站立好几个小时。他一丝不苟地做着记录，发现自己的睡眠质量和白天站立的时间成正比，于是他决定把工作地点移到站立式办公桌前，另外，在跑步机上运动时也要多卖些力。

最后，罗伯茨发现，要是每天站上 10 个小时，他的睡眠质量就会好很多。等到我在加州山景城首届量化自我大会的鸡尾酒会上见到他时，他正在试验用单腿站立，每天数次，每次都站到支撑不住为止。屈腿法是他在试验过程中偶然发现的，他通过每天做任意次数的屈腿站立动作，来确定多少次数的屈腿动作能帮助睡眠质量达到最佳。在目前看来，6 次对他来说恰到好处。

罗伯茨把两种现象展现到了极致：一个是自我追踪，另一个是亲身试验。自我追踪者利用 Fitbit 运动手环等工具（可以追踪每天走路的步数）或 Zeo 等睡眠管理应用，收集生理和心理的各项数据，久而久之便能找到规律。有些自我追踪者会拿自己做试验，通过改变自己的饮食、锻炼或行为习惯，看看是否能睡得更好，或者起床没那么痛苦。

用这种方式监控和试验自己的行为能让我们学到些什么呢？人类自觉有很强的认知能力，但从长远来看，我们的自觉意识是相当弱的。我们记得清重大事件，却常常淡忘日常生活中的种种琐事。追踪自身行为能帮助我们从对自己的错觉中走出来。加里·沃尔夫是量化自我运动的领导者之一，我受邀参加过他主持召开的会议，探讨我做过的几项前期实验，这些实验着眼于量化自我中少有人关注的一个方面：媒体消费。

在研究虚构的世界主义和互联网时，我意识到，我需要了解人们在线上线下看的都是哪些新闻报道，以及哪些报道能够吸引他们的眼球。从广义上看，要掌握这些信息相当容易，每天花几个小时关注媒体就行了，难的是要弄清它们的来龙去脉。像《赫芬顿邮报》这样的独立网站对用户看了哪些文章，花了多长时间浏览网站知道得一清二楚，有时广告商还能跨多站点追踪用户。但个体用户读了哪些报道，或看了YouTube上的哪些视频，这类资料就没那么容易整合了。追踪用户在模拟媒体阅读或收看了哪些内容要依赖于媒体日志，既包括人们自行记下的阅读和收视行为日记，也包括机顶盒在一组电视机样本上追踪到的节目。通过追踪媒体消费得出的数据催生了一项资产数十亿美元的产业。不过哪怕从尼尔森和阿比创等市场调研公司高价购得了这些数据，还是很难回答一些问题，比如“这周普通美国民众获得了多少有关非洲的信息”？

与其付钱给媒体分析公司，还不如试试罗伯茨的方法。2010年的第三个季度，我坚持用日记记下每天阅读、收听、收看的内容，再用一个叫作时间记录器的软件追踪我的网络行为。时间记录器的设计理念是帮助人们提高效率，它会为用户生成一张记分卡，判断用户使用计算机时的有效时间和“走神”时间分别是多少——比如写作时间和观看YouTube视频的时间。不过，你也可以不用这项功能，就用它来看看每天抓住你注意力的都是哪些内容。

我发现我对自己的认知和对那些浏览过我的网页的实际用户的认知相去甚远。我自认为具有全球视野：我是一个肯尼亚非营利组织的主席，同时在多个聚焦非洲新闻业和全球公民媒体的组织担任董事，我还常常写些文章，讲述发生在发展中国家各个角落的时事。但就算这样，还是很难看得出我的媒体消费结构。在审视我的上网痕迹时，你就能更清楚地看到我的某些特点，比如我有个软肋，就是缺乏幽默感，又比如我在最喜欢的橄榄球球队绿湾包装工队上花了大把时间。相比于红迪网和娱乐体育节目电视网，我对《纽约时报》、《基督教科学箴言报》、南非《邮政卫报》，以及我自己的全球之声等全球新闻网站关注得实在太少了。拿我用来阅读和回复电子邮件的大量时间跟我所有花在浏览新闻上的时间作比较，简直太让人崩溃了。

最初，我计划追踪自己每周的媒体消费行为，把它写成博客，但我才坚持了一个星期，就发现哪怕是把这些记录给我的妻子看，我都觉得不好意思。原来，我并不常像自己所想的那样在网络上搜索国际新闻，万万没想到广播这种古老许多的媒介恰是我获取国际新闻的主要渠道。照我的媒体日记来看，我过得最国际化的日子就是长途行车的那几天。美国国家公共广播电台的《早间报道》和《全盘考虑》都涵盖了大量的国际报道，另外，美国不少公共广播电台还转播英国广播公司的国际服务频道。越是顺其自然，我就越能听说更多的国际新闻，此外我还注意到不少我在网上搜索的信息都是之前从广播里听来的。

很多自我追踪者都提到记日志的习惯改变了他们的行为。如果你有记录日常饮食、追踪摄入卡路里的习惯，一想到芝士堡和炸薯条的高热量，就会毫不犹豫地打消念头，点盘沙拉代替了。我追踪媒体行为的体验也是一样。我深信了解国际新闻的重要性，惊愕于自己的目光短浅，很快，我访问红迪网和绿湾包装工队网站的次数就没有那么多了，另外，我发现自己在状态比较差的时候会浏览侧重于传播硬新闻的网站。

要是追踪自己睡眠质量和行走步数的人还为数不少，恐怕也没有多少人会像西沃德这样，追踪自己在一座城市里的足迹。更别说把看到的、听到的、遇到的，每件事都面面俱到地记下来，因为收集数据实在是件很让人头疼的事。不过我们可以好好利用下某些工具，让它们帮我们监测看到的内容，帮我们理清哪些信息是我们知道的，哪些又是我们不知道的。

Fitbit 手环的电子屏上会显示一个简单而醒目的蓝色数字：这就是佩戴者一天行走的步数。Fitbit 清清楚楚地告诉你一天只走了 500 步的时候，你怕是很难搪塞自己说，绕着街区走一走和锻炼的效果是一样的。我们去了哪些地方，看了哪些内容，每天和谁交谈，通过系统得知这些信息后，我们就可以试着做些改变了。要是我们现在的生活确如德波所言，受到了可悲的局限，那么我们不妨做些不同的选择，改改我们的习惯。

自我监测说不定还能带来另外一个好处。既然系统知道我们看过什么，那它就能利用这一信息帮助我们获得发现。通过追踪你的阅读行为，系统就能分析出哪些领域已经没有探索的余地了，从而引领你走向意外收获之旅。不仅如此，系统推荐的路线说不定要比随机路线更合理，因为我们走过的路径已经揭示我们的期望路径，即我们在寻找什么，以及什么是我们尚未找到的。

这不是说网际奇遇就如何简单（或如何复杂），只是追踪我们的一举一动，再找到与之相关而不相同的信息。在处理这些复杂而重大的问题时，我们还必须考虑另一个可变因素：我们的风险承受能力。

我们需要意外收获，是因为我们总是把目光局限在熟悉的事物，而错过了那些本可以让我们眼前一亮或颇受鼓舞的事情，原因仅仅是我们不熟悉或不了解。不过漫游这个比喻里还有些隐含的意思，说的是意外收获既耗时，又难捉摸，还完全没有什么保证。

在很大程度上，在线推荐所做的工作都以降低风险为核心。我们知道年轻的社交媒体用户总是依赖朋友圈给的建议来做选择。如果你的朋友一致认为街边那家星期五餐厅很不错，总比你到一个街区外那家不知名的土耳其餐厅要放心。在做高成本的选择时，人们不愿意承担风险是情有可原的，买车不问产地绝对是个糟糕透顶的主意。不过如果只是吃一顿饭，选择一家陌生的餐厅或许会给我们带来意想不到的收获。

在线视频租赁公司奈飞就利用推荐系统帮助客户发现新电影，要是不这么做，客户可能就不会租这些电影来看了。奈飞公司面临着一个关键性问题：很多客户注册了账号，以飞快的速度连续租购几十部想看的电影，随即就注销了会员身份，把一个月的订阅费都白送给奈飞公司了。试想，要是奈飞公司能提供高质量的推荐服务，也就不会流失那么多客户了。

奈飞公司的推荐系统是基于“协同过滤”的理念运行的。协同过滤的操作方法是收集用户的一组偏好参数，比如几部他喜欢的电影和几部他不喜欢的电影，然后在用户群中找到与指定用户相似的用户。然后它会收集一组相似用户最喜欢看的电影，挑选出指定用户没有看过的，推荐给他。窍门就是推算哪些用户和指定用户有类似的品味。

做这类推算常用的方法是计算余弦相似度。计算机程序会收集一组你的电影评分，把这些参数和其他所有组别的评分作比较，如果你的评分和另一用户雷同，也就是说，你们都给《北非谍影》打了五颗星，给《碟中谍》打了零分，你就得了一分。如果你的电影评分和其他用户完全不符，就不得分。这种算法背后的数学思维虽然稍有些让人头疼，但绝对有理有据。想象世界上只有《北非谍影》和《碟中谍》两部电影，我给《北非谍影》打了五颗星，给《碟中谍》打了一颗星。以《北非谍影》为横轴，以《碟中谍》为纵轴建立坐标系，在坐标系中标出（5,1）这个点，用线段连接原点和（5,1），所得的向量就代表了我的偏好。

现在，假设你更喜欢《碟中谍》，觉得《北非谍影》不该得到这么高的评分，就在坐标系中标出（1,5）这个点，连接原点和（1,5），得出的向量就代表了你的偏好。你的向量和我的向量之间的夹角则可以用来衡量我们的相似度，由于这两个向量的夹角是锐角，它的余弦值范围在 0 到 1 之间。当然，这个方法的缺陷在于世界上肯定不止两部电影。每增添一个项目，余弦相似度就会在我们的坐标系里加一个维度，所以我们在比较是否和其他人喜欢同一部电影时，其实是把自己放在了十万维的向量空间里，每一个维度代表了奈飞公司电影库里的一部影片。不过，我们也不用费力去想十万维空间的事情，那样会让你头疼欲裂的；只要以三维空间为例考虑两个向量就可以了，它们都以（0,0,0）为起点，分别连接正象限中任意一点，要计算这两个向量之间的夹角就相当容易了。推而广之，从数学理论上看，不管有多少个维度，都可以采用同样的方法。

用线性代数的方法搜索电影可能得到完全意想不到的结果。你喜欢史蒂夫·马丁（Steve Martin）的老电影和日本动漫《特别的她》（*FLCL*）是吗？我也是。我还喜欢维姆·文德斯（Wim Wenders）拍的公路大片。

没有哪个常规系统能根据我看过的美国闹剧和日本动漫，推荐德国新电影给我。但要是有几个和我趣味相投的用户也在使用这个系统的话，协同过滤系统说不定可以做到。

协同过滤算法能发挥作用，而且作用很大。如果你根据亚马逊的推荐买过书，就知道亚马逊的推荐是以你过去的购买行为为基础的。不过奈飞公司还想做得更好，于是出资设立了一个奖项，寻找能让其协同过滤算法更为有效的团队。因为奈飞公司会提供大量有关电影评分记录的数据，所以你在试验自己的算法是否行得通时能够不受实际偏好的干扰：根据某用户对50部其他电影的评分，预测她对《早餐俱乐部》（*The Breakfast Club*）的看法，再把你的预测和她的实际行为进行比较，就能知道你的算法是好是坏了。如果你的预测比奈飞公司的内置算法更准确，那份大奖就是你的了。

这场角逐的获胜者是一个由来自美国电话电报公司和雅虎公司的计算机科学家组成的团队。他们能够脱颖而出并不是因为任何概念性的突破，相反，他们对奈飞公司原有的算法做了大量细节上的改善，积少成多，最终取得了质的飞跃。奈飞公司支付了奖金，他们的系统也得到了改善，但我们还是没从协同过滤中学到任何打破常规的思维方式。

我的朋友内森·库尔茨（Nathan Kurz）并不是获奖团队的一员，尽管在这项挑战发起前期，他的算法还登上过排行榜的前20名。差不多赛程过半时，库尔茨发现自己和奈飞公司看待推荐问题的态度不太一样，于是就放弃了挑战。要想赢得这场挑战，你对评分的预测必须和用户的实际评分高度吻合。因此了解某个用户认为某部电影值得打三颗星（最多是五颗星）和知道他有可能给另一部电影打五颗星是一样重要的。奈飞公司关注这点的目的是预测用户对任何一部电影的看法。而对库尔茨来说，这个问题未免有些愚蠢："谁会想租一部普普通通的电影来看？我要的是能改变我人生的电影。我想要看的电影是之前从未听说过却能让我一往情深地喜欢上的那种，我很想见见那些也给它打了五颗星的人，因为他们很有可能会成为我的知音。"

听过参赛者讨论他们的试验进展，就知道有一小部分电影是极难用算法进行分析的。《大人物拿破仑》（*Napoleon Dynamite*）就是其一。《大人物拿破仑》是一部邪典电影，讲述的是一个居住在美国小镇男孩的成长故事。奈飞用户中有人很喜欢这部电影，也有人很讨厌这部电影，极少数人给它打了三颗星——要是你愿意花时间给电影打分，一般也是要么打五颗星，要么打一颗星。由于奈飞公司对参赛者预测用户偏好的准确度要求很高，所以很多参赛者都把解决《大人物拿破仑》这类电影的评分问题视作关键。大多数参赛者在优化系统时，都尽量减小极端电影对其他预测的影响，因为他们知道某个用户给《大人物拿破仑》打了五颗星，并不能预示他对其他电影的喜好。

在库尔茨看来，《大人物拿破仑》这类电影恰恰说明了提供协同预测的方法不止一种。你可以孤注一掷，只采纳五星电影，不过这么做要冒点风险，因为一部分用户（也可能很多）会通不过你的筛选条件。如果使用库尔茨的这套方法，你的生活会更加难以预料，不过也可能更加精彩和刺激。

可惜，在比赛结束前，库尔茨的生活遭遇了变故，他染上了西尼罗河病毒。他家住新墨西哥州的拉斯克鲁塞斯，当地的一条排水沟里发现了携带西尼罗河病毒的蚊子。库尔茨花了两年时间养病，其间，他的认知能力受损。“我不能再写程序了，”他说，“我肯定设计不出新的算法了。我不知道自己能不能康复，所以我得想想换个方法谋生了。”

库尔茨选择了烹饪，他开始制作冰沙，而且用的是戴维·阿诺德这样的专业人士才中意的高科技方法。他做的冰沙不用乳化剂和黏合剂，只用果汁，有时也加点甜菜糖增甜，冻结成密实的圆柱形冰棍后，用一种叫作“万能冰沙机”的机器刮成冰沙，这种机器用的是高转速的钛合金刀片，能把冰棍刮成两微米厚的薄片。因此，做出来的冰沙看起来光滑细腻，味道纯正，除了基本原料没有任何添加剂。

库尔茨把他关于推荐系统的理论用到了冰沙上。杏仁胡椒、阿纳海椒、甜豌豆、茴香柑橘、哈瓦那油桃、大黄姜、泰国罗勒加椰浆……这些都不一定是人们喜欢的口味，但只要让足够多的人尝尝，总有人会认为柠檬甜菜是他吃过最棒的东西。

“这个方法行得通是因为我们鼓励人们尝试各种口味，”我在库尔茨开在奥克兰市的尖叫冰沙店喝完一杯紫苏柠檬汁后他告诉我，“肯定有些口味是他们不喜欢的，但我的店里也总有些他们喜欢的口味。我从来没想让人们吃些普普通通的东西，我想让人们尝到能让他们爱上的新口味。”

要是没有霉菌不小心掉在了培养皿上，青霉素就不会被发现。同样，在你发现自己对杏仁胡椒的钟爱以前（杏仁胡椒是我的最爱），吃一两口烤萝卜是在所难免的（库尔茨认为烤萝卜是他最失败的尝试）。要想取得意外收获，我们就要承担失败的风险，经受挫折的考验，还得不怕浪费时间。重新架构我们所创造和使用的媒体体系，使之能够帮助我们得到意外收获，关键或在于提高自身承受风险的能力，不管成功失败，都要泰然处之。

在未来10年，我希望那些能够催生意外收获，帮助我们偶遇有用信息的工具能变得同今天的搜索引擎和社交网络一样重要。在麻省理工学院，我和我的学生就在研发这样的系统，它们能够密切监测你在线阅读以及选择分享的内容，这么做的目的不是为了找到与你类似的用户，而是希望能帮你找到你不太了解的社群。我们探索各种各样的途径，在Twitter和Facebook等社交网络上寻找成百上千的社群，挖掘新闻报道，让原本毫不相干的群组找到共同的兴趣。换句话说，我们在寻求局部最大化利益，要是不主动寻找，这些发现可能就和你失之交臂了。

在这个领域，还有很多难题等待我们解决。我们既要构建工具，帮助读者和研究人员了解自己看到了哪些信息又错过了哪些内容；也要协助信息管理者引导人们接触陌生社区、了解互联网不可思议的一面。也就是说，科技突破和解决探索与发现问题的新方法缺一不可。优化系统，让我们已经了解到的信息一目了然固然重要，但研发工具，方便找到能帮我们解读事件的译者和超级连接者也至关重要。设计意外收获，首先要懂得建立新联系的能力本身就是一种新的力量。

07

建立联系是一种新的力量

建立联系是一种新的力量。无论是在国家层面、企业层面还是个人层面，想要成为超级连接者都有章可循、有法可依。我们要重视多样化的观点，乐于倾听各种各样的声音。只要我们改变自己的行为，改变我们用以接触世界的工具，我们就能把握新的机会，重新连接世界。

REWIRE

Digital Cosmopolitans in the Age of Connection

寻找旅程乐队的主唱

吉他手尼尔·舍恩（Neal Schoen）有个困扰。他所在的旅程乐队在20世纪80年代中期就结束了光辉岁月，但他们创作的振奋人心的舞台抒情摇滚歌曲仍然受到世界各地歌迷的追捧。2007年，旅程乐队的主打歌曲《一定要相信》（*Don't Stop Believing*）被电视剧《黑道家族》（*The Sopranos*）用作片尾曲，让无数美国歌迷回忆起了穿酸洗牛仔裤的青春年华，他们想知道旅程乐队何时能再度巡演。

舍恩和他的伙伴也想巡演，问题是当时乐队缺一位主唱。1986年史蒂夫·佩里（Steve Perry）离开后，旅程乐队一直在寻找合适的歌手，但给他们当主唱可不容易：佩里扎实的唱功、高亢的声线让乐队唱片销量达到了难以逾越的高峰。十几年来的后佩里时代，旅程乐队歌手的表现始终差强人意。舍恩决定最后再试一次，他要找的主唱不是按照自己的形象重塑乐队的歌手，而是才华横溢、唱功了得，能带领旅程乐队重回巅峰的灵魂人物。

舍恩再次到YouTube上搜索20世纪80年代翻唱乐队的录像带来看，希望能找到合适的歌手。找了两天后，他偶然发现了一段非常精彩的演出视频。在菲律宾大都会马尼拉的马卡蒂，一个叫作动物园的乐队正在硬石餐厅里演唱着20世纪七八十年代的抒情摇滚经典：有空中补给乐队的，有夜游侠乐队的，当然也有旅程乐队的。吉他手弹错了调，键盘手断断续续地重复简单的乐段，但主唱的声音和史蒂夫·佩里如出一辙。于是，舍恩找到了这位主唱——阿内尔·皮内达（Arnel Pineda）。

皮内达出生并成长在马尼拉的桑帕洛克贫民区，他的童年就像旅程乐队的一首抒情摇滚歌曲。皮内达的母亲很支持儿子参加歌唱比赛，但在皮内达13岁时，母亲就因为心脏病去世了。皮内达无家可归，只好靠捡空瓶和废铜烂铁卖些钱度日。还好他没有因为贫穷放弃表演，15岁时成为一支当地乐队的主唱，21岁时他所在的乐队赢遍了菲律宾的歌唱比赛。被舍恩相中以前，皮内达在夜总会驻唱已经有20年了。虽然几家国际唱片公司的菲律宾分部也找他录过几张唱片，不过出了南亚的夜总会和卡拉OK厅，就很少有人听到过皮内达的名字了。

舍恩从没想到自己能在菲律宾找到完美的乐队主唱。百年纠葛的美菲关系让美国流行文化在马尼拉广泛传播，而且大多数菲律宾人会讲英语。一种叫作Plakado①的演唱风格自20世纪60年代兴起以来在马尼拉一直长盛不衰。菲律宾歌手在翻唱歌曲时都尽可能忠于原唱，歌手要能唱出原唱的感觉才能获得最高的赞誉。随着卡拉OK设备在东南亚普

① Plakado是他加禄语“唱片”的意思。

及，歌手能够更加惟妙惟肖地模仿原唱，Plakado 这种演唱风格一度更受推崇。从根本上看，凡此种种让从马尼拉的俱乐部和酒吧里出来的歌手，唱起歌来酷似保罗·麦卡特尼（Paul McCartney）和史蒂夫·佩里。

把动物园乐队在玛卡蒂的演唱视频上传到网上的是皮内达的朋友兼铁杆歌迷诺埃尔·戈麦斯（Noel Gomez），舍恩联系到戈麦斯，希望安排皮内达试唱。起先，为了让皮内达相信这个邀请不是精心设计的恶作剧，戈麦斯还费了不少口舌，直到和远在加州的舍恩通了电话，皮内达才算相信一切是真的。接下来，皮内达还得向美国大使馆申请签证，才能飞往美国试唱。

最终，皮内达拿到了签证，完成了试唱，获得了工作。2008 年 2 月 21 日，皮内达以旅程乐队主唱的身份，在智利比尼亚德尔马国际音乐节完成了自己的首秀，2 500 万电视观众收看了现场直播。皮内达的演唱赢得了旅程乐队歌迷的青睐，因此他一炮走红；他和乐队成员共同录制的第一张专辑销量就突破了百万，获得巨大成功。接下来发生的事情更让人意想不到。皮内达觉得重振旅程乐队还不够，他还为旅程乐队物色了一群新观众，即无数热爱舞台摇滚乐的本土或海外菲律宾人。现在，旅程乐队的演出现场还混杂着一群上了年纪的摇滚歌迷，他们带着对年轻时郊区生活的回忆，和菲律宾裔美国青年一起纵情狂欢，皮内达的成功让他的同胞感到自豪。旅程乐队的音乐会录像带授权给沃尔玛发售，歌迷的极度热情在录像带里展现得淋漓尽致。这场音乐会的名称叫作“生活在马尼拉”。这个世界，一个美国乐队的菲律宾主唱能在智利一炮走红，他有责任把其中的联系传承下去。

我们生活在相互联系的时代，像皮内达这样有能力架起文化桥梁的人手里掌握着某些超强的权力。他们可以从世界各地各种各样的文化中挑选出最棒的，然后独辟蹊径，把那些文化因素重新组合在一起。他们能够解读某种具有文化特性的艺术形式有哪些奇妙之处，让它走向新的观众群体。皮内达的异禀天赋毋庸置疑，但造就天赋的，还有他的背景以及超级连接者的角色。

首席执行官的新气象

世界上最大的那些公司都在寻找具有全球视野的领导者，建立跨国业务。通过了解他们这么做的目的，我们能从各个角度理解力量的含义，以及我们身为个体或群体，可能在凭借全球意识寻找多样认知的过程中收获到什么。

跨国公司正在演变为全球公司，它们不再扎根于一个国家，它们向全世界出售商品，到处搜罗人才和管理者，无论那些人来自哪里。从两个在很多人看来象征着美国文化的品牌里，我们可以看到这种转变：可口可乐公司和百事公司。掌管这两家美国知名企业的一个是土耳其穆斯林，另一个是印度人，信奉印度教。

1980 年，卢英德（Indra Nooyi）在找工作。她在家乡金奈取得理学学士学位，在加尔各答的印度管理学院获得管理学硕士学位，随后到耶鲁大学进修，又取得了一个管理学硕士学位。第一次到美国生活，卢英德靠在学校一栋大楼里做夜班接待员挣钱养活自己。后来，她得到了博思艾伦咨询公司暑期实习生的面试机会，但她遇到了个难题——买不起正装参加面试。最终，卢英德没有借一套正装来穿，而是穿着纱丽就去面试了，结果她被聘用了。

在波士顿咨询公司和摩托罗拉工作一段时间后，卢英德于1994年加入了百事公司。当时这家全球饮料业巨头企业面临着两大难题，一是在发展中国家开辟新市场以及扩大食品经营范围，二是从零食延伸到更多更健康的食品种类。有谁能比金奈的素食主义者更适合来领导这场变革呢？2001年，卢英德升任百事公司董事，2006年继任百事首席执行官。虽然卢英德也招来了一些批评，但她无疑是国际舞台上最成功、最有权势的高管之一。卢英德名声远扬，印度制造业巨头塔塔集团和世界银行都有意把她招至麾下。

虽然“可乐大战”已经不像20世纪80年代那样激烈，但毫不夸张地说，可口可乐公司始终提防着像百事公司这样实力稍逊的同行。2008年，可口可乐公司任命穆泰康（Muktar Kent）为首席执行官。和卢英德一样，穆泰康也有在世界各地求学、生活、工作的经历。穆泰康出生在纽约，是一位土耳其外交官的儿子，童年随父亲工作调动在几个亚洲国家度过，后来到土耳其和英国接受教育。初入可口可乐公司时，穆泰康先后被派到美国、罗马和阿姆斯特丹，之后接管公司在土耳其的后勤工作，后来晋升为整个中亚地区的主管。在可口可乐公司供职20年后，他选择离开，到土耳其最大的饮料公司埃弗斯任首席执行官，2005年穆泰康重返可口可乐公司，领导其全球业务。

可口可乐公司和百事公司或许在招募首席执行官这件事上走在了前列。2009年，管理顾问赫尔曼·万特拉彭（Herman Vantrappen）和培特·凯勒福斯（Petter Kilefors）进行了一项研究，他们计算出《财富》杂志评选的世界500强公司中有14%的首席执行官不是本国人，而且都不是从公司总部所在的国家挑选出来的。从另一方面来看，这个比例还是很低的，因为在很多大公司，大多数员工都不是在公司总部所在地工作，而是要奔赴世界各地。不过在过去几十年，几乎没有哪个外国人能升任首席执行官的，这说明可口可乐和百事等几十家公司聘用卢英德和穆泰康这样的跨国高管的做法才刚刚兴起。

市场的成熟和业务规模的扩张或许是大公司放眼世界、寻找首席执行官的原因之一。1955 年，《财富》杂志开始追踪世界大型公司的资产，那时世界 500 强公司的收入总额相当于美国国内生产总值的 39%。虽然世界 500 强公司规模很大，但要论对美国和欧洲经济的控制力和影响力，他们并不及无数小规模家族式企业之合力。时过境迁。如今，世界 500 强企业的收入总额相当于美国国内生产总值的 73%，足以让他们成为世界第二大经济体。

其中贡献最大的是美国、欧洲一些国家和日本的品牌，主要因为他们在新兴国家开发了新市场。这些公司不断发展壮大，其构成也变得极为复杂。在可口可乐公司，穆泰康手下有超过 14 万名员工，分别来自 206 个国家和地区；而这其实只占到了公司业务的一小部分，可口可乐公司的产品要想到达顾客手中，还离不开世界各地成千上万的装瓶工人。

世界大型公司的首席执行官所面临的挑战是前所未有的，他们要管理和激励说着形形色色语言的员工；他们还要想方设法占领一个个截然不同的市场。要想在竞争中获得成功，企业要放下成见，暂时抛开从已形成的市场中得出的经验。初显衰退迹象的企业，更应如此。

陷入困境后，很多公司都寄希望于跨国首席执行官。日本两家龙头企业索尼公司和日产汽车公司的首席执行官都是临危受命，而且都不是日本人。卡洛斯·戈恩（Carlos Ghosn）生于巴西，带有黎巴嫩血统，在巴黎接受教育。1999 年，他所供职的法国雷诺汽车公司买下了日产汽车公司的大量股权，当时日产汽车公司负债累累，在48种车型中只有3种是盈利的。2001年，雷诺公司提议戈恩担任日产公司的首席执行官，戈恩接受了任命，并许诺在一年之内让日产公司扭亏为盈。

戈恩上任后关闭了部分工厂，裁减了14%的员工，废除了经连体系，使日产公司不再持有其众多零部件供应商的大量股份。在这一过程中，戈恩打破了几乎所有日本汽车工业的惯例，那些原本以为捧着铁饭碗的工人被炒了鱿鱼，公司的工作语言也从日语改成了英语。虽然戈恩的做法有些破格，但很多日本生意人都敬重他的胆识。有人专门编了一本160页的连环漫画册，庆祝戈恩成功拯救日产公司于水火，还有一家人气很高的日本餐馆推出了一款以戈恩命名的便当盒，里面的饭团和寿司都做成了他的头像。雷诺公司的庆功方式是任命戈恩为首席执行官，同时希望他继续管理日产公司。这两份孪生工作大大加大了戈恩往返巴黎和东京两地的频率。

对于日产公司，他们需要找个局外人来打破惯例，让公司的决策能向全球顶尖汽车工业的水平看齐，哪怕这么做会在日本掀起不小的波澜。百事公司找到卢英德，是希望她对印度的了解能让公司在打开新兴市场的实践中游刃有余。不过，企业领导层的新气象还有另一层含义，聘用跨国首席执行官可能事关包容差异。

其中一个根据是印度籍首席执行官在全球舞台的崛起。《财富》杂志评选的世界500强公司中，有13家的最高决策者出生在印度，这说明除了美国，产出现任首席执行官最多的国家就是印度了。印度的高管不仅领导着塔塔集团和米塔尔钢铁公司等本土巨头企业，还成了万事达卡、花旗集团、联合利华等非印度大公司的最高决策者。印度人之所以能坐上跨国企业最高决策者的位置，有很多原因：一是他们的英语都很流利，而英语是全球商业交往的通用语言；二是印度政府尤其擅长制定繁文缛节，这使得他们很难在竞争激烈的本国市场分到一杯羹。不过，归根结底，这个国家在宗教、语言和文化上极为显著的多样性可能才是最重要的原因。

彭安杰（Ajay Banda）是万事达卡的总裁，他的哥哥文迪·班高（Vindi Banda）在2000年到2005年期间担任印度斯坦利华公司的执行长，兄弟俩在商业上取得的成功还要感谢他们漂泊不定的童年生活。他们的父亲是印度武装部队的一名中将，每隔几年工作就会调动。“你们必须适应新环境，结交新朋友，”父亲说，“每到一个地方，你们就要给自己建立新的生活圈子。”在印度，你的邻居说的是400多种语言中的任意一种，耆那教、锡克教，各种各样的信仰都不足为奇；就算没有像班高兄弟一样四处搬迁，印度人也要学会在这样的环境下生活，要让身边的每一个人都和你拥有相同的世界观是不现实的。

美国新经济伙伴组织是由美国商界和政界人士组成的两党联合组织，该组织着眼于推动美国移民法案的改革，他们发现，就美国而言，18%的世界500强公司至少有一个创始人是移民，如果算上父辈移民，这个比例超过了40%。谷歌、英特尔、易趣和雅虎均在其列，其中不乏数字经济领域的支柱企业。为什么新美国人在创立跨国企业上如此成功呢？

其中肯定有美国移民政策的功劳，或许可以理解为这些移民政策相当严苛，所以只有真正有才华的、踏实肯干的、受过最好教育的人才有机会移民美国。又或者移民家长对孩子的要求比非移民家长更高，他们更希望孩子在经济上取得成功。我们也可以认为移民和他们的孩子往往深谙沟通文化之道。移民能用一种陌生的语言寻找工作，移民的孩子能担当父母的文化翻译，靠的其实就是沟通能力。对一个高管来说，这种沟通能力让他在建立多元化团队或营造包容各种观点的企业文化时独具优势。超级连接者往往更容易发现其他市场的长处，不容易被公司内部的意见所束缚。

最初对实现多样化的许诺，慢慢地，很有可能就被当成了表面文章，或者识时务之举，比如有人认为百事公司十分重视发展中世界，所以才聘用印度人来当高管。但聘用卢英德这样的人物做首席执行官，也说明了在机构的最高管理层，同样需要多样性。可以看到，许多企业确实投入了大量的人力物力，以培养和提升世界各地的高管，再看看他们给予卢英德和戈恩的职权，我们就应当考虑一些企业把认知多样性摆在了何等重要的地位。

认知多样性与异己之见

罗纳德·伯特在雷神公司探究好主意如何传播时，就着眼于个体的创造力，他总结出公司里最会思考的人往往就是那些在组织架构中充当桥梁的人物，他们把公司内部原本没有交集的单位联系在了一起。超级连接者处在关键的结构位置上，因此他们能够从一系列新奇的想法中汲取养分，经过自己的创造性思考，再把这些想法以易于理解的形式传播给其他人。这一构架有力诠释了个体是如何帮助组织解决复杂问题的，不过还有个很重要的问题它没有回答：群体该如何利用多样性？

斯科特·佩奇（Scott Page）是密歇根大学复杂系统理论学者，他在这个问题上花了大把的时间和精力。佩奇写《多样性红利》(*The Difference*)这本书，就是为了把他复杂的数学思想介绍给外行的读者。在这本书里，佩奇提出了一些激进的见解。他指出，在其他条件相同的情况下，相比于每个人都很有天赋，但想法都差不多的团队，多元化团队解决问题的能力更强。此外，随机组成的多元化团队通常比全都由处理问题的好手组成的团队表现更好。在某些情况下，多样性比能力更重要。

佩奇的论据不是从商界或政界的经验中推断出来的。相反，他和他的同事卢宏建立了一个计算机模型，叫作“代理人”的软件程序相互竞争，找到解决问题的最佳方案(此案例中，许多高位数随机分布在一张“地图”中，供代理人搜索)。每个代理人要根据独立的自定义规则，在一组庞大的随机数字中找出那些最大数值。同一个团队的代理人要相互合作，分享他们的发现，最终提交他们共同搜索到的结果。然后，佩奇和卢宏安排团队展开竞争，一个团队由个体表现最好的 20 个代理人组成，另一个团队的 20 个代理人则是随机抽取的。不用说，团队的表现总是优于个体，不过，让人吃惊的是，随机代理人团队始终比精英代理人团队表现得更好。

随机代理人团队胜在局部利益最大化的问题上。要解决佩奇和卢宏的问题，即在一组随机分布的高位数中找出最大数值有很多好办法。代理人要在规定时间内尽可能多地找到最大数值，即实现局部利益的最大化，然后和队友沟通，这样每个人就能共享整个团队的成果了。只要每个代理人负责搜索地图上不同的区块，这个方法就能奏效。但要是他们都在同一块空间搜索，那他们的局部最大化利益就只局限于这一小块区域，而忽视了其他区域。

我们举个现实生活中的例子。假设包括我在内的一个 20 人团队需要在一小时内把旗帜插到我们所能到达的最高的山顶上。我知道该怎么做，我住在格雷洛克山附近，而格雷洛克山是马萨诸塞州最高的山，于是我会信心满满地把我的旗帜插在海拔 1 063 米的地方。要是我的队友都住在马萨诸塞州西部，那他们的做法就都和我一样，因为方圆几公里，找不出比格雷洛克山更高的山峰了，这就是局部利益最大化。而要是有一个队友住在新罕布什尔州北部，结果就截然不同了。他会登上华盛顿山的山顶，把旗帜插在海拔 1 917 米的地方。如果有队友住在落基山脉、阿巴拉契亚山脉，甚至喜马拉雅山脉附近，我们团队的整体表现还会更好。假设这是一场比赛，一方是由随机定位的 20 个拉力车手和专业登山运动员组成的团队，另一方则是由 20 个分布在世界各地的随机个体组成，那么，在大多数情况下，多样化团队还是会取胜，尤其是登山运动员被堵在内布拉斯加州的时候。

佩奇和卢宏的实验基于两个重要假设。一是要解决的问题难度太大，在大多数情况下，单独的个体无法完美解决。如果某个天赋异禀的个体仅凭一己之力就能解决大多数问题，团队的多样性也就无关紧要了。二是佩奇和卢宏还假定在某一方面能力突出的人往往会用相同的方式解决问题。在他们的实验中，个体表现最好的代理人所运行的算法都十分相似。既然用的方法类似，他们自然都聚到了地图上的同一个区块，也自然比不上多样化团队，多样化团队的代理人虽然效率不及他们，视野却广得多。

这个现象和“出类拔萃之辈”的问题有些相似之处。记者兼历史学家戴维·哈伯斯坦（David Halberstam）在他讲述越南战争起源的著作里把肯尼迪总统和他身边那群聪明、年轻的外交政策顾问称为“出类拔萃之辈”。这些政治家无疑都聪明过人，但他们的背景相差无几：读的都是最好的预科学校和名牌大学，毕业后都在大学里任教并从事外交工作。撇开性格上的差异，他们解决问题的方式大致相同。此外，他们也很愿意接受同僚提出的解决方案，因为那些方案让他们觉得很熟悉、很舒服，还有助于维持内部和谐。结果，他们不再寻求新的观点和解决方案，只是不断巩固彼此狭隘的思维。心理学家欧文·杰纳斯（Irving Janus）把这个过程称为“群体思维”。

事实证明，他们对苏联和越南做出的一系列假设都大错特错了。要是组成出类拔萃之辈的是一群在认知方式上更多元化的人，他们的思维就不会这么狭隘，协同解决问题的能力也会提升。佩奇告诉我们：“即使我们同意个人解决问题的能力能够在智商测试、学术能力倾向测试和大学学分里得到体现，这些分数恐怕也只能说明某个人可能会是个处理问题的好手，而不能作为衡量他的思维方式有多么与众不同的标准。”在肯尼迪的顾问团队里增添多少个哈佛毕业生都是无济于事的，让某个在苏联或越南问题上持有不同观点的人加入倒有可能起到作用。

佩奇设定的认知多样性能对解决哪几类问题有所帮助呢？这是相当困难的问题。佩奇举了个例子，第二次世界大战期间，英格兰布莱切利园的一个团队，破解了德国的恩尼格码密码机和洛伦兹密码机。这个团队里除了数学家还有玩填字游戏的高手，甚至还有语言学家、古典学者和古历史学家，布莱切利园以其在招纳人才上的不拘一格而闻名于世。该团队汇集了几个同盟国的精英，当然也包括尚存的大英帝国殖民地。这个团队取得了举世瞩目的成功，他们不断破译德国密电，为盟军提供了大量军事情报，因此受到了丘吉尔的高度重视和赞誉，丘吉尔把布莱切利园的科学家称为“从不咯咯地叫，但会下金蛋的鹅”。看更近一些的例子，佩奇说，获得奈飞公司大奖的团队由 7 名计算机科学家、统计学家、工程师组成；他们来自美国、澳大利亚、加拿大和以色列，组成多元化团队让他们受益匪浅。

你的公司应该聘用澳大利亚的统计学家或波兰的古典学者吗？在区分身份多样性和认知多样性的问题上，佩奇是很谨慎的。身份多样性是指性别、种族、民族血统、宗教、语言及其他众多因素的差异。认知多样性则来源于观点和探索问题方法上的差异，即我们会借助何种手段来解决问题。背景不同的人提出的观点和探索问题的方法一般也不同，但身份多样性和认知多样性也不是一一对应的。从阿拉巴马州农村来的非裔美籍高管和从金奈来的印度高管要是读的是同样的中学、大学，还参加了同样的高管培训项目，那他们的思维方式很可能也十分相似。

但聘用一个和你的团队里其他成员迥然不同的人，既有可能增加认知多样性，也有可能招来冲突。佩奇和卢宏提醒说："身份多元化群组里往往会产生更多的冲突，因为成员之间的沟通很容易出问题，相互信任和尊重也更困难。"北得克萨斯州大学的沃伦·沃森（Warren Watson）在他的管理课上对多元化团队进行了研究，他把学生分成两个学习小组，一个组里全是美国白人，另一个组里有一名美国白人，一名非洲裔美国人，一名拉美裔美国人，还有一名是外国学生。整个学期的课程，学生都按他的要求分组学习，沃森定期检测学生的学习成果。他发现多元化团队比同质性团队产生的"过程问题"更多，在团队应该如何共事的问题上更容易引发分歧，而且从短期看，他们的成果也比较少。经过一个学期的磨合，两个团队的表现就不相上下了，并且多元化团队总能想出更多解决问题的创新方案。

就算多元化团队比其他团队解决问题的能力更强，其成员也未必很享受这个过程。凯瑟琳·菲利普斯（Katherine Phillips）是美国西北大学商学院的老师，她做了一项巧妙的实验。她从3个男生联谊会或女生联谊会里找来一些学生，组成团队，团队成员要共同解开一个神秘谋杀案。他们各自手上掌握着不同的信息片段，合在一起才能知道全部信息。每个团队有20分钟的讨论时间，5分钟后，有一名新的参与者加入。这些团队分成两半，其中一半加入的新成员是同一个联谊会里的，另一半则来自不同的联谊会。有其他联谊会成员加入的团队在解开谜团上明显要更成功，但和同质性团队相比，他们缺乏自信，不敢相信自己已经得出了正确结论，同时也不太享受参与讨论的过程。多样性能让团队更加成功，但也让所有参与者感觉不太自在。

菲利普斯从微小的差异里看到了显著的影响。她的实验参与者虽然隶属于不同的学生组织，但他们至少都是同一所大学的学生。而跨国公司或城市街道里包含的身份多样性可就要丰富得多了。同理，和这些群体里的人一起共事可能会让我们感到更不自在，不管是要推介一款新产品，还是要建造一个新的社区公园。

一些在多元文化环境中长大的人学会了利用他们多样化的观点和探索问题的方式，取得商业或艺术领域的创造性成就，但不要以为多样性就是成功的保证。另外，我们这些成长、生活、工作的地点都离得不远的人该如何掌控认知多样性，或者说该如何好好利用多样性的优势，尽可能地减少冲突、缓解随之而来的不自在感，前景尚未明朗。这是一条漫漫长路，不过可能有几条捷径。

国家、企业、个人都希望借多样化观点之力获得灵感，解决最复杂、最紧迫的问题。要是问题是出在重新规划城市和国家时，不知道如何利用多样性的优势，或者是因为与目标背道而驰，导致彼此关系紧张，难以缓和，那我们不妨把过去和如今的世界主义国家拿来比比，或许能从中找到些灵感。

16 世纪末 17 世纪初，荷兰是现代世界的中心。荷兰东印度公司是世界上第一个跨国公司，由阿姆斯特丹银行出资成立，阿姆斯特丹银行也是世界上最早的中央银行。此外，阿姆斯特丹成立了世界上第一个专门的证券交易所，在阿姆斯特丹港甚至还停着日本的商船。在亚洲，荷兰东印度公司的形象远不止开明的世界主义者那么简单，它不惜诉诸武力，和殖民地人民“协商”有利的贸易条件。不过，荷兰这个国家本身，在世人眼中依然是联系、包容和成功的代名词。

荷兰的黄金时代在一定程度上是历史作用的结果。西班牙向低地国家发起 80 年战争 ，使大量富商和纺织工人从安特卫普迁到了阿姆斯特丹。另外当然还有地形的功劳。贸易通道横贯荷兰，把莱茵河畔的粮食带到了地中海地区，又从法国和葡萄牙带回了葡萄酒。但荷兰的成功最离不开的是这个国家在宗教问题上的宽容大度。由于西班牙和法国的天主教国王镇压境内的非天主教信徒，新教徒、再洗礼派教徒和犹太教教徒纷纷涌向荷兰，同时也带去了财富、技能和智慧。荷兰允许宗教少数群体拥有土地和财产，不干涉他们的信仰，因此吸引了世界各地的“异教徒”。他们中的一些人建立了庞大的商业帝国，还有一些人建立了莱顿大学等学术机构。

在当代，不少国家和城市通过提倡各种形式的世界主义取得了经济上的成功。新加坡从周边和世界各地的贸易伙伴那里引进了大量投资，一举成为亚洲最富裕的国家。不少国家都以新加坡为典范，通过建立商品贸易和思想的联系，寻求经济增长。

或许新加坡这个城市国家的改革，注定少不了荷兰经济学家温思敏（Albert Winsemius）这样一位经济顾问。新加坡脱离英国，实现独立后不久，温思敏携联合国使团前去访问，随后给新加坡当起了义务顾问，一当就是25年。温思敏提的意见事无巨细，既包括请荷兰电子产业巨头飞利浦公司到新加坡建立生产基地，也包括力劝新加坡政府不要移除斯坦福·莱佛士（Stamford Raffles）的雕像。温思敏认为，撇开那段殖民历史不谈，莱佛士身为殖民地领袖，建起了新加坡这座城市，他的雕像代表了新加坡人民和世界人民的联系。

如何成为超级连接者

要是温思敏先生还活着，要让国家在这个相互连接的世界里实现经济发展，他会给出什么意见呢？当然，有些意见会根据国家的发展水平和政府构架量身定做；不过也有些原则是放之四海而皆准的。如果按温思敏的逻辑编一本小册子，想必他会鼓励已经和世界联系在一起（或想要和世界联系在一起）的国家从以下几个方面着手：

实体联系：新加坡的成功离不开两项关键的早期基础设施建设，一是大型集装箱港口，二是着陆权相对平价的国际机场。能建设基础设施，希望借旅游和贸易促进联系的国家，在对待人员和思想流通的问题上一般也比较开明。对大多数与世隔绝的国家，尤其是发展中国家来说，想要打开国门，建立联系，首先就要重视基础设施建设：公路铁路、港口机场、电话线、输电线和网络电缆等。对于比较富裕的国家而言，联系与隔绝的问题则主要在于如何应对恐怖活动和流行疾病等安全威胁的挑战。凡是有意以切断实体联系来换取边境安全的想法，必须权衡隔绝带来的后果。另外，国家还必须认识到感觉和现实的差距，清楚自己与世界的联系到底有多紧密。要想进一步跻身商品和思想流通的核心位置，国家首先就要对自身的情况了如指掌，即哪些联系是已经建立的，哪些联系还没有建立，以及个中缘由。

外来移民：与世界联系紧密的国家开始视自己为“市场国家”，并相互争夺掌握高技术的移民人才。他们面向高度流通的全球劳动力制定相应的移民政策，为客籍劳工营造更有利的环境，对想要获得本国国籍的移民，他们也出台了切实可行的政策。不过，这也不是颠扑不破的。就拿阿联酋来说，要想继续吸引欧洲移民，其破产法就必须要改革。另外，还想继续吸引中东和印度的移民，人权法和劳动法也要大改。新加坡能在经济上获得成功，其中一个秘诀就是封闭的政治体系。如何把国家建设得像市场国家一样既开放又有吸引力，目前还没有找到出路。

建立有吸引力的市场与建立开放的社会是有差别的，一些国家立志消除这种差别，那他们就要格外重视那些能在从前的国家和现在的国家之间搭建桥梁的移民。有些移民来到某个国家，学习当地文化，是为了更好地帮自己的同胞牵线搭桥，当地应该创造条件，吸纳这些移民成为本国公民。美国等国家还会进一步鼓励熟练掌握专业技能的移民入境，因为他们能够推陈出新，给国家带来新气象。

教育：国家要大力投资教育事业，培养学生适应国内外广阔而复杂的世界。海湾国家致力于建立世界一流的大学，其抱负不仅在于成为世界的学术中心和财富中心，更在于提升其国民在国际商业领域的地位，以及驾驭国内外商业活动的能力。这些大学从国外聘请教师，不仅是因为国外的学术人才更多，还因为这么做能为跨文化交际创造条件。

若国家的教育体系已经相当成熟，教育改革依旧有章可循，即课程设置要以加强同世界的联系为重心。这不仅涉及数学和科学教育，语言和地理教育也同样重要。小学和中学要集中精力创造条件，让学生能和当地社区里不同群体的人联系在一起。对于那些特别适合沟通和解读文化的学生及社区成员要格外重视，还要鼓励人们养成喜欢新鲜事物的核心技能。对学校来说，把留学项目纳入主流教育是明智的做法。

外交政策：在相互联系的世界里，贸易和外交都比过去更强大。以联系为目的的基础设施让小群体也能变得无比强大，比如恐怖主义的直接行动，又比如破坏性信息的传播。同时，联系也让世界变得更透明，除非得到了国际社会的一致认可，否则发动战争只会难上加难，美国在阿布格莱布监狱的丑闻和以色列在加沙地带的教训都是很好的例子。赢得战争往往要比守护和平容易，目前，军事力量的转变在某些方面和军事战略家汤姆·巴内特（Tom Barnet）的预言不谋而合。如今的军队在打仗上可能不如从前，但在重建和巩固政权上可要厉害得多，军队里有多少爆破专家，就得有多少人类学家和语言学家。

相互联系的世界激励美国等国家大规模地展开公共外交项目，例如和平队。这些项目意在培养更多超级连接者和崇外者，并对那些致力于修复战争创伤、构建和平未来的人给予认可和支持。

很难想象，欧洲或北美的国家要是遭遇了经济危机，正焦头烂额地忙着在国内广开就业门路时，该如何完成上述各方面的改变。但联系一旦建立，就很难打破，在疲弱经济体威胁到强劲经济体的稳定时，欧盟就已经发现了这一点。从长远来看，国家想从联系中获益，需经历一个漫长的过程，要从头开始，重新建立联系。

一些企业，尤其是大型跨国公司和创新科技公司，也要经历类似的过程。和国家的转变一样，企业的转变也既耗时又费力。在某些特定的情况下，这种转变很难让人看到希望。不过企业若想从员工的认知多样性中获益，以下一系列雄心勃勃的方法可供参考。

聘用和重视超级连接者：明智的跨国企业会为管理人员创造到不同国家工作的机会，让他们在不同的部门或国家待上几年，而不是几个星期而已。这些跨国企业有意识地在公司内部培养超级连接者，让好主意能更广泛地传播开来，从而填补公司内部的结构洞。在招聘员工时，也应该考虑超级连接者的作用。在不同国家生活和工作过的员工很有可能会给公司带来新观点和新气象，尤其是在遇到了需要从差异中寻求出路的问题时，更为有利。

培养崇外者：不是每个人都是文化间的桥梁，也并非每个人都可以成为超级连接者。能够跨越桥梁的人对企业来说也很重要。在企业外部，崇外者常常通过体育、音乐、电影、饮食等不同国家的文化产物，表现出对其他国家的兴趣。在企业内部，崇外者有可能会围绕共享项目或专业目标建立联系，个人联系和文化联系中应该至少有一样能起到作用。在高度联系的公司内部，管理人员应该想办法打造多元文化团队，要是能让下属到那些跟公司有业务往来的国家和市场去看看就更好了。明智的企业应该在能拉近员工距离的事情上有所投入，包括实体的和虚拟的，即使这些事情跟平常的工作生活风马牛不相及也大有裨益，比如组织员工一起观看世界杯比赛或者打《魔兽世界》。

搭建内部桥梁：当然，不是每个在跨国企业工作的人都具有全球视野。企业需要密切关注其用于分享内部信息和引进外界灵感的体系。对日常媒体行为的监控不仅适用于个人，管理人员和决策者也很有必要考虑他们是如何认识自己所管理的公司和市场的。此外，在公司内部构建有利于解读信息和发现新内容的组织结构和创建更有利于转变全球媒体的工具都很关键。

坚持持久战：联合多元文化团队并不能保证创造性的提升或生产率的提高。最初，它带来的冲突可能会比创新更多。大胆尝试联系的工作方式，会导致公司生产率的短期下滑，不过长期坚持下去，认知多样性的优势一定会显现出来。不是所有人都有能力为国家或公司重建联系，不过我们大家都可以有所作为。我们可以广泛传播接触到的有影响力的人或事物，也可以用不同的观点建立彼此之间更牢固的联系。

监控媒体消费：自我追踪媒体消费行为是我们了解自己对这个世界存有哪些偏见的第一步。每天写篇简短的日记，坚持一周，就能有所启发。时间记录器等软件则能帮我们养成长期追踪个人行为的习惯，要是我们能根据监控结果尝试改变自己的行为，那它就物尽其用了。

慢慢脱离常规生活轨道：当你发现自己把大把时间花在了相同的几类媒体上时，可能就要想办法彻底改变自己的日常媒体行为了。比较好的方法是，先找一个你原本就感兴趣的领域，再从中寻找与国际接轨的联系。如果你对经济学感兴趣，你可能会读到乌干达经济学家的博客；如果你对相扑感兴趣，你可能会对蒙古有个更全面的认识；不管怎样，从已经入迷的话题入手，更有可能让你主动改变过去的习惯。

发现、追随超级连接者：能帮你介绍另一个国家、另一种文化的最佳向导既要了解该国文化，也要了解你所处的文化。互联网上，热情地推介本国文化的用户层出不穷；我们的全球之声网站就有很多这样的用户，但不愿意分享的用户同样不计其数。公共广场等平台，茶叶之国等网站，Härnu 等工具都致力于帮人们推荐超级连接者，有了超级连接者的帮助，你就更容易理解其他文化的背景了。

借信息管理者之力寻求意外收获：有意识地扩大媒体消费的种类就只能帮你走到这么远了。要是不满足于此，还想建立些与众不同的联系，就得指望能遇到意想不到的关键人物和事物了。于是我们想到了信息管理者，他们既可以是人也可以是程序，他们能把我们引向意想不到的关键人物和事物。信息管理者包括报刊和文艺杂志的编辑、精挑细选网站创始人玛利亚·波波娃（Maria Popova）等新媒体监管人，以及 StumbleUpon 和 Longreads 等半自动化系统。总之，寻求意外收获意味着你做好了冒险的准备，愿意让信息管理者把你“引入歧途”，期待发现的降临。

我们以为借信息管理者之力寻求意外收获应该没有什么难处，其实不然。无论是哪种情况，我们都希望能有更好的工具，帮助我们追踪和认识所遇到的事物；能在我们感兴趣的领域建立新的联系；能找到引我们走向新思想和新观点的向导。现在，有一个绝好的机会，那就是创建工具，帮助人们跨越固有的通过搜索和社交获得发现的模式，增加取得意外收获的机会。创建这些工具的人不仅可以借此机会赚得盆满钵满，还能给世界带来积极的影响，为人们提供更多解决复杂问题的思路和策略。

REWIRE

重新连接世界

文化批评家耶夫根尼·莫洛佐夫（Evgeny Morozov）把矛头指向了颇有影响力的TED大会，他指出，且不看其他，“任何有意义的政治论述均被TED排除在外，TED的科技人道主义者提倡的解决方案，不外乎科学家、程序员、工程师手里的那些工具包”。

本书着眼于一系列技术工具、媒体（包括新媒体和社交媒体）、艺术以及文化。这些工具塑造了我们对世界的看法，尤其是我们的个人际遇无法企及的领域。媒体工具无异于其他任何工具，管理者的政治倾向同样寓于其中，无论有意与否。Facebook在推荐好友时，会优先考虑你已经认识的人，而不是你想要接触的人；同样，在线报刊在推荐新闻时，也会优先考虑你的欲求，而不是编辑推荐的意外新闻。

我们可以找出媒体技术中隐藏的政治因素，并努力改变这种现状，但这并不能保证企业就会重视员工的多样化观点，也不能保证国家就会重新考虑其移民政策或外交战略。要让我们的世界走向联系而非隔绝，必然会面临一系列斗争，这些斗争无处不在，大到国家的政治倾向，小到我们每个人打开浏览器时所做的决定。

莫洛佐夫痛斥的科学家，他们寻求技术上的捷径，以解决气候变化等问题，他们是机会主义者，当然，我用的是这个词最好的含义。他们找到了利用太阳能的新方法，从藻类中提取出生物燃料，让政府和个人轻而易举就能完成重大变革，而这些变革无论从规模上看，还是从政治角度来看，都是很难实现的。用技术手段抓住机遇并不意味着忽略或逃避政治问题。通常，要改变围绕某个问题的政治力量对比，这就是一条出路。

我们的广播新闻媒体已有几十甚至上百年的历史了，现在却在经历剧烈的变革。那些乐于重新建立联系，让新闻变得更具代表性、全球性，更让人眼前一亮的人从中得到了机会。类似的颠覆性变革也发生在电影和音乐领域，并波及其他文化领域。目前的社交工具还很不完善，它们还无法左右我们的选择，影响我们的注意力，不过它们每周都在改进，并非年复一年才能看到变化。要是得知未来的媒体或许能让我们接触到包罗万象的观点时，我们会感到兴奋，那就说明创建出我们需要的工具是有希望的。

若认为互联网势必会让世界走向相互联系的未来，那就错了。不过对霍华德·雷因哥德、伽利尔摩·马可尼、尼古拉·特斯拉等技术乐天派的雄心壮志置之不理，仅仅因为他们期待的未来还没有到来，显然是无益的。人们可能会把他们的话看作预言。犹太神学家、民权领袖亚伯拉罕·赫舍尔（Abraham Heschel）就以《圣经》预言作为自己学术生涯的起点，在此基础上展开了大量研究。用现在的话说，"预言"就是对未来的预测；而在《圣经》时代，预言家的职责是把上帝的指引带给人们，促使人们做出改变："预言家是否定社会的人，他谴责人们的习惯、假设、自满情结、肆意妄为和思想融合。"马可尼、特拉斯、雷因哥德的期望若被视作普通的预言，毫无疑问是错误的；若被视作具有宗教意义的预言，则要求我们应对挑战，学会掌控和利用我们创造的技术，建成我们期待的世界，而不是走向让我们恐惧的世界。

如果我们期待的世界，重视多样化的观点，而非拘泥于单一的教条；如果我们期待的世界，各种声音可以平起平坐，而非特权主义盛行；如果我们期待的世界，人们可以各抒己见，畅所欲言，进而催生解决问题的新方法；那么，我们就要行动起来，把理想变成现实。引用公元一世纪拉比塔尔丰（Tarfon）的话，"改变世界不是我们义不容辞的责任，但我们也没法克制住自己，不做改变"。无论我们是要改变自己的行为，改变我们用以接触世界的工具，或是改变整个人类社会，重新连接世界，机会就摆在我们面前。

2016年夏天，我结束在台湾世新大学的博士后工作，回到杭州。那是我第一次去台湾，为期半年之久，给我留下的深刻印象是它的国际化与在地化之耦合。在那里，我曾旁听了整整一学期时任台湾大学人文社会高等研究院院长黄俊杰教授的英文课程《中国思想史》，在课堂上与美国、日本的学生交流；也曾长途跋涉参加九天八夜的大甲妈祖绕境进香，认识了来自印度尼西亚、马来西亚的朋友。而我的博士后研究围绕成舍我与成露茜两代新闻传播学人展开，他们的经历与学思更是把一种"全球在地化"（Glocalisation）的思路诠释得颇为清晰、动人。

我很想弄清楚，居于中国东南一隅的台湾，是如何跃入全球化的链条之中，创造出了一种在过去的中国人看来颇为"现代"的生活样态的。在这一样态中，异己的存在被普遍认知与包容，新的文明形态在杂糅中诞生与延续。于是，从台湾回来之后，我自然就生发出对"全球化"这一话题前所未有的兴趣。

正在此时，老友安烨送来了一部书稿，要我翻翻看。我一看作者是伊桑·祖克曼，就想起多年前在写博士论文的时候，曾看过他在 TED 上的演讲。我的博士论文写的是城市生活，关切的核心是在快速城市化的今天，相互陌生的人们生活于同一座城市中，他们彼此的疏隔应该如何打破，实现我所谓的“情感的跨阶层流动”。显然，这是因为我讨论的是中国城市，其中异己者多半是不同阶层的人。而祖克曼教授当年在 TED 上讨论的话题《倾听全球潮》(*Listening the Global Voice*)，则更像是情感的“跨种族流动”或“跨国流动”。后者显然更国际范，也更有后殖民的批判味道。顺便说一句，我之所以会对祖克曼教授的 TED 演讲印象深刻，除了我们关切的内容在根源上基本一致外，还因为它的标题与我恩师王一川教授的一篇早年论文《倾听跨体文学潮》基本相似；而我后来关心的所有话题，都与恩师当年倡导的“异趣沟通”有着千丝万缕、草蛇灰线的联系。

20 年前，随着电子媒体时代的到来，港、澳、台地区的流行文化经由罗湖口岸进入中国，为久在单一文化中的内地人打开了新的世界。王一川教授敏锐地捕捉到“异趣沟通”是一种审美理想的前景。差不多 10 年前，我震惊于中国被城市化所拉大的“异趣”，而把这一话题作为自己研究的主要方向。今天，祖克曼教授将全球化时代的“异趣”又一次摆在了我们面前。他一次次地提醒到，在全球化的当下，我们不能再聚焦于邻家小妹与社区新闻，不能再只顾眼前的“一亩三分地”或是波士顿红袜子棒球队的成绩，而应该打破圈子，放眼世界，看到更远的远方。那是互联网作为媒体许诺给我们的世界：一个平的世界。

毫无疑问，这样的世界迄今尚未到来，虽然重视多样化、让各种声音都可以被听到，一直是学者们努力的方向，虽然祖克曼教授在这本书里给我们做了很好的示范。我甚至认为，这本书就是为中国读者写的：他一会儿以“非典”为例展开讨论，一会儿拿《人民日报》举例子，还不忘调侃一番蓝翔技校的挖掘机修理技术。祖克曼找了许许多多在传媒领域带有全球化特征的例证，他说相比于物的便捷流动，承载着文化、观念等意识的传媒反而更难流通，特别是落后地区。因此，他寄希望于传媒扮演好文化“搬运工”，将翻译进行到底。但我还想说，世界之所以是不平的，可能责任不在媒体，而在那些从阻隔中获利的权力；尽管打破原子化，实现交互态是人类命运共同体的题中之意，但要建立一个以地球为主体的共同体，却无疑需要“砸烂”一个旧权力所维系的旧秩序。

草草翻阅完全书，我决定接下这个翻译的活儿。在我看来，这本书与我一贯主张的“传播既是信息交换，也是情感交往”是有内在关联的。今天的全球化与20世纪六七十年代“来来来来台大，去去去去美国”早已不可同日而语，它更需要我们真正包容地理解彼此，欣赏彼此，探索“公心互融，美美异和”的路径。我们操持着全球最多人口使用的语言，大部分同胞都有长达数年的英语学习经历，一旦我们真正意识到了“胸怀祖国”与“放眼世界”的意义，世界将会是另一番景象。我邀请北京师范大学的学妹张晨参与翻译工作，她是翻译学出身，又与我一样都在杭州生活，便于交流。事实证明，没有她，这本书的译稿很难按时交付。当然，限于我们的学力，书稿中必有谬误之处，责任应由我来承担。

最后说一句，我越来越喜欢祖克曼教授那肥硕的身躯和一头披肩长发。虽然这样的身材距离我理解的“帅”实在很远，但在翻译完这本书之后，依照“超级连接者”的原则，我对此表示十足的理解。事实上，在翻译的过程中，我也确实逐渐感受到了这种异样的“帅”。再次感谢湛庐文化的安烨、郝莹等几位朋友，感谢浙江人民出版社！

虽然我们已经进入了万物互联时代的前奏，但物毕竟是物，重要的是“连接我们的生命”（Linking Our Lives）。

林玮

未来，属于终身学习者

我这辈子遇到的聪明人（来自各行各业的聪明人）没有不每天阅读的——没有，一个都没有。巴菲特读书之多，我读书之多，可能会让你感到吃惊。孩子们都笑话我。他们觉得我是一本长了两条腿的书。

——查理·芒格

互联网改变了信息连接的方式；指数型技术在迅速颠覆着现有的商业世界；人工智能已经开始抢占人类的工作岗位……

未来，到底需要什么样的人才？

改变命运唯一的策略是你要变成终身学习者。未来世界将不再需要单一的技能型人才，而是需要具备完善的知识结构、极强逻辑思考力和高感知力的复合型人才。优秀的人往往通过阅读建立足够强大的抽象思维能力，获得异于众人的思考和整合能力。未来，将属于终身学习者！而阅读必定和终身学习形影不离。

很多人读书，追求的是干货，寻求的是立刻行之有效的解决方案。其实这是一种留在舒适区的阅读方法。在这个充满不确定性的年代，答案不会简单地出现在书里，因为生活根本就没有标准确切的答案，你也不能期望过去的经验能解决未来的问题。

湛庐阅读APP：与最聪明的人共同进化

有人常常把成本支出的焦点放在书价上，把读完一本书当做阅读的终结。其实不然。

时间是读者付出的最大阅读成本
怎么读是读者面临的最大阅读障碍
“读书破万卷”不仅仅在“万”，更重要的是在“破”！

现在，我们构建了全新的“湛庐阅读”APP。它将成为你“破万卷”的新居所。在这里：

- 不用考虑读什么，你可以便捷找到纸书、有声书和各种声音产品；
- 你可以学会怎么读，你将发现集泛读、通读、精读于一体的阅读解决方案；
- 你会与作者、译者、专家、推荐人和阅读教练相遇，他们是优质思想的发源地；
- 你会与优秀的读者和终身学习者为伍，他们对阅读和学习有着持久的热情和源源不绝的内驱力。

从单一到复合，从知道到精通，从理解到创造，湛庐希望建立一个“与最聪明的人共同进化”的社区，成为人类先进思想交汇的聚集地，共同迎接未来。

与此同时，我们希望能够重新定义你的学习场景，让你随时随地收获有内容、有价值的思想，通过阅读实现终身学习。这是我们的使命和价值。

湛庐阅读APP玩转指南

湛庐阅读APP结构图：

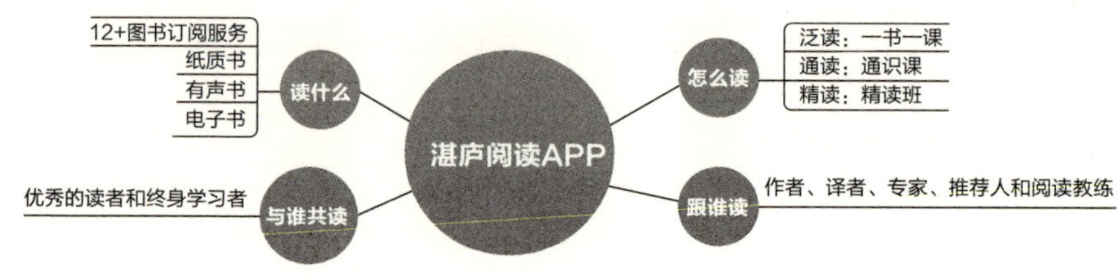

三步玩转湛庐阅读APP：

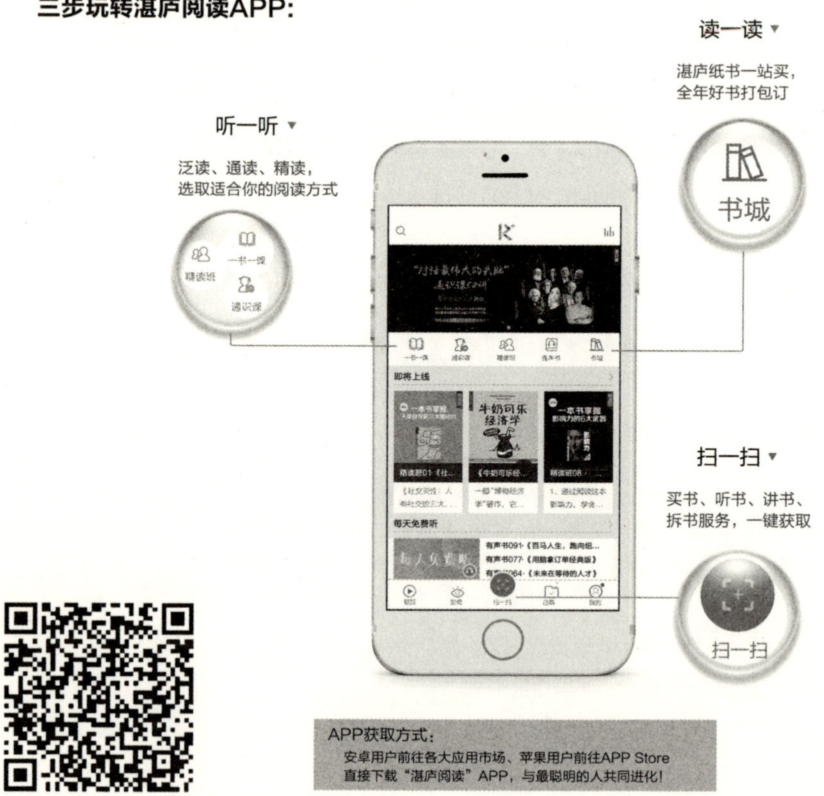

APP获取方式：

安卓用户前往各大应用市场、苹果用户前往APP Store直接下载“湛庐阅读”APP，与最聪明的人共同进化！

使用APP扫一扫功能，
遇见书里书外更大的世界！

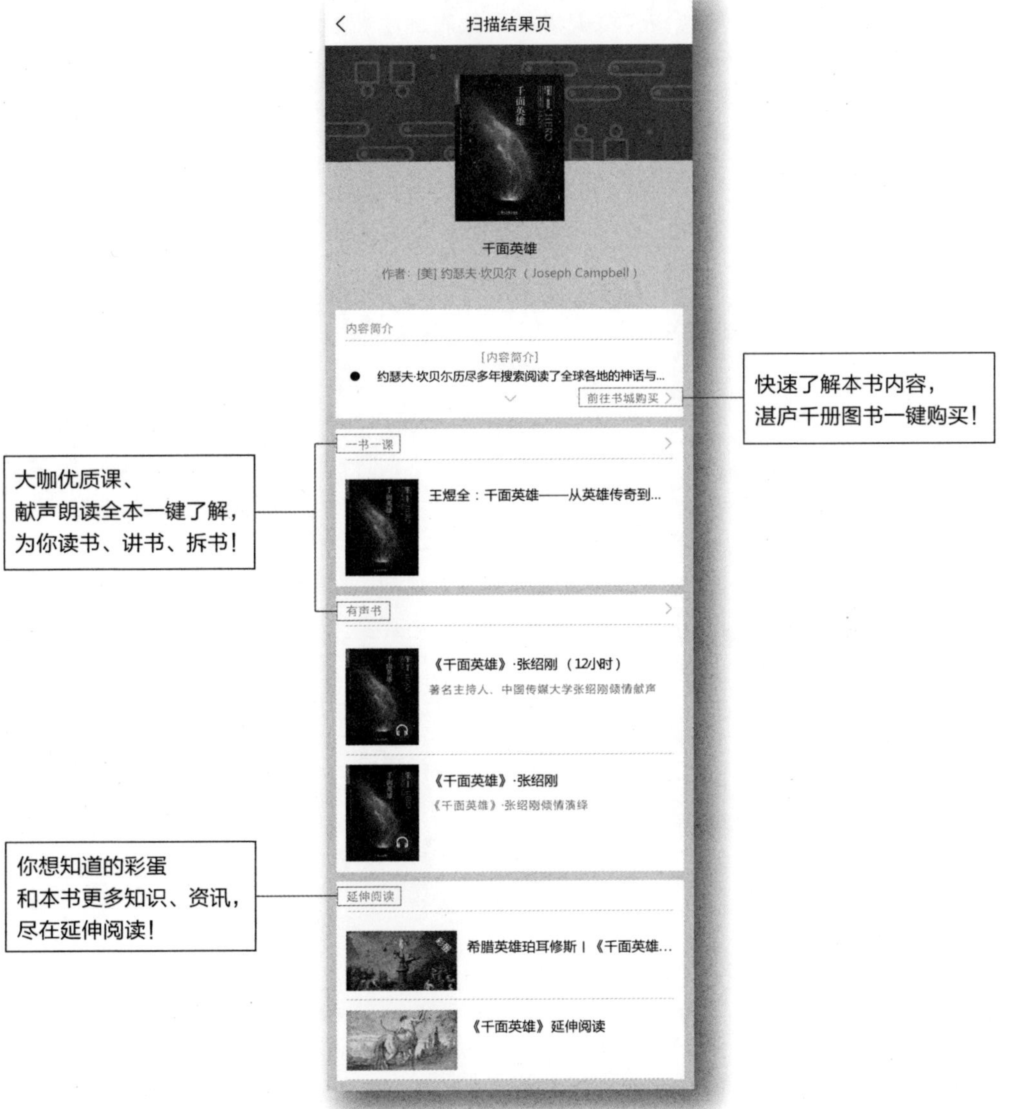

湛庐CHEERS

延伸阅读

《大连接》

◎北京大学计算机系教授李晓明，教育部长江学者特聘教授、上海交通大学致远学院常务副院长汪小帆，中国传媒大学教授沈浩，清华大学计算机科学与技术系副教授唐杰，中国互联网发展的重要参与者、知名IT评论人谢文，北京云基地首席顾问、云华时代智能科技有限公司创始人郭昕，中国社科院信息化研究中心秘书长、《互联网周刊》主编姜奇平，海银资本合伙人、互联网研究专家王煜全倾情推荐。

◎继《六度分隔》之后，社会科学领域最重要的作品！

《链接》

◎复杂网络研究权威，无尺度网络创立者，H-指数高达96的论文狂人，诺贝尔奖大热人选，超越《黑天鹅》的惊世之作《爆发》的作者艾伯特-拉斯洛·巴拉巴西经典力作！

◎中科院计算所所长助理、中国科学院网络数据科学与技术重点实验室主任程学旗，电子科技大学教授、互联网科学中心主任周涛专文推荐。

《群体性孤独》

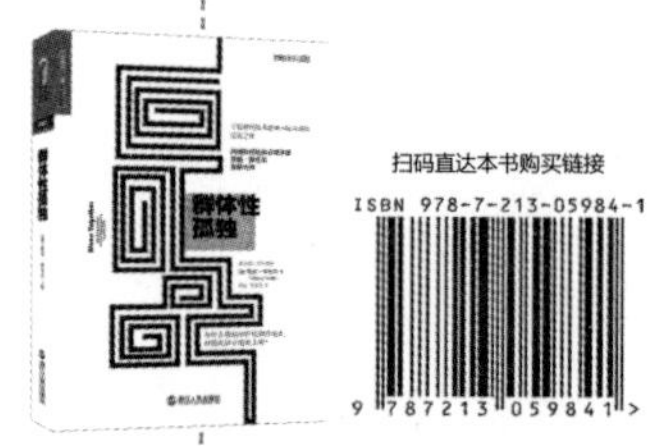

◎互联网时代，技术影响人际关系的反思之作：为什么我们对科技期待更多，对彼此却不能更亲密？

◎技术领域的“弗洛伊德”、网络文化领域的“玛格丽特·米德”重磅作品！

◎财讯传媒集团首席战略官段永朝、北京大学新闻与传播学院副教授胡泳、海银资本合伙创始人王煜全、电子科技大学教授周涛、《连线》创始主编凯文·凯利、多元智能理论创始人霍华德·加德纳强势推荐！

《认知盈余》

◎看自由时间如何成就“有闲”世界，看克莱·舍基如何引领“有闲”经济与“有闲”商业的未来。

◎《认知盈余》作者克莱·舍基被誉为“互联网革命最伟大的思考者”，他对互联网给人类所带来的行为举止以及文化的变迁洞若观火。

图书在版编目（CIP）数据

超级连接者 /（美）伊桑·祖克曼著；林玮，张晨译 . — 杭州：浙江人民出版社，2018.8

书名原文：REWIRE

ISBN 978-7-213-08862-9

Ⅰ . ①超…　Ⅱ . ①伊…　②林…　③张…　Ⅲ . ①社会网络　Ⅳ . ① C912.3

中国版本图书馆 CIP 数据核字（2018）第 172026 号

浙江省版权局
著作权合同登记章
图字：11-2018-378 号

上架指导：网络趋势

超级连接者

［美］伊桑·祖克曼　著

林　玮　张　晨　译

出版发行：浙江人民出版社（杭州体育场路 347 号　邮编　310006）

市场部电话：（0571）85061682　85176516

集团网址：浙江出版联合集团　http://www.zjcb.com

责任编辑：陈　源

责任校对：陈　春　张志疆

印　　刷：北京富达印务有限公司

开　　本：720mm ×965mm　1/16　　印　　张：17.75

字　　数：208 千字　　插　　页：1

版　　次：2018 年 8 月第 1 版　　印　　次：2018 年 8 月第 1 次印刷

书　　号：ISBN 978-7-213-08862-9

定　　价：72.90 元

如发现印装质量问题，影响阅读，请与市场部联系调换。